工商管理中的定性研究
（第2版）

迈克尔·D. 麦尔斯　著

（Michael D. Myers）

刘彦平等 译

SAGE Publications Ltd

南開大學出版社

天　津

图书在版编目(CIP)数据

工商管理中的定性研究：第 2 版 /（新西兰）迈克尔·
D. 麦尔斯（Michael D. Myers）著；刘彦平等译. —天
津：南开大学出版社，2018.11
书名原文：Qualitative Research in Business and
Management（Second Edition）
ISBN 978-7-310-05545-6

Ⅰ.①工… Ⅱ.①迈… ②刘… Ⅲ.①工商行政管理
—研究 Ⅳ.①F203.9

中国版本图书馆 CIP 数据核字(2018)第 013961 号

南开大学出版社出版发行
出版人：刘运峰
地址：天津市南开区卫津路 94 号　　邮政编码：300071
营销部电话：(022)23508339　23500755
营销部传真：(022)23508542　　邮购部电话：(022)23502200
＊
天津市蓟县宏图印务有限公司印刷
全国各地新华书店经销
＊
2018 年 11 月第 1 版　　2018 年 11 月第 1 次印刷
260×185 毫米　16 开本　16.75 印张　1 插页　380 千字
定价：50.00 元

如遇图书印装质量问题，请与本社营销部联系调换，电话：(022)23507125

Library of Congress Control Number: 2012946762

British Library Cataloguing in Publication data

A catalogue record of this book is avaliable from the British Library

ISBN 978-0-85702-973-7

ISBN 978-0-85702-974-4 (pbk)

Editor: Dirsty Smy

Editorial assistant: Nina Smith

Production editor: Sarah Cooke

Copyeditor: Sarah Bury

Prooferader: Audrey Scriven

Indexer: Judith Lavender

Marketing manager: Alison Borg

Cover design: Francis Kenney

Typeset by: C&M Digitals (P) Ltd, Chennai, India

Printed and bound by CPI Group (UK) Ltd.

Croydon, Cr0 4YY

作者简介

迈克尔·D. 麦尔斯（Michael D. Myers）是信息系统学科的教授，现任新西兰奥克兰大学商学院信息系统与运营管理系主任。迈克尔教授的主要研究领域是信息系统定性研究方法，专长于从社会、组织和文化视角研究信息系统问题。

迈克尔教授在许多国际知名期刊发表过学术论文，这些期刊包括 *Communications of the ACM*，*Communications of the AIS*，*European Journal of Information Systems*，*Information and Organization*，*Information Systems Journal*，*Information Systems Research*，*Information Technology & People*，*Journal of Management Information Systems*，*Journal of Strategic Information Systems*，*Journal of Information Technology*，*MIS Quarterly*，以及 *Pacific Asia Journal of AIS* 等。他所撰写的《工商管理中的定性研究（第 1 版）》（*Qualitative Research in Business & Management, First Edition*）由 Sage 出版社于 2009 年出版。

迈克尔教授在 1999 年获 *MIS Quarterly* 期刊针对在该刊物所发表的最优秀论文所颁发的最佳论文奖[合著作者是海因茨·克莱因（Heinz Klein）]。这篇论文已经被引用 2500 多次。他还曾于 1995 年获 *Information Technology & People* 期刊针对最杰出论文所颁发的最佳论文奖，2011 年发表于 VINE 的最佳论文于 2012 年获 Emerald Literati Network 优秀论文奖[合著者是米歇尔·索凯尔（Michelle Soakell）]。

迈克尔教授在 2006—2007 年间担任国际信息系统协会（the Association for Information Systems）会长，并在 2006—2008 年间担任国际信息处理联合会（International Federation for Information Processing，IFIP）8.2 工作组主席。他还在 2001—2005 年间担任 *MIS Quarterly* 期刊的高级编辑，并在 2008—2010 年间担任 *Information Systems Research* 期刊的高级编辑。同时，他还是很多期刊的编辑委员会委员。此外，他也是国际信息系统协会的会员。

序

在 20 世纪 80 年代，西方工商管理学科开始关注定性研究，自 20 世纪 90 年代以来，定性研究方法开始得到更大范围的应用。目前，许多运用定性研究的文章在全球工商管理领域的顶级期刊中得以发表。无论是定性研究还是定量研究，均有其优势和不足，二者都有助于我们理解并诠释现今社会复杂的商业经济环境，这一点已经逐步得到公认。

然而，在工商管理领域，针对学生的定性研究方面的训练和素材远远落后于定量研究，这即是本书的主旨和撰写目的所在。

本书面向的对象主要是工商管理学科专业中的研究生和博士生，特别是那些首次进行定性项目研究的学术型硕士研究生和博士研究生。此外，本书对已经受过定量研究方法训练但准备学习或了解定性研究方法的研究人员和教师等也有一定的帮助和参考价值。

本书基本适用于工商管理学科中的所有专业，包括会计、员工关系、金融、人力资源管理、信息系统、国际商务、工商管理、市场营销、运营管理、组织发展和战略管理等。

本书的内容建立在我二十多年来在新西兰奥克兰大学商学院对信息系统专业研究生的授课基础之上。我也在许多国家（包括澳大利亚、中国、欧洲和美国）的研讨会上对博士研究生和教师做出关于定性研究的讲座和培训。我在许多学术期刊和专著发表过定性研究方面的文献，同时也是两个全球顶级学术期刊（*Information Systems Research* 和 *MIS Quarterly*）的高级编辑。

我相信中国以及其他地区的工商管理学科中也需要加强定性领域的研究，定量研究只是中国学者满足研究目标的方法之一而非全部。我希望本书能够提升您对定性研究的兴趣，并对您的定性研究有所帮助。

Michael D. Myers

迈克尔·D. 麦尔斯

新西兰 奥克兰

译者序

随着我国高校"双一流"建设的推进，如何加快世界一流大学和一流学科建设成为全国教育界和各高校关注的重中之重。其中，提升科学研究水平是"双一流"建设的五大主要任务之一。

我国各大学的工商管理学科，向世界一流学科迈进的重要标志之一即是在世界一流学术期刊上发表论文数量和质量的提高。这方面，我国已经有很多学者开始在国际期刊上发表论文，不仅在数量上实现"井喷"，在质量上也迅速提升，全球顶级期刊上中国作者的名字出现的频率越来越高。

总体而言，我国工商管理学科与世界一流水平还存在一定差距，其中一个主要因素是在研究方法领域。作为代表性研究方法之一的定量研究，在近二十年来得到我国学术界的高度重视并得以迅猛发展，目前，我国工商管理学科在国外期刊上发表的论文大多采用的是定量研究方法。相对于定量研究而言，定性研究则很少受到关注，针对研究生开设定性研究方法相关课程的大学也极其有限，这与世界一流大学的工商学科恰恰相反，它们绝大多数都同时开设定量研究方法和定性研究方法两门课程，并将它们列为最重要的必修课程。本书作者所在的新西兰奥克兰大学商学院的情况就是如此。

在我国，定性研究方法更多体现在社会学、历史学、教育学、心理学等领域，而工商管理学科却很少涉及。虽然定量研究方法在全球工商管理学科相对更受重视，但定性研究方法同样已经成为该领域的主导研究方法之一，正如本书作者迈克尔·D. 麦尔斯（Michael D. Myers）教授所指出的，运用定性研究方法的论文同样可以发表在工商管理学科相关领域的世界顶级期刊上，定性研究和定量研究均有其优势和不足，商业和管理领域的研究对这两种方法均有需求。在世界范围内，工商管理学科的学生目前所接受的定性研究方法培训和教育还远未达到其所应该达到的水平，而我国的这一情况更加突出。目前，定性研究已经得到中国学术界的重视，如工商管理学科领域的顶级期刊——《管理世界》，该期刊对定量研究和定性研究并没有歧视，虽然所占比例还比较小，但定性研究的文章也经常可以在《管理世界》上看到。

然而，我国介绍定性研究方法的著作相对较少，在引进和翻译的著作方面主要见于重庆大学出版社翻译出版的万卷方法系列丛书，其中有十来本关于定性研究的经典译著，如《定性研究：策略与艺术》《定性研究：经验资料收集与分析的方法》《如何做质性研究》《设计质性研究：有效研究计划的全程指导》《案例研究：设计与方法》《质性研究中的访谈：教育与社会科学研究者指南》，但它们关注的主要是社会学等领域，并非全部适用于工商管理学科。

在工商管理学科，目前可查到的只有两本著作，分别是武汉大学出版社 2006 年出版的《管理的定性研究方法》和北京大学出版社 2014 年出版的《组织与管理研究的定性方法》，这两本译著填补了我国工商管理学科定性研究方法领域的空白，然而，它们在深度和广度上以及在各种具体方法的详细介绍和应用等方面稍显不足，用作教材或用于学习这一方法尚有许多不足之处。

本书作者 Michael Myers 是信息系统学科的教授，现任新西兰奥克兰大学商学院信息系统与运营管理系主任。按照 QS2015 年的排名，奥克兰大学位居全球第 82 名，其社会科学与管理学科位居全球第 36 位。Michael 教授在许多国际著名刊物上发表过多篇学术论文，曾任国际信息系统协会（AIS）会长，并担任信息系统领域两大世界顶级期刊——《管理信息系统季刊》（*MIS Quarterly*）和《信息系统研究》（*Information Systems Research*）期刊的高级编辑，并担任其他很多期刊的副编辑或编辑部成员。

本书从基本术语介绍出发，沿循"哲学基础（实证、诠释和批判）→研究方法（行动研究、案例研究、人种学、扎根理论）→数据收集方法（访谈、田野调查、文档分析）→数据分析方法（诠释学、符号学、叙事分析等）→书面报告（论文、图书、期刊论文、研究报告等）"这一框架思路，对定性研究从设计到发表的全过程予以详细的阐述，每部分均附有发表于全球顶级期刊运用定性研究方法或技术的研究范例。

本书作者一直为奥克兰大学商学院研究生讲授《定性研究方法》课程，该书的相关内容和素材均来自其二十多年来的教学实践、相关积累和学术研究。本书的相关内容对于读者学习和掌握定性研究的原理、方法、技术和实施，以及如何开展学术研究（包括学术伦理、论文写作与发表）等均有极高的学习和参考价值。除奥克兰大学外，本书也被西方很多国家的大学作为教材使用，并得到了美国、英国等许多大学教师和学生的一致好评。

具体到我国而言，毫不夸张地说，该书是我国目前工商管理领域唯一的一本全面具体介绍定性研究的著作。本书不仅适合于工商管理学科的博士生、研究生和高年级本科生学习使用，同时也适用于想深入学习和了解定性研究方法的教师、学者、咨询师及工商管理实业界人员。

由于定性研究中有很多专业术语的表达在我国尚未达成共识，在本书的翻译过程中，译者查阅了很多相关著作、介绍，尽可能保证相关术语的准确性。为确保翻译质量，本书经过三次校译和检查，基本上保证了本译著的"信、达、雅"。此外，译者也很有幸能够在奥克兰大学访学期间结识本书作者 Michael 教授，他严谨的治学态度和谦虚的个性给我留下了深刻的印象。在本书的翻译过程中，本人与 Michael 教授针对某些细节表述进行过多次讨论，以确保翻译的准确性与严谨性。

本书由刘彦平主译，负责第 4 至 5 章和 17 至 19 章的初译和全书所有章节的校译，以及全书的检查与校对工作。戴梦参与第 1 至 3 章、庄旭参与第 6 至 9 章、丁钊参与第 10 至 12 章、赵丽梅参与第 13 至 16 章的初译工作。骆娜、张海姣和王小刚承担了对全书的审阅和校对工作。另外，南开大学出版社的王乃合主任等也对本译著的编辑和出版做了大量的工作。在此，一并对上述人员的辛苦工作表示感谢！

本书虽然进行了三轮校译和检查工作，但仍可能存在诸多不足之处，敬请各位读者和专家学者批评指正。

希望本译著的出版能够为推进定性研究方法在我国工商管理学科的应用提供帮助，也希望本译著能够对读者研究水平的提升乃至发表世界一流水平的学术论文做出贡献。

刘彦平

2018 年 2 月于南开大学

前 言

本书主要面向商科和管理学科的研究生和博士生，尤其适用于准备运用定性方法进行学术研究的学术型硕士研究生和博士研究生。另外，对定量研究已经有所了解但希望更进一步掌握定性研究方法的研究人员、教师以及行业分析和策划人员而言，本书也将起到很大的帮助作用。对于授课教师和授课指导人员而言，有一个与本书相配套的网站：www.sagepub.co.uk/myers2。

本书几乎适用于所有商科和管理学科的学生，包括会计、员工关系、金融、人力资源管理、信息系统、国际商务、工商管理、市场营销、运营管理、组织发展，以及战略管理等学科和专业。

二十多年来，我一直负责新西兰奥克兰大学信息系统与运营管理相关专业研究生《定性研究方法》课程的教学任务，本书的内容和素材均来自这二十多年来的教学实践、相关积累和学术研究。同时，我还在很多国家（包括澳大利亚、中国、芬兰、马来西亚、葡萄牙和美国）的学术研讨会上，对博士研究生和教师们做过多次关于定性研究方法的讲座，这些研讨会的时长从半天到三天不等。此外，我还在学术刊物和专著中发表/出版了许多关于定性研究的文章，并在信息系统领域的两个全球顶级学术期刊担任高级编辑职务，这两个刊物分别是《信息系统研究》（*Information Systems Research*）和《管理信息系统季刊》（*MIS Quarterly*），我负责这两个刊物有关定性研究文章的审阅任务。同时，我还是《组织与管理中的定性研究》（*Qualitative Research in Organization & Management*）期刊的编辑咨询委员会委员。

除了在信息系统这一领域的相关背景外，我从 2003 年开始担任奥克兰大学商学院的副院长，负责学院的研究生教育和学术研究工作。为期五年的副院长经历，使得我对管理领域所有学科的研究都比较熟悉。我逐渐认识到，在信息系统领域从事定性研究的人员所面临的问题，与其他管理学科所面临的问题存在高度的一致性。虽然某些管理学科在接受和使用定性研究方面超前于其他学科，但其路径和方法确实是非常相似的。

在 20 世纪 80 年代，绝大多数管理学科非常热衷于采用定量研究方法，但从 20 世纪 90 年代开始，学术界对定性研究方法的兴趣逐步增加。到今天，许多运用定性研究方法的文章已经在全球顶级学术期刊上发表，并且涵盖了几乎所有管理学科领域。学术界现在已经逐渐认识到一个问题，那就是定性研究和定量研究均有其优势和不足，商业和管理领域对两种方法均有需求。

即使这样，我认为商业和管理学科的学生目前所接受的定性研究方法培训和教育还远未达到其所应该达到的水平，这一观点是很公允的。我希望本书能够在填补这一差距方面有所贡献。

　　最后，还需要指出的是，本书的结构在总体上沿循了我所建立的"信息系统学科中的定性研究方法"（Qualitative Research in Information Systems）网页上的框架体系（www.qual. auckland.ac.nz）。这一框架体系已经在 1997 年发表于 *MISQ Discovery*，并被收录于 AISWorld Net（一个信息系统领域学术和实业界的资源索引）。我所建立的这一网页还荣获增值网站奖，并在 1996—1997 年间得到管理组织委员会通讯和信息分委员会以及 AISWorld 的资助。近年来，这一工作还于 2004 年被国际信息系统学会（Association for Information Systems）授予 AISWorld 挑战奖（AISWorld Challenge Award）。与此类似的框架还适用于 2002 年我与 Avison 共同出版的另一本书，那本书主要是收集整理应用于信息系统领域的定性研究文献[迈克尔和艾维森（Michael & Avison, 2002）]。

　　当然，本书在内容方面与上述两个前期工作还是很不一样的，其主要区别在于本书主要关注适用于所有商科和管理学科的定性研究方法，而上述两个工作仅适用于信息系统学科领域。而且，本书是本人独立编著的，书中充分表述了我对定性研究方法的看法和观点，它并不是一个文献的汇总。

　　我希望本书能够提升您对定性研究的兴趣，并能够对您的研究有所帮助。

Michael D. Myers

迈克尔·D. 麦尔斯

新西兰 奥克兰

致　谢

　　我要感谢多年来给予我鼓励和启发的所有从事定性研究的学者。我特别要感谢海因茨·克莱因（Heinz Klein），我们长期以来保持着非常紧密高效的合作关系。非常遗憾的是，他已于 2008 年去世。我们的首次见面是在 1992 年，当时我还是一个相对年轻的学者，他告诉我如何在顶级学术期刊上发表文章。我也与许多其他学者一起愉快地合作过，诸如大卫·艾维森（David Avison）、理查德·巴斯克维尔（Richard Baskerville）、凯文·克劳斯顿（Kevin Crowston）、琳达·哈维（Lynda Harvey）、迈克·纽曼（Mike Newman）和凯茜·厄克特（Cathy Urquhart）等。能够与这些全球范围内的优秀学者一起工作并成为朋友，我感到非常荣幸。

　　此外，我还要对其他一些人表示感谢。我要感谢我所有的研究生，他们中的每一位最后均被证明是非常聪明、热情且乐于合作的。费利西蒂·赫勒（Felicity Hullah）协助我收集和更新了本书第二版所需要的涉及多个商科领域的定性研究范例。马里亚姆·亚当（Mariyam Adam）在本书第一版中工商管理学科使用定性研究的范例收集方面提供了许多帮助。马戈·布坎南奥利弗（Margo Buchanan-Oliver）对本书特别是符号学这一章提出了许多有益的改进建议。凯茜·厄克特在本书第二版的改进方面提出了许多有建设性的建议。此外，还有许多匿名评阅人对本书第二版的改进也提出了许多具建设性的意见。

　　最后，我还要特别感谢我的妻子凯思琳（Kathleen）这些年来对我从事学术研究工作的支持，她还对本书的每个章节进行了评论和预读。

Michael D. Myers

新西兰 奥克兰

2012 年 7 月

目　录

第四篇　数据收集方法（Data Collection Techniques）

第五篇　定性数据分析（Analysing Qualitative Data）

第六篇　成果撰写与发表（Writing Up and Publishing）

第七篇　结束语（Conclusion）

第一篇　导言（**Introduction**）

　　本书第一篇主要为工商管理中的定性研究提供一个导言和简要介绍。本篇包括两章的内容。第 1 章阐述如何使用本书以最大化地实现学习目标。第 2 章对定性研究做了一个综述，讨论从事定性研究的动机、定性研究与定量研究的区别，以及在工商管理研究的严谨性和应用性方面定性研究是如何发挥作用的。

第 1 章　如何使用本书

我决定撰写本书是出于以下几方面的原因。首先，目前在工商管理领域关于定性研究方面的教材很少。通常，商学院中讲授定性研究的教授和教师们所使用的教材是面向更广范围读者的图书，如广义的社会科学领域等。

其次，在现有的几本适用于工商管理领域学生使用的教材中，绝大多数的处理和撰写方式稍显狭隘，其重点仅仅是一两种研究方法（如行动研究、案例研究等），并不能较好地解释不同的潜在研究方法哲学（如诠释性研究），也不能提供对定性资料的不同研究路径。

再者，我注意到一个趋势，那就是工商管理领域中现有定性研究类图书的作者通常都带有一定的辩护性，在对目前商科领域对定性研究认可程度不足方面表示痛惜，并通常会对运用定性研究方法的文章在顶级学术期刊上难以发表提出抱怨。

有鉴于此，本书的目的主要体现在以下几个方面：

（1）提供一本专门适用于工商管理领域的定性研究方面的教材。

（2）对各种定性研究方法及其哲学基础进行全面、合理的讨论，以供研究人员使用。

（3）提供一本积极、客观的将定性研究方法应用于工商管理领域的教材。

关于最后一点，本书提供了许多从工商管理学科领域提炼出来的范例。几乎所有的案例均源自相关学科的世界顶级期刊，如管理学科选择《管理学院学报》（*Academy of Management Journal*）、信息系统学科选择《管理信息系统季刊》（*MIS Quarterly*）、市场营销学科选择《消费者研究杂志》（*Journal of Consumer Research*）。从顶级学术期刊中选择案例，这种做法证明定性研究人员不再需要对其研究进行辩护。在我看来，显然是定性研究和定量研究二者均适用于对工商管理领域相关现象和问题的分析。

在这短短的第 1 章中，我将简单阐述本书的框架结构，并重点说明本书的特色。

第一篇是本书的导言和对定性研究的综述，其主题是定性研究的重要作用和贡献，它完全可以应用于工商管理领域的研究。

第二篇介绍了定性研究中的一些基础概念。这部分考察了各种研究哲学、研究设计和研究伦理。我相信，对于学生和研究人员而言，意识到形成定性研究方法的不同潜在假设和研究设计是很重要的。所有的定性研究人员均需要清晰研究设计及其潜在的哲学假设。

第三篇讨论了适用于目前工商管理学科最常用的几个研究方法。我将研究方法定义为一种调查策略或在现实社会发现经验数据的途径。其中，第 6 章讨论行动研究，第 7 章讨论案例研究，第 8 章是人种学研究，第 9 章是扎根理论。本书第三篇的特色之一就是概括了各种研究方法的优劣势。

在第四篇中，本书讨论了如何将定性技术运用于数据和资料收集。在工商管理领域中，最重要的定性研究工具是访谈（第 10 章）。同时，本篇也讨论参与式观察和田野调查（第 11 章），第 12 章讨论使用文档方法。

第五篇主要讨论对定性数据的分析和诠释。其中，第 13 章主要介绍数据分析方法的多样性，余下的三章讨论三种更加具体的工具和方法，分别是诠释学（第 14 章）、符号学（第 15 章），以及叙事和隐喻分析（第 16 章）。

第六篇重点介绍如何撰写并发表定性研究论文。第 17 章关注成果撰写的流程（绝大多数针对博士论文和硕士论文），第 18 章主要介绍如何出版或发表。考虑到在工商管理学科领域，期刊论文相对于教材、著作而言更具重要意义，针对如何将定性研究的工作成果在同行评阅的国际会议和学术期刊上发表这一问题，本书提供了一些比较实用的指导，这也是本书的显著特色之一。

第七篇是本书的总结部分。第 19 章对定性研究进行了展望。本书还对定性研究的常用术语做了一个词汇表，作为附录放在本书的最后部分。

第 2 章　定性研究概述

本章学习目标

通过本章的学习，你将能够实现以下学习目标：

- 理解定性研究的目标。
- 熟悉定性研究的作用。
- 能够判断什么是研究，什么不是研究。
- 能够区别定性研究和定量研究。
- 决定是否使用三角交叉验证方法。
- 知晓定性研究方法如何能够对相关学术研究的严谨性和应用性做出贡献。

2.1　为什么需要进行定性研究

定性研究方法旨在帮助研究人员了解社会民众，理解其所言所行。同时，定性研究方法也有助于研究人员了解民众所处的社会环境和文化背景。

定性研究的主要优势在于它可以使研究人员看到并理解决策和行动发生时所处的环境背景。决策和行动通常只能基于其所处的社会环境来理解，只有基于所处环境才能够"诠释"人或组织行动/决策的原因。而且，与相关人员进行交谈是有效理解这种环境（或多重环境）的最佳途径。

对于某些人为什么会做某些事情或一个组织为什么会发生某种事情的原因，定性研究的观点是：如果未曾与相关人员交谈就能够完全理解上述问题和原因是根本不可能的。对于这种情况，我们可以设想这样一个情形——在没有能够与犯罪嫌疑人或证人进行交谈的情况下警察试图侦破一项重大犯罪案件。如果警察的侦察手段受到限制而只能使用定量数据，那么这样做的结果就是几乎任何案件都无法侦破。我们还可以再设想另外一个类似的情形——如果律师和法官在法庭上不允许对证人进行提问或反问，其结果就是任何法庭判决的有效性和可信度均将受到严重质疑。同样，从事定性研究的人员认为：如果你想从更深刻的角度理解人们的动机、原因、行为，以及其信仰和行为所处的社会环境，定性研究方法是最适合的。

卡普兰和麦克斯威尔（Kaplan & Maxwell，1994）认为，如果原始文本资料均被量化，从参与者及其所处的特定社会和组织环境来有效理解某种具体现象的研究目标会在很大程度上被弱化。

与定量研究不同，进行定性研究的主要动机之一源自观察。如果还有一种方式能区别开人类世界和自然世界，那就是人类能够交谈。只有通过交谈，或阅读相关人员所写的东西，我们才能够知晓他们在想什么，才能理解他们的想法，进而对其行为进行解释。

定性研究的典型问题

定性研究人员面临的典型问题就是"什么（What）""为什么（Why）""怎样（How）"和"何时（When）"，如下所示。

- **What**：正在发生什么？
- **Why**：为什么会发生？
- **How**：事情是怎样发生的？
- **When**：事情是何时发生的？

2.2 什么是研究

在高等院校背景下，研究的定义是为了对某一特定领域的知识体系有所贡献而进行一种具有原创性的调查行为。研究是一种可以导致新知识产生的创新性行为。从实践、对实践的诠释、用于诠释实践的理论（这些理论在特定学科中或许尚未得到具体应用）的角度而言，通过研究所产生的知识具备新颖性。

在典型意义上，研究具备经验和概念两方面的本质属性，研究是由具备相关学科知识背景、熟悉相关理论和特定领域技术方法的专业人员所从事的。研究可能会对学科或专业的知识架构有所贡献，如出版专业词典。在某些领域，如工程学、计算机科学或信息系统领域，研究还可能涉及对新产品进行实验设计。工程人员经常尝试研发新的材料、设备、产品或工艺流程，或对之进行持续改进。

因而，越来越多的研究成果得以发表或出版，相关学科的内容、理论和方法也会随之予以更新。正是由于这一原因，众多学科专业的学者会在研究中撰写文献回顾或相关研究现状述评，以证明他们的理解和观点是与国际最新的研究发展相吻合的，并表明其研究并不过时。

然而，我们如何才能知道研究结果是最新的呢？我们怎样才能知道研究发现是原创的呢？我们如何才能知道研究是以一种严谨、科学的方式进行的呢？

只有当研究结论经得起相关特定领域专家学者的检查和评估时，我们才能认为该研究结论既具合理性又具原创性，这是唯一的方法。也就是说，相关研究结论必须经过那些有经验的、具备专业资质的专家的评估。这些专家在评估相关研究时，其标准是——研究结果是合理的而且对他们而言是新的，只有在这种情形下我们才可以说这些研究项目对知识体系具有原创性的贡献。

学术界将科学研究中这种评估研究质量和研究水平的方法称之为同行评阅（Peer Review）体系。同行评阅体系应用于所有的科学学科领域，实践证明它是一种行之有效的质量保证体系。当然，同行评阅体系是一个社会体系，而且它同样具有不足之处，但这种体系确保了只有达到一定标准和水平的研究方可得以发表和出版。本书将在第六篇更加深入地讨论同行评阅体系和发表/出版流程问题。

从上述讨论中可以明确看出，高等院校背景下的某些行为并不能算作研究[高等教育委员会（Tertiary Education Commission），2005]，以下是这些行为的几种表现。

（1）教学素材准备。教学素材被排除在外是因为这些行为在整体上通常并不会被同行专家予以正式评估。比如主要针对学生而非研究人员所撰写的案例研究类教材。正如殷（Yin，2003：2）所描述的，"以教学为目的的案例研究无需对实际事件进行完整的精确阐述，与之相反的是，其目的是在学生中建立一个用于讨论和辩论的框架"。以教学为目的的案例研究和以学术研究为目的的案例研究二者之间的区别，我们将在本书第 7 章予以更加全面的讨论。

（2）提供建议或意见，如咨询工作。

（3）可行性研究，该情形下的产出是对客户的建议。

（4）日常性数据采集，从整体而言这项工作并没有尝试对相应学科的知识做出新的贡献。

（5）常规性信息系统开发，虽然其产出是新的或对客户而言是一个改进型的产品，但它并不是一项针对新产品或新服务的实验性设计。

（6）任何其他日常性的专业实践。

2.3　定量研究和定性研究的比较

有许多种不同的方法可以对研究的类型进行分类和界定。然而，其中最常用的一个分类即是定性研究方法和定量研究方法，如表 2.1 所示。

表 2.1　定性研究和定量研究范例

定性研究：重点关注文本	定量研究：重点关注数据
行动研究（Action Research）	市场调查（Surveys）
案例研究（Case Study Research）	实验室实验（Laboratory Experiments）
人种学（Ethnography）	模拟和仿真（Simulation）
扎根理论（Grounded Theory）	数学建模（Mathematical Modelling）
符号学（Semiotics）	结构方程模型（Structured Equation Modelling）
话语分析（Discourse Analysis）	统计分析（Statistical Analysis）
诠释学（Hermeneutics）	计量经济学（Econometrics）
叙事和隐喻（Narrative and Metaphor）	

定量研究方法最初起源于自然科学领域对自然现象的考察研究。定量研究方法目前在社

会科学领域已经得到完全认可和接受，包括市场调查方法、实验室实验、规范性方法（如计量经济学），以及数学类方法（如数学建模）。所有的定量研究人员关注的重点是数据而非其他。也就是说，数据"逐步代表了理论框架和知识概念的价值和水平，对数值的解释被视为现象如何运行的强有力的科学依据"[斯特劳布、杰芬和布德罗（Straub, Gefen & Boudreau, 2004）]。绝大多数定量研究人员运用统计工具和软件包来对数据进行分析。

定性研究方法源自社会科学领域，研究人员运用定性研究方法来对社会和文化现象进行分析研究。定性研究方法的例子包括行动研究、案例研究和扎根理论等。定性资料的来源包括观察、参与式观察（田野调查）、访谈、问卷调查、文献文本资料，以及研究人员的印象和反应等。定性研究的数据资料绝大多数是对相关人员语言的记录。例如，访谈（收集定性资料最常用的方法）可以记录被调查者对特定主题的发言，田野调查笔记可以记录研究人员对特定主题或事件的感受和想法，文档资料记录了原作者当时所写的内容。在所有情形下，这些定性资料均有助于我们更好地理解人、动机和行为，以及他们工作或生活所处的更广泛的情境背景。

在 20 世纪 80 年代，绝大多数商科专业倾向于使用定量研究方法。然而，到了 20 世纪 90 年代，绝大多数商科专业开始关注定性研究方法。定性研究的质量水平随着时间的推移而得以不断提升。目前，有许多运用定性研究方法的学术论文发表在世界顶级同行评阅的学术期刊上，并且已经扩展到所有的工商管理学科。

笔者的观点是，定量研究和定性研究在商业组织领域的分析考察中均是有用的和必需的。两种研究均非常重要，也都是非常严谨的研究方法。本书中绝大多数资料和参引的阅读材料均来源于经过一流专家评阅过的发表于世界顶级学术期刊（包括各个工商管理学科领域）上的文献。然而，每种方法均有其优势和不足。

通常而言，如果你希望拥有大规模的样本量并准备将研究结论归纳后应用于更大的群体，定量研究是最适合的。在这种情况下，研究目标是分析涉及许多人或组织的特定主题，你希望找到的是适用于许多不同情形的趋势或模式。有很多统计工具可以用于分析这些数据。

定量研究的主要不足体现在：作为一般规则，定量研究并不对组织机构从社会或文化层面进行分析，或者仅仅是很粗浅地处理相关层面的问题。"环境"问题通常被视为"干扰项"或障碍物。定性研究则将环境视为在不同群体间进行归纳的基本要素。

如果你希望深入研究某一特定主题（如一个或几个组织），定性研究是最适合的。定性研究适合于进行拓展性研究，尤其适用于特定主题比较新颖而且在相关主题上并没有较多前期已发表文献的情形。从社会、文化和政治视角来考察人和组织的问题时，定性研究方法也是一个比较理想的选择。《管理学院学报》（*Academy of Management Journal*）有一个专辑致力于对财富权力领域的研究[见瑞恩斯（Rynes, 2007）]。

然而，定性研究也有其不足之处，这主要体现在它通常很难推广应用于更大的群体。你可以通过定性研究予以归纳，但并没有运用抽样逻辑。例如，如果你对三个组织进行了三个深度案例研究，只有三个样本量并不能算作统计指标，且三个案例并不一定优于一个案例。因而，定性研究人员通常无法将一个样本的结论推广于更大的群体。

然而，你可以通过定性研究来形成理论，你也可以仅仅通过一个案例分析或人种学研究进行归纳总结［克莱因和麦尔斯（Klein & Myers，1999）；李和巴斯克维尔（Lee & Baskerville，2003）；殷（Yin，2003）］。如何运用定性研究做出推论，以及如何对定性研究的贡献和质量进行评估等问题将在本书第三篇的相关章中进行具体讨论和说明。

到目前为止，在研究方法中关于定性研究和定量研究的分类虽然是最常用的，但同时也有着其他分类方法。研究方法可以根据主观性和客观性进行分类［布雷尔和摩根（Burrell & Morgan，1979）］；从考虑研究结论适用范围的角度可以将研究分为一般性规律（通则式研究，Nomothetic）和适用于特定情形下的技术方法（个案研究，Idiographic）；关注于预测、控制或关注于解释和理解的不同而进行分类；立足于外部的客位视角（Etic）和内部主位视角（Emic）的不同进行分类等，此外还有很多其他分类方法。

针对这些术语的使用在学术界一直争论不断［麦尔斯和艾维森（Myers & Avison，2002）］。然而，关于这些界定和分类的讨论超出了本书的范围。如果你想深入了解这些问题，请参阅卢桑斯和戴维斯（Luthans & Davis，1982）以及莫雷和卢桑斯（Morey & Luthans，1984）。本书第 4 章也将对形成不同研究方法的各种哲学观点进行讨论。

2.4　三角交互验证法

三角交互验证法（Triangulation）认为你在一项研究中应当做更多而并不仅限于一件事情。也就是说，你应当使用一种以上的研究方法，运用两种或更多的技术工具方法来收集资料，或在一项研究中组合运用定性研究和定量研究方法。如果你希望从不同的角度来考察一个问题，三角交互验证方法是最理想的，它使你可以对正在进行的事件有着全方位的认识。你可以运用三角交互验证方法收集数据，包括通过文献研究方法和访谈方法共同收集资料，或者通过两种不同的研究方法（如通过案例研究的定性方法和市场调查的定量方法）共同采集数据。

三角交互验证案例研究资料

在从事市场营销领域的研究时，福尼尔（Fournier，1998）做了三项深度案例研究来考察品牌与消费者关系问题。她在该案例研究中运用了三角交互验证方法。

她考察了同一消费者的多次消费经历，在多个时间和地点对同一个消费者进行访谈，同时运用了来自其他渠道的信息资料（包括购买清单、货架目录、其他家庭成员的消费经历等）。此外，在研究起始阶段，研究项目组其他成员还与被访者有过多次简单的访谈，这样就可以在研究人员和作者之间形成三角交互验证。

对于从事定性研究的人员而言，相对比较常用的做法是在一项研究中仅使用一种研究方法来进行三角交互验证。例如，对一家组织机构进行一项案例研究时，可以在访谈资料与正式或非正式出版的文献资料之间进行三角交互验证。进行人种学研究的人员可以在通过访谈所得的资料和通过观察所得的资料之间进行三角交互验证。许多定性研究方法需要对一种来源或多种来源的数据资料进行三角交互验证。

然而，学者们并不经常使用三角交互验证方法，即使在真正使用时也是非常困难的，这主要发生在研究人员试图在一项研究中整合运用两种以上研究方法的情形。研究的主旨是对同一主题的资料和研究发现进行三角交互验证，但通常需要运用不同的方法。由于不同研究方法的本质是不同的，其所内涵的哲学理论和方法并不一样，这时运用三角交互验证方法是颇具挑战性的，比如研究人员试图整合运用定性研究方法和定量研究方法。

在定性和定量数据之间进行三角交互验证

对定性和定量研究方法使用三角交互数据验证的一个优秀案例是马库斯（Markus，1994a）的研究，她研究了管理者如何和为什么使用电子邮件这一问题。她的研究对媒介丰富性理论（Media Richness Theory）假设（即媒介种类越丰富、越多越好）提出了质疑，证明了一个相对"简单"的媒介（如电子邮件）可以用于复杂的沟通。

为了回答"管理者如何和为什么使用电子邮件"这一研究问题，Markus 使用了两种研究方法。首先，她使用了一种定量研究方法——市场调查统计分析，调查问卷由较大样本规模的管理者来填写。其次，她运用了一种归纳分析的定性研究方法，这种方法获取的资料是纯文本型的，其中绝大多数是管理者们发送的电子邮件信息。她也通过访谈方法来采集资料。

定量和定性两种研究方法的组合运用，意味着 Markus 同时拥有定量数据（如电子邮件使用频率）和定性数据（电子邮件信息的副本），这使得她的研究发现和研究结论具有更好的严谨性和说服力。

我相信对于绝大多数研究人员而言，将三角交互验证方法运用如此之好是非常困难的。这是因为你需要受过良好的训练并且擅长于很多种研究方法，而并非仅仅一种研究方法。同样，每一种研究方法有着其内在的适用性，并涉及特定的技术工具和软件。即使不用几年的时间，至少也需要几个月的时间，研究人员方可熟练使用一种研究方法，如人种学。然而，如果你有相关意愿、热情并有足够的时间，熟练运用多种研究方法自然是一个很有价值和意义的选择，这也是一件可以实现的事情[明格斯（Mingers，2001）]。

在研究方法上如果想达到三角交互验证的目标，还有一个相对容易的途径，那就是在一项研究中囊括多名研究人员。在这种情况下，每位研究人员拥有本身所专长的研究方法和专业经验。在任何研究主题中，拥有多名具有不同背景和专长的研究人员都是一种非常有效的做法。然而，一个研究课题获得成功的关键，需要所有研究人员对其他人员的专长和研究方法予以足够尊重，在任何交流和谈话时必须相互尊重。也只有在这种情形下，研究发现才会更具有显著意义。

2.5　工商管理领域中的学术研究

所有工商管理领域中的学术研究，均涉及与一个或多个工商管理专业学科相关的研究主题。这一学科专业领域实际上是非常广阔的，与你的背景和所处的研究机构相关，它包括：会计和金融、商法、经济学、人力资源管理、物流和供应链管理、组织行为和组织发展、信息系统、管理战略和国际商务、市场营销，以及运营管理等。当然，这些工商管理学科通常是建立在其他学科相关研究的基础之上，如统计学、心理学、社会学等。可以列举的潜在学科专业领域是非常广阔的。

相对于单纯的概念性研究而言，定性研究或定量研究的主要特点在于它是一项实证调查，即它依赖于从自然界或社会世界获得的数据资料。实证调查致力于对特定领域的知识体系做出贡献。工商管理学科实证研究的流程简易模型如图 2.1 所示。

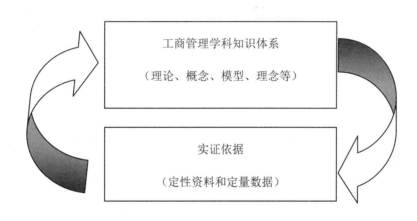

图 2.1　工商管理学科实证研究简易模型

如图 2.1 所示，研究人员需要从相关特定学科的知识体系中发现研究问题。通常，研究问题源自相关研究文献，但同样也可以源自工商管理实践，甚至是你的直觉和预感[马歇尔和罗斯曼（Marshall & Rossman，1989）]。为了回答相关问题所产生的疑问，研究人员需要使用一种研究方法来采集实证依据。相关研究发现也最好是非常有意义的，这样才能够得以发表并进而扩充相关学科的知识体系。新的研究人员会持续下去，并沿着这一流程开展新的研究。

2.6　学术研究的严谨性和应用性

对于工商管理领域的研究人员而言，一个不断反复的问题是严谨性和应用性之间的权衡，如表 2.2 所示。它已经成为过去十年来对大学商学院最常见的抱怨之一，即以应用性为代价追求严谨性。

表 2.2　严谨性和应用性

严谨性研究	应用性研究
研究的科学性	与工商从业者相关
重点在于满足诸如有效性和显著性等科学标准要求	重点是与行业实践直接相关
受学术同行审阅的制约，在学术期刊上发表	作为咨询报告或在行业杂志上发表
理论价值	实践价值

一项严谨的研究通常被定义为满足"科学"标准的研究。按照科学研究的模式所开展的研究才能称为学术研究，它受到同行审阅的制约，发表于专业学术期刊。不幸的是，很多发表于学术期刊的研究论文通常被认为过于理论化，与工商行业实践的关联程度极低。

应用性研究通常被定义为与工商行业实践直接相关的研究。这种研究的结论可以直接予以应用，通常更多地被视作咨询而非学术研究。不幸的是，多数这种研究不可能或很难在工商管理领域的学术期刊上发表，对理论贡献的缺乏使得相关成果均被相关学术刊物拒绝。

在我本人所从事的信息系统领域，几乎所有的学术会议都会讨论严谨性和应用性这一问题。绝大多数学者同意这一观点，即信息系统领域和商学院的研究应当更具普适性，应当与行业实践更加相关。然而，现实中他们却不得不面临获得终身教职和职称晋升所带来的压力。为了获得终身教职，绝大多数研究型大学的商学院要求专业教师必须在知名学术期刊上发表一定数量的论文。这一要求意味着绝大多数专业教师会终止或放弃其希望从事的与"应用性"研究相关的意愿。

作为这一争论的代表性管理学文献，是班尼斯和奥图尔（Bennis & O'Toole，2005）发表的一篇文章，他们认为商学院太过于关注所谓的"科学"研究。在发表于《哈佛管理评论》（*Harvard Business Review*）的这篇论文中，他们认为与其说工商管理是一门科学学科，不如视之为一个行业实践。他们痛惜商学院的研究现状，它们遵循"科学"研究的模式而非"行业"模式，这种现象也存在于药学和法学领域。他们称研究型商科学生的知识体系是"病态的"，整天纠结于商业实践中复杂、无法量化的问题。正如绝大多数商业领域中的决策建立在混乱和数据不完全的基础上一样，他们对统计和定量研究持部分批判态度，认为统计和定量研究并不能"阐明"问题，而更多的是让大家"变盲"（Bennis & O'Toole，2005）。

必须指出的是，笔者并不完全赞同 Bennis 和 O'Toole 的观点。在我看来，商学院对学术研究的重视使得其实现了从职业教育型机构向学术型机构的转变，教师也成为学者而非咨询师。而且，虽然绝大多数学术研究也许并不与商科行业实践直接关联，但从长期来看还是会相关联的。实际上，我认为现代管理者的一个不足是偏执于寻求所谓的"新科技"，如快速解决问题的方法和针对深层次问题立竿见影的解决方案。新科技其实只有极少数能够发展成为具有长期价值的解决方案。

然而，我强烈同意 Bennis 和 O'Toole 所认为的工商管理领域相关研究应当更具应用性、能够处理商业实践中的复杂和非量化问题这一观点，而这也恰恰是定性研究的价值所在。

在笔者看来，定性研究或许是工商管理领域兼具严谨性和应用性的最适合的研究方法。定性研究可以使学者和实业人员走到一起，定性研究人员分析考察实际情形，而非人工情形（如在实验室中的实验）。定性研究人员在进行一项优秀的定性研究时，需要与现实组织中的员工进行有效互动。尤其是在深层次田野调查时，研究人员需要考察组织的复杂性，包括商业现实中复杂多变、无法量化的问题。进行案例研究或人种学研究时，研究人员还需要从社会、文化和政治的视角来考察一个企业。

因而，在工商管理领域中，如何决定进行定性研究还是定量研究，其选择标准不应当是建立在哪种方法更具严谨性这一基础之上。这在 20 世纪 80 年代和 90 年代还可算作一个很有意义的问题，但现今这一问题已经不再具有任何意义。研究方法选择的基础应当取决于所研究的主题、你想解决的问题、你的个人兴趣和研究经验，以及与行业实践关联程度的考量。另外，还需要考虑你的导师或者你所在的研究机构其他成员的研究专长。如果你希望使用定性研究方法，但你的大学没有一名教师具有相关能力、兴趣和经验来指导你，那么选择另外一个不同的主题、方法，甚至去别的大学可能是最好的解决方法。

练习和习题

1. 请使用谷歌学术（Google Scholar）或其他文献数据库工具，做一个简短的文献综述，确定你是否能够在所选择的研究领域发现同时使用定性和定量研究方法的文章。这些文献的主题是什么？

2. 仔细阅读你所查到的这些论文，你能描述相关论文所研究的问题和拟解决的问题吗？你能够描述作者所使用的研究方法吗？其中有无使用三角交互验证的？

3. 继续对这些论文进行仔细阅读，你能够说出某些文章（相对于其他文章而言）更具严谨性或应用性吗？为什么？

扩展阅读材料

1. 图书

对于博士研究生层次，如果想从事定性研究，笔者推荐三本书，它们都是许多商科院校博士生课程要求阅读或被推荐的图书。

● 第一本是《塞奇出版社：定性研究手册》（*The Sage Handbook for Qualitative Research*）[登青和林肯（Denzin & Lincoln, 2005）]。该书是作者从许多学科收集整理的关于定性研究方法的一个汇编。该书分析了各种定性研究工作的范式、研究实际环境中的人这一问题的战略性发展沿革，并阐述了收集、分析、解释和报告研究结果的各种技术方法。

● 第二本书是《定性数据分析：扩展读本》（*Qualitative Data Analysis: An Expanded Sourcebook*）（第二版）[迈尔斯和休伯曼（Miles & Huberman, 1994）]，这本书也是非常有用的。

● 第三本书是《开展定性研究》（*Doing Qualitative Research*）[西尔弗曼（Silverman, 2005）]，它对于新手而言是一本非常优秀的入门性读物。

2. 网络资源

在定性研究领域有很多很有价值的网络资源，包括：

- 信息系统领域的定性研究，见 http://www.qual.auckland.ac.nz/。
- 《定性报告》（*Qualitative Report*），是一个电子期刊，致力于定性研究，见 http://www.nova.edu/ssss/QR/index.html。
- 塞奇（Sage）出版社在定性研究方法论领域是毋庸置疑的具世界领先水平的出版商，见 http://www.sagepublications.com。
- "叙事心理学"（Narrative Psychology）是叙事及其相关领域的一个优秀资源，见 http://narrativepsych.com。
- 定性研究协会（Association for Qualitative Research）有很多很有价值的信息，见 http://www.latrobe.edu.au/www/aqr/。
- "质量保证"（QualPage）网页的资源包括论文、会议、论坛和图书等，见 http://www.qualitativeresearch.uga.edu/QualPage。
- 《社会研究方法论国际期刊》（*International Journal of Social Research Methodology*）是一个跨学科的学术期刊，其主旨是鼓励社会研究方法论领域的争议和辩论，见 http://tandf.co.uk/journals。
- 定性社会研究论坛（Forum: Qualitative Social Research）是一个针对定性研究的德英双语在线期刊，由卡塔·马尔克（Katja Mruck）编辑。该论坛的主要目的在于促进定性研究人员在不同国家和不同社会科学领域之间的讨论和合作，见 http://qualitative-research.net/fqs/fqs-eng.htm。
- 评估和社会研究方法（Evaluation and Social Research Methods），这一在线资源拥有图书、手册和论文，重点关注如何进行评估和开展社会科学领域的研究，见 http://gsociology.icaap.org/methods。

第二篇　定性研究相关基本术语
（Fundmental Concepts of Research）

　　本书第二篇主要是对定性研究有关的基本术语进行综述。其中，第 3 章讨论研究方案的设计并提出一个定性研究模型框架，该模型将作为本书的一个整体框架。另外，第 3 章还将给出如何撰写开题报告的建议。第 4 章从各种哲学的视角来诠释定性研究，包括实证性研究、诠释性研究和批判性研究。第 5 章对工商管理领域中与定性研究方法有关的一些重要伦理和道德规范予以概述。

第 3 章　研究设计

本章学习目标

通过本章的学习，你将能够实现以下学习目标：

- 明白你为何需要进行研究设计。
- 学会如何选择研究主题。
- 理解定性研究方案设计的基本特征。
- 熟练掌握如何撰写研究计划书/开题报告。
- 了解不同研究方案设计在工商管理学科的应用情况。

3.1　导言

所谓研究设计（Research Design），就是为整个定性研究项目所制定的计划。这个计划应该在研究计划书/开题报告（Research Proposal）中予以阐述，需要对准备开展的研究工作进行具体说明。研究设计需要对研究项目的各个部分予以认真计划，这包括：哲学假设、研究方法、数据收集方法、定性数据分析工具、研究报告或论文的撰写方法，以及研究成果的发表或出版方式等。

研究设计的主要目的是为整个研究项目提供一个研究框架和路线图，它是关于何时做何项具体工作的一个清晰的整体研究架构和流程。然而，由于绝大多数定性研究均具有一定的反复性，所以你的研究设计方案永远不可能是最终的，它需要在研究过程中反复进行修改。你不能受到开题报告的束缚，而应当随着研究项目的进展灵活地调整和修改研究计划。但是，即使研究过程中有些事项可能会有所改变，认真地撰写开题报告、仔细地进行研究设计还是很有意义的。而且，你的研究设计也不应该改变得过于频繁，大体上你仍然需要按照计划设计来进行研究。

研究设计的另一个目的同样重要，就是你可以用它来说服你的未来导师或导师组、咨询委员会、系、学院以及研究基金委员会等，以证明你有能力来开展这项研究，并且你所做的这个研究项目具有可行性。研究计划本质上是一个有力的证据，可用来证明你所计划开展的研究是很重要的、有价值的、是业界所关注的。同时，它还可以证明该研究设计是合理的、可信的，以及你有足够的能力来成功完成整项研究（Marshall & Rossman，1989：12）。在申请攻读学位研究生项目时，研究计划书的水平能够决定学生是被录取还是被拒绝。如果研究计划书中的文献综述不够充分，那么你的未来导师就不会对这份报告有比较深刻的印象。同样，如果你的研究计划书结构很差并且撰写得不够好，你很难找到一位导师，因为在这种情况下，你很可能会被认为是一个难以指导、比较"麻烦"的学生。相反，一份写得较好的研究计划书是非常具有说服力和吸引力的，而且也往往会被顺利接纳。

所以，你应该把更多的时间与精力放在研究项目设计上。而且，在后续的研究工作中，你也很有可能会用到研究计划书中的部分内容，如论文中的文献综述部分。

3.2　选择研究主题

在开始设计定性研究项目之前，你首先需要做的一件事情是要在经过深思熟虑后确定研究主题。该主题应当能够用简单的几句话来表述清楚，举例而言，如果你是人力资源管理专业的学生，你的研究主题就有可能与人力资源管理实践和组织绩效相关；如果你是信息系统专业的学生，你选择的研究主题就有可能是如何运用社会信息网络系统来进行商务活动；如果你是市场营销专业的学生，你的研究主题就可能与消费者对品牌价值的认知有关。显而易见的是，研究主题的选择取决于你先前的经验以及你在某个特定学科和专业领域所得到的训练，当然，这也取决于你对该领域相关文献的熟悉程度。对相关前期研究进行综述的一篇文献回顾会对研究主题的形成带来很大的帮助。

在研究主题的选择方面，主要有以下三方面的要求。

（1）你对这个研究主题感兴趣。对所研究的主题感兴趣，我认为这对你来说是绝对有必要的。如果你认为自己准备研究的主题将会很枯燥,那么我建议你还是换一个主题比较好。因为大多数的定性研究都需要付出大量的时间和精力，很现实的情况是人们通常只能做好自己感兴趣的工作。

（2）一个愿意指导你的教师。如果你的研究项目主要是为了取得学术学位，那就非常有必要寻找一个你所在院系的教师来对你的研究进行指导。最理想的情况是这位指导教师对定性研究比较擅长，对你所研究的主题也很熟悉，至少这位教师能够对你所提出的研究项目提供一定的支持。

（3）你可以获得该研究主题所需要的相关定性数据和资料。能够获得研究主题所需要的相关资料是第三项要求。如果无法获得相关资料，你所选择的研究主题就没有任何意义。比如，如果你无法获得资金支持去拉丁美洲获取相关定性研究资料，那么研究拉丁美洲的软件创始公司就是一个无意义的主题。相反，如果你可以很便捷地到达拉丁美洲，并且你会说西班牙语或者葡萄牙语，或许这个和拉丁美洲相关的主题对你来说就是很完美的（如果上述前两个要求也同时满足的话）。

一旦你确定了一个研究主题，接下来的任务就是要提出一个或多个"拟解决问题"

（Research Question）[①]。这些问题必须被设计成通过收集定性数据资料等实证方法可以回答或解决的问题。此外，这些问题还应当与你所从事学科的某一特定主题相关。设计这些拟解决问题的目的在于解决一个研究问题（Research Problem）。

虽然从工商业界实践提炼拟解决问题的这一路径是可行的，但根据我的学生们的以往经验，他们绝大多数都是从学术文献中获得拟解决问题的。通过文献阅读，你就会发现某个研究领域的空白或不足，然后这个空白或不足就很可能是通往下一步深入研究的林荫大道了。在撰写一篇学术论文或一个文献综述时，你会看到大部分论文在临近结尾的部分往往会给出有待下一步深入研究的方向的建议。换句话说，他们在其研究项目中已经解决了一些问题，但与此同时又进一步提出了一些新的拟解决问题。他们所建议的拟解决问题就很有可能成为你自己所研究课题的拟解决问题。

如果你想在总体上提升所提出的拟解决问题和相关文献回顾的水平，最好的方法就是阅读和引用来自顶级期刊的文献。不同来源的文献水平是不同的，学术界公认的结论是：每一领域的顶级学术期刊发表的是本领域最优秀的研究，它们也致力于成为本领域第一个发表新思想、新观点的刊物。因而，这些顶级期刊应当成为你最多的引用来源。你可以通过工商领域的期刊排名来找到相关信息。

（1）Journal-Ranking.com 是一家专注于期刊排名的网站，这一站点还提供其他排名的链接。

（2）《金融时报》（*Financial Times*）提供了与商学院研究有关的 45 个期刊的排名，其网址是 ft.com。

（3）UT Dallas 列举了工商学科最常用的 24 个顶级学术期刊的排名，很多北美地区的商学院以此作为终身教职和职称晋升的主要标准，其网址是 http://jindal.utdallas.edu/。

除上述专业排名之外，还有基于大学和学科的顶级期刊排名。例如，国际信息系统协会（Association for Information Systems，全球信息系统领域的顶级学术组织）提供了信息系统领域的顶级学术期刊列表（见 http://home.aisnet.org）。

当然，上述所有列表均不是完美的，原因在于期刊排名的评价标准各不相同。一些标准使用了提交率、录用率、影响因子、调查、评阅流程，以及编辑委员会的影响等评价指标。无论你使用哪个排名表，你只要确保所参引的文章主要来自这些核心期刊即可。绝对不能忽视你所从事领域的顶级期刊，这是非常重要的。我并非建议你只阅读这些期刊上的文献，因为有些专业期刊并不在相关核心期刊列表之中，上述列表只是告诉你某领域公认的顶级学术期刊。

科利斯和赫西（Collis & Hussey，2003）针对如何进行研究方案设计提出了一个很实用的流程，对其归纳总结如图 3.1 所示。

[①] research question 和 research problem 两词在中文中均可译为研究问题。在这里，research problem 是指实业界客观存在的有待研究和解决的问题；而 research question 是指你的具体研究中准备解决和回答的问题。为了有效区分二者，参照国内的前人译法，本书将 research question 译为"拟解决问题"，将 research problem 译为"研究问题"。

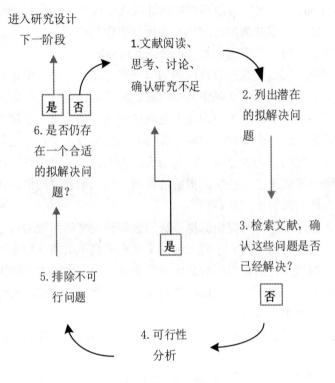

图 3.1 如何确定拟解决问题

资料来源：改编自 Collis & Hussey，2003。

正如图 3.1 所示，第一步是阅读工商管理学科中某一特定领域的文献，经过其他后续步骤后（如提炼一系列潜在的拟解决问题），接下来即进入研究方案设计的下一个阶段。

3.3 理论框架

在确定了研究主题并且提炼出一系列潜在的拟解决问题后，就需要进入研究设计的下一阶段——选择理论框架（Theoretical Framework）。当然，这只是一般逻辑下的顺序，事实上很多定性研究人员会修改理论框架或者在研究后期才选择理论框架。这种情况经常出现在反复性特征比较突出的定性研究方法中，如扎根理论。

在定性研究中可供选择的理论框架有很多，从基础性的社会学理论，如结构化理论（Structuration Theory）或行为者网络理论（Actor Network Theory），到中低层次的理论，如交易成本理论（Transaction Cost Theory）或计划行为理论（Theory of Planned Behavior）等，这些理论都有可能会被用到。这些理论框架可能是个体层面，也可能是群体、组织或社会层面。我在这里并不想过多地讨论这些具体理论，因为绝大多数理论更多的是用于解决实际问题，而并不是研究方法。然而，我认为所有的定性研究项目都应当具备一定的理论框架基础，你可能会在开始研究之前、研究过程中或研究结束后对相关理论框架有所扩展，如扎根理论。

正如研究主题和拟解决问题的选择一样，找到理论框架的最佳来源是研究文献。在我所从事的信息系统领域，学者们通常根据参考文献所涉及的学科来构建理论框架，来自经济学、心理学或社会学等学科的理论大多是与信息系统现象相关的，或者对上述理论予以拓展后是相关的。关键在于要找到或创造一个与你所决定研究的问题密切相关的理论。作为文献阅读的产物，这一理论框架会决定你所从事的研究如何开展。

学术界通常认为定性研究更多地用于构建新理论，但它同样可以用于对理论进行验证。构建新理论的研究工作通常用于探索性分析，用于发现新问题和新的领域。在探索性分析中，研究人员主要致力于考察正在发生的现象和问题，定性研究对这一过程来说是最为适合的。然而，定性研究也可用于理论验证性的研究，尤其是当研究人员对需要验证的理论有一个更好的想法时。

在这里，关于你选择进行理论验证性研究还是理论探索性研究时，还需要明确演绎和归纳的区别。使用演绎方法时，研究人员的研究思路是从上到下的，起始于与研究主题有关的一个通用性理论，这一理论可能会被细化成一个或多个研究假设，并通过搜集实证数据来加以验证。数据分析的结果是对假设和结论予以肯定或否定，这取决于所研究的实际案例。运用归纳方法时，研究人员的研究思路是从下到上的，起始于与研究主题相关的资料收集，对资料进行分析后，就有希望出现一些模式或问题，进而形成一个或多个尝试性的假设，这些假设就有可能形成一个更具通用性的理论。

演绎方法和归纳方法均适用于定性研究，其中使用更多的是归纳方法。归纳方法更具开放性和探索性，其主要目的是用于理论构建。演绎方法相对比较狭隘，受到的约束较多，其主要目的是进行理论验证。这两种分析推理类型的区分如表 3.1 所示。

表 3.1　定性研究中的演绎与归纳

演绎	归纳
研究人员的分析推理流程是"从上到下"的	研究人员的分析推理流程是"从下到上"的
研究人员起始于准备验证的一个理论或一些假设	研究人员起始于用以构建一个理论的经验数据
验证性	探索性

3.4　定性研究设计模型

假如你已经决定使用定性研究方法来回答你的拟解决问题，或者至少部分内容是定性研究，并且你对理论框架也已经有所构想，那么每一个完整的定性研究项目都应该包括以下必要的模块和步骤：

（1）对社会世界的一系列哲学假设；

（2）研究方法；

（3）一种或多种数据收集方法；

（4）一种或多种定性数据分析工具；

（5）研究成果的书面报告。

这一定性研究项目的设计模型如图 3.2 所示。

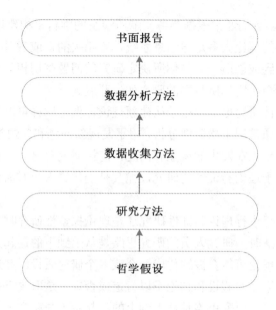

图 3.2　定性研究设计模型图

3.4.1　哲学假设

每一个研究项目都是建立在一些关于世界本质的哲学假设和如何获取社会知识的基础之上。通常，这些假设都是想当然的，隐含在研究人员的脑子里。然而，笔者认为研究人员应当将相关哲学假设清晰地表示出来，因为后续的研究工作都将以这些假设为基础。本书第 4 章将会深入阐述三种哲学观点或"范式"：实证性范式（Positivist）、诠释性范式（Interpretive）和批判性范式（Critical）。

举例来说，如果你准备进行一项实证性研究，那么你的研究设计很可能是对一个或多个假设进行检验。如果你准备进行一项诠释性研究，多数情况下你的研究设计会涉及对研究主题或相关理论的拓展性探索而并非是对其进行验证。

选定哲学范式的同时，研究人员还需要考虑与研究项目相关的伦理问题，本书将在第 5 章详细讨论定性研究的伦理准则问题。

3.4.2　研究方法

所有从事定性研究的学者都需要确定将要如何深入考察社会世界，以及怎样回答拟解决问题。举例而言，你需要研究的是公共组织、消费者，还是管理层？你准备研究的案例数量是一个还是多个？

尽管相关文献对研究方法的定义多种多样，笔者将其视为一种调查策略（Strategy of Enquiry）。所谓研究方法，就是获取社会世界现实数据的方法。每一种研究方法都建立在一系列潜在的哲学假设基础之上，研究方法的选择将影响到研究人员收集数据方法的选择。不同的研究方法也意味着不同的研究流程和技术要求。

本书在第 6 章到第 9 章将对四种研究方法进行讨论，即：行动研究（Action Research）、案例研究（Case Study Research）、人种学研究（Ethnography）和扎根理论（Grounded Theory）。当然，还有其他很多种定性研究方法，但本书将详细讨论的上述四种方法是工商管理领域运用得最为普遍的定性研究方法。

上述每一种研究方法均适用于本书将于第 4 章所讨论的所有哲学观点。举例而言，行动研究方法可以是实证性、诠释性或批判性的，案例研究方法与此相同。

罗耶和扎罗斯基（Royer & Zarlowski，1999：120）就如何选择研究方法问题给出了一些很有用的建议：

（1）该研究方法是否适用于我的拟解决问题？

（2）该研究方法是否可以让我获得所预期的结论形式？

（3）该研究方法的适用条件是什么？

（4）该研究方法有何局限和不足之处？

（5）还有哪些研究方法同样适用于我的拟解决问题？

（6）该研究方法是否优于其他研究方法？如果是的话，为什么？

（7）该研究方法需要用到何种技能？

（8）我是否已经掌握这些技能或者能否获得这些技能？

（9）再多使用一种研究方法是否会优化分析过程和研究结果？

（10）如果是的话，那么第二种研究方法是否能够与第一种研究方法实现很好的结合？

决定分析单元（Unit Of Analysis）也是同样重要的。当然，这取决于研究问题和拟解决问题，但是你需要分清这个分析单元究竟是一个人、一件事、一个具体研究对象（如服务）、一种关系（如消费者和销售商）、一个集合体（如群体、组织），还是一个产业（Collis & Hussey，2003）。

另一个重要决策内容与地点选择有关。你的拟解决问题应当是地点选择的主要考虑因素（Marshall & Rossman，1989）。本书将在第 11 章进一步讨论地点选择问题。

3.4.3　数据收集方法

一旦选定研究方法，下一步你就需要确定使用哪种或哪些定性数据收集方法。本书将分别讨论访谈（Interview）、田野调查（Fieldwork）（或参与式观察，Participant Observation）和使用文档（Using Documents）三类方法。

虽然研究人员会倾向于某一种或某几种数据收集方法，但在各种定性研究项目中，这三种收集数据的方法都可以单独使用或组合使用。举例来说，在工商管理领域中，进行案例研究的学者会更多地采用访谈方法，而进行人种学研究的学者更青睐于参与式观察和田野调查方法。然而，人种学领域的研究人员可能会用到上述所有的三种数据收集方法，扎根理论领域的学者也是一样。具体选择一种还是多种数据收集方法取决于你的研究主题、所选择的研究方法及数据资料的可获得性。数据资料的可获得性对于任何研究项目的成功完成均是至关重要的（Collis & Hussey，2003）。你所选择的数据收集方法必须可以让你能够获取解决拟解决问题所需的所有信息（Royer & Zarlowski，1999)。

3.4.4　数据分析方法

数据资料收集工作完成后，下一步需要进行的就是对这些数据资料进行分析。由于绝大多数定性研究项目都会收集到很多数据资料，所以你需要有一个关于如何处理这些数据资料的计划。

相关文献提供了几十种数据分析方法，在本书第 13 章中将会对部分方法做简要介绍。在工商管理领域使用最多的三种定性数据分析方法是诠释学、符号学和叙事分析，我们将分别在本书的 14、15、16 章进行阐述。

从逻辑上讲，数据收集与数据分析是两个不同的步骤，但在实际定性研究项目中二者经常是同时进行的。数据收集与数据分析通常是一个需要不断反复的过程，在你使用一种需要不断重复的方法（如扎根理论）时尤其如此。

3.4.5　书面报告

定性研究项目的最后一个步骤是将研究成果撰写成文字材料。你的研究成果可以整理成毕业论文、图书、会议论文或者期刊论文等多种形式，同时还可运用多种文体风格和体裁。

在定性研究过程中，撰写研究成果和研究本身同样重要。当你在撰写研究成果时，你需要明确将要阐述的主要内容。本书的第17章和第18章将围绕定性研究项目的成果撰写和发表问题展开讨论。

3.4.6　研究设计模型的扩展

虽然笔者从逻辑顺序上给出了上述五个研究步骤，但在任何定性研究项目中很多步骤都是相互影响的。举例而言，虽然数据分析步骤紧跟在数据收集步骤之后，但实际情况很可能会在数据分析过程中发现需要更多的数据，这时你就需要去对新的个体进行访谈，或者与某个受访个体再次进行访谈。同样，当你在撰写研究报告时，你可能会突然发现你的论文标题或摘要，甚至是理论框架需要修改。定性研究不断反复的特征决定了你的计划不可能在第一天就设计得非常完美。但是，拥有一个计划永远比没有计划好，即使这个计划在后期还需要调整。

定性研究项目设计有多种表现形式，如图 3.3 所示。

图 3.3　定性研究设计的多种表现形式

根据图 3.3 可知，定性研究设计有很多种具体表现形式，举例如下。

（1）实证性的案例研究可能会将访谈和文档作为主要的数据资料来源，数据分析方法可能是分析归纳法，研究成果可能会发表在同行评阅的会议论文或期刊论文上。

（2）诠释性的行动研究可能会将访谈与参与式观察/田野调查作为主要的数据资料来源，数据分析方法可能是符号学，研究成果撰写论文后最终以图书形式出版。

（3）批判性的人种学研究可能需要将访谈、田野调查和文献研究作为主要的数据资料来源，数据分析方法可能会是叙事分析与诠释学的结合，研究成果可能成为某本书的一个章节，也可能作为期刊论文发表。

选择使用何种设计方案不能仅仅依赖于"合理性"的设想。相反，这种选择通常与你的经验专长、你的导师或导师组的经验专长，以及你自己所在的研究机构和学科是否可接受更为相关。事实上，随着研究项目的推进，你对研究设计合理性的认知也可能会发生改变。所以，简单地按照前人的研究设计进行研究是没有必要的。如果有足够多的资源支持，你或许可以尝试一些新的研究设计。

3.5　撰写开题报告

到现在为止，你已经熟悉了定性研究设计的各个组成模块，紧接着就可以开始思考如何来撰写一份研究开题报告（也可称为研究计划书）。笔者建议每一份工商管理学科的研究计划书/开题报告都应该至少包括十个项目，如表 3.2 所示。值得注意的是，这十个项目不一定都要以子标题的形式全部出现在开题报告中，有些项目可以整合并入到某一部分当中。同样，这十个项目也没有必要严格按照表格中所列的顺序一一出现。但是，无论如何处理，开题报告中必须涉及表 3.2 所列的所有十个项目。

表 3.2　开题报告所包含的项目

项目
1.　标题
2.　摘要
3.　导言
4.　文献综述
5.　研究主题
6.　理论框架
7.　研究方法
8.　定性数据分析方法
9.　研究进度时间表
10. 参考文献

（1）标题。每一个研究计划书或开题报告都应该包括暂定的标题、作者和联系方式。笔者对标题的建议是要言简意赅，并且抓住研究项目的核心和主题。

（2）摘要。摘要应该简要地概括出该研究项目的要点、如何计划实施该项研究，以及预期的研究结论。

（3）导言。导言应该清楚地说明该研究项目的目标与动机。为什么该项目很重要？可能得到什么样的新成果？预期的读者是谁？如果合适的话不妨在这里介绍谁是你的导师或者可能成为你导师的人。导言部分可以视作整个研究的背景。

（4）文献综述。文献综述是用来展示你对该研究主题相关领域的前期文献知识的了解情况。文献综述不仅仅是对相关文献的一个总结，它还需要包括你对它的评论和分析。文献综述建立在前人的相关研究基础上，为你的研究主题提供一个研究背景。在大多数工商管理学科中，高水平学术期刊上的研究成果远远比会议报告和相关书籍中的研究成果要好。所以，"你应该引用发表在核心学术期刊上的专家或首席评论员的观点"（Collis & Hussey，2003：132）。

如果你准备运用扎根理论，一些扎根理论专家建议你最好在研究后期（在收集并分析数据以后）再进行文献综述。不要在研究前期就进行文献综述的目的是为了保证你在分析数据时拥有更开阔的思维视角，避免更多地受到前期研究文献的约束。当你使用扎根理论分析数据时，你所得到的代码、分类和主题都应该来源于你对数据的分析，而并非来自你事先阅读过的文献，否则会完全背离扎根理论的精髓和要求。因而，如果你要使用扎根理论，你的文献综述所涉及的广泛程度就完全取决于你和你的导师。然而，笔者的个人观点是，为了更清晰地确定你的研究主题和拟解决问题，即使不能做到研究后期所做的文献综述那样全面，你也需要多多少少阅读一些相关文献并对其进行综述。

（5）研究主题。你的开题报告中应该有一个明确定义的研究主题，这个主题是与拟解决问题一并出现的，而且要求仅用一两句话就能够描述清楚。

如果你准备运用扎根理论以外的其他定性研究方法，你就应该为研究项目提出你的理论框架。一个理论框架包括一系列的概念、架构、假设、命题或模型。在实证研究中，通常还需要描述变量之间的关系。在诠释性和批判性研究中，该理论框架通常是作为如同无法被验证的标准规范一样的公理（Meta-Theories）。诠释性和批判性研究项目很少对理论进行验证，理论验证通常用于探索性研究项目。

（6）理论框架。你的开题报告还应当对你所提出的理论框架加以描述。理论框架取决于你准备使用的研究方法，但这个框架或多或少应该有所拓展。比如在使用扎根理论的研究中，我们希望这个理论框架能够在经过后期不断反复和迭代后有所拓展。

（7）研究方法。你的开题报告应当对你准备使用的研究方法和潜在的哲学基础予以描述。在工商管理领域，最常用的定性研究方法是行动研究、案例研究、人种学研究和扎根理论。你应该在开题报告中说明你准备如何收集定性数据。正如本书之前所提到的，定性研究中最常用到的三种收集数据的方法是访谈、田野调查和文献研究。

（8）定性数据分析方法。你还应当在开题报告中说明准备如何分析你的数据。本书将在第 13 章至第 16 章中具体讨论相关数据分析方法，如分析归纳、诠释学、符号学和叙事分析。

（9）研究进度时间表。你的开题报告应当包括最终书面报告的完成时间。一旦有了截止日期（如论文提交截止日期），你就可以知晓每一研究步骤的提前或滞后情况。举例而言，你能否给出每一章初稿的完成日期？你能否给出完成数据收集阶段的日期？通常的规则是，你至少应该拿出总时间的 25%用于学位论文或图书的最终撰写。

为了制作一张合理的研究进度时间表，笔者认为可以把研究目录予以延伸并拟写一份提纲。有些人会感到撰写一篇学位论文或一本书是如此难以达成因而会觉得气馁。时间上的延误可能仅仅是因为没有把项目分解成可管理的各个部分。相反，有些人会觉得完成一篇学位论文或一本书相当简单，一旦开始以后就不会耗费太长的时间。过于自信的弊端在于：一旦真正开始撰写，你就会突然发现这个项目的工作量远远超出你之前的想象，完成它所需要花费的时间要比预计的长很多。所以，基于这些原因，笔者建议你在开题报告中拟一份论文提纲，这样你就可以清楚地认识到即将面对的工作。

（10）参考文献。最后，每一份开题报告的末尾部分都应当有一个参考文献列表。这一列表可以向你的导师组或开题报告委员会展示你形成研究思路的过程中所参考的学术资料。一定记着要确保你的参考文献的拼写与细节都是 100%准确的。

（11）可供选择的其他项目。除了上述所提到的十个必要的基本项目以外，有些机构可能还会要求在研究计划书或开题报告中包含一些其他内容和项目。举例而言，有些会要求包含财务预算及可能的资金来源（如奖学金或科研基金等）。财务预算包括各项费用的预计，如交通费、住宿费和录制费用。有些机构可能需要伦理委员会的批准证明、完成研究项目所需的资源列表，或推荐人的支持文件等。

3.6　开题答辩

在开题答辩时你需要对任何可能出现的问题和异议做好应对的准备。定性研究人员经常会被询问的问题是样本量、可靠程度和调查结果的可信性等。多年以来，笔者发现了两个适用于开题答辩的很有效的方法。

第一，确保你参考了该研究领域中前沿学术期刊上有影响力的定性研究成果，这可以通过文献综述来说明。笔者发现所有的学者，无论从事何种类型的研究（无论是定性研究还是定量研究），他们都很看重其所在领域高水平期刊上的研究成果。如果有学者在阅读完你的开题报告后，发现你的研究计划建立在他前期的相关研究基础上，那么你就会发现他们对你研究的所有反对意见都会涣然冰释。

第二，指出你选择的主题或拟解决的问题为什么需要运用定性研究方法。定性研究设计的支持者认为，"通过强调对研究结果的质量、深度和丰富程度的保证而使研究做到最好"（Marshall & Rossman，1989：19）。

但是，如果可能，笔者强烈建议你首先向支持你的读者展示你的研究计划，尤其是在你只是一个定性研究新手的情况下。对于一名年轻的研究人员来说，最糟糕的情况是你的开题报告被那些对你的研究方法和研究方案并没有完全理解的学者们"枪毙"掉。你所需要的是获得有建设性的意见和反馈，而不是对你的研究方法和研究路径质疑的否决性意见。当然，如果你是一名教师，或者是一名即将完成学业的博士研究生，你应该有能力为你的定性研究项目向任何人进行解释和辩护。但是，在最初的开始阶段，你需要尝试确保能够拥有一个合理的支持者，这个支持者是指支持定性研究方法，而非针对你的这一具体研究项目。

　　笔者所在的学校——奥克兰大学，正是基于这个目的成立了"定性研究小组"。虽然这个小组是在商学院成立的，但是该小组的成员目前已经拓展到非商科的学者，如人类学、社会学和医学等学科领域。特别是奥克兰大学的研究生们对该小组的成立和相关培训的开展感到受益匪浅。如果你认同相关活动，并且拥有足够的人员，笔者建议你们所在的系所也可以成立相关小组并开展类似活动。

　　另一个建议是你可以尝试在相关会议上将你的研究方案向支持定性研究的学者们进行展示。虽然很多会议几乎被同行审阅的论文所垄断，但在会议前后通常会有一些非正式的研讨会。举例来说，国际信息处理联合会（IFIP）工作小组 8.2 的主要职责是信息系统和组织之间的关系，该小组通常会在年度信息国际会议（ICIS）召开之前安排一个研讨会。这种非正式的研讨会主要是为博士研究生或年轻老师而设计，用于在一个没有压力的氛围下让他们有机会向资深专家们展示其前期研究成果并获得意见和反馈。

　　还有一个选择，就是在博士生论坛或博士生联盟等组织的活动上进行展示。虽然博士生论坛通常只愿意接受高年级的、博士论文即将完成的博士生，但有时候也可以接受低年级的博士研究生。

3.7　研究设计范例

3.7.1　国际商务领域运用实证性扎根理论的研究

　　丹尼斯和帕克（Danis & Parkhe，2002）的研究主题是匈牙利和西方合作伙伴之间的国际合作经营企业问题。作者使用实证性哲学观点下的扎根理论方法，提出了一系列关于国际合作经营企业的命题，并提出一个理论模型来解释他们的研究成果。他们称该模型可以为未来的研究提供系列可以验证的命题。他们使用了多种分析方法（如模型匹配的方法）来确保结构效度、内在效度和外在效度，以及研究结果的有效性。相关数据大多是通过对管理者进行半结构化访谈而获得，并运用一个定性数据分析软件包（NUD*IST）进行数据分析，用于寻求适用于不同国际合作经营企业的共同模式。

3.7.2　市场营销领域运用诠释性扎根理论的研究

　　弗林特、伍德拉夫和奈迪尔（Flint、Woodruff & Gardial，2002）的研究主题是顾客如何感知供应商的价值。作者运用扎根理论作为研究方法，采用访谈、参与式观察和文献研究的方法来获取数据，其中大部分数据都是来源于访谈。他们使用了扎根理论编码技术来分析数据（开放式、选择性的和主轴的编码），并采用定性数据分析软件包（NUD*IST）使其数据分析更加便捷（Flint et al.，2002）。

3.7.3　信息系统领域运用批判性人种学理论的研究

　　麦尔斯和杨（Myers & Young，1997）揭示了医疗卫生部门信息系统发展中的隐藏日程管理问题。该研究使用批判性的人种学研究方法，数据来源于参与性观察、结构化和非结构化访谈、未出版的文献（如会议记录），以及报纸和杂志上的相关报道。作者以哈贝马斯（Habermas）的社会发展理论为指导对这些数据进行了叙事分析。

3.7.4　管理学科领域组合运用定性和定量数据的研究

管理学科的学者假设员工支持计划项目是通过使员工获得支持进而提升情感上的组织忠诚度。然而，格兰特、达顿和罗索（Grant、Dutton & Rosso，2008）的研究结果显示，支持计划项目所产生的情感上的组织忠诚度不仅来源于使员工获得支持，同时也来源于让员工进行付出。

作者组合使用了来源于财富 500 强零售组织的定性数据和定量数据。其研究的第一步是定性的，他们对商店管理者和零售商店协会进行了半结构化的访谈。其第二步的研究是定量的，他们对同一家企业的 249 名员工进行了问卷调查。

通过对定量和定性两种方法的组合使用，他们构建了理论框架并对其进行验证。作者的这一理论被称为亲社会（Prosocial）型的、有意义的贡献，有助于我们更进一步深入理解组织忠诚度如何提升、为什么提升，以及管理层如何提升员工的组织忠诚度。

3.7.5　运用定性数据和定量数据对新市场类型出现问题进行理论拓展

纳维斯和格林（Navis & Glynn，2010：441）考察了新市场类型如何出现及其合法化的问题。一种市场类型被定义为"生产者与消费者之间的一种经济交易结构，它代表了使用这一结构的行动者和当事人之间已经对此达成一致"。在运用定性数据和定量数据的基础上，Navis 和 Glynn 考察了美国卫星电台市场自成立以来前 16 年的发展演化情况。

该项目的定性研究阶段包括对意义建构、合法化和识别等问题的考察，目的在于形成对卫星电台的历史性叙事。接下来，他们使用 NVivo 软件（一个用于定性数据分析的软件包）对定性资料进行了编码。他们通过对卫星电台的历史性叙事所形成的观点，成为本项目定量研究（假设——检验）阶段的基础。

在表明市场类型如何通过相关行动者的意义赋予和意义建构活动而变得制度化方面，这篇论文对于制度化理论做出了贡献。这篇论文也对组织和企业身份界定等理论做出了贡献。作者的成功在于提出了关于新市场出现及其合法化问题的一个整合的理论框架。

练习和习题

1. 通过谷歌学术和其他文献数据库（如 Emerald Insight 或 ProQuest），查找与你感兴趣的主题相关的文献。笔者建议你可以尝试几种不同的数据库和关键词进行搜索。

2. 如果你在查找相关文献的过程中遇到困难时，可以向图书馆工作人员询问，或者请教你所在系从事该领域研究的教师。

3. 阅读几篇你查找到的文献，以图 3.3 为指导，看看你能否找出这五个构成模块。

4. 再次查看你所阅读的文章，看其末尾部分是否有关于进一步研究的建议？

5. 针对相同的研究主题撰写一个综合的文献综述，看看你能否找到现有文献研究的不足和缺口。

6. 如果你已经找到了研究缺口，那么是否存在一个有待研究的问题？如果存在，你是否能够在此基础上拟出一个或多个拟解决问题？

7. 对你的研究主题和拟解决问题进行可行性评估。你是否可以获取必要的数据？你是否拥有足够的资源？是否有对该主题感兴趣并且具备专业知识的人来对你进行指导？

8. 撰写一份开题报告/研究计划书，并确保其囊括了表3.2所列的十个项目。

9. 考虑所有可能针对你开题报告的反对意见。一个定量研究人员可能会提些什么问题？写下你对这些反对意见的回答。

10. 向你们班级或小组的同学展示你的开题报告。通过他们所提的意见来改进你的方案。

扩展阅读材料

1. 图书

马歇尔和罗斯曼（Marshall & Rossman，1989）在书中总结了研究设计中需要注意的各种事项。潘趣（Punch，2000）在书中对如何撰写开题报告/研究计划书方面给出了一个很全面的指导。

2. 网站资源

在开题报告和研究计划书撰写方面有很多很有用的网站资源：

● 明尼苏达圣玛丽大学（Saint Mary's University）写作中心（the Writing Center）有一个关于撰写开题报告很有用的网站，见 http://www2.smumn.edu/deptpages/~tcwritingcenter/Forms_of_Writing/Research Proposal.htm。

● 唐·撒克里（Don Thackrey）在密歇根大学主讲的给开题报告撰写者的建议（the Proposal Writer's Guide），见 http://www.research.umich.edu/proposals/PWG/pwgcontents.html。

● 伯明翰大学的初学者发展中心（Learner Development Unit）有一个对于撰写开题报告的指引，见 http://www.ssdd.bcu.ac.uk/learner/writingguides/1.07.htm。

● 昆士兰大学有一个对博士研究生很有用的网站，包括了撰写开题报告的板块，见 http://www.uq.edu.au/student-services/linkto/phdwriting/index.html。

第 4 章　哲学基础

```
┌─────────────────────────────────────────────────────────┐
│                                                         │
│                    本章学习目标                          │
│                                                         │
│  通过本章的学习，你将能够实现以下学习目标：              │
│  ●  理解研究中的潜在假设。                               │
│  ●  能够识别并界定实证性研究、诠释性研究和批判性研究的区别。│
│                                                         │
└─────────────────────────────────────────────────────────┘
```

4.1　研究中的潜在假设

正如我在本书第 2 章中所提到的，研究方法最常见的分类是定性研究和定量研究的界定。然而，还有另外一种很有意义的研究方法分类，那就是对指导研究的潜在哲学假设进行界定。所有的研究（无论是定量研究还是定性研究）均建立在一些潜在的假设基础之上，这些假设包括什么是有效的研究、哪种研究方法更为适合等。因而，为了开展或评估定性研究，笔者认为我们很有必要明白这些假设或隐藏的假设是什么（Myers，1977c）。

基于本书的主旨，最重要的是那些用于指导研究，并与潜在认识论相关的哲学假设。认识论（Epistemology）一词源自希腊语，其原始含义是"知识"，指的是关于知识的假设以及如何获取知识[希尔施姆（Hirschheim，1992）]。认识论在《牛津简明英语词典》中的定义是"有关知识的理论，尤其是指知识的方法、有效性和范围"[索恩斯和史蒂文森（Soanes & Stevenson，2004）]。对于准备运用定性研究方法的学者而言，他们应当熟悉与研究有关的知识背景，尤其是他们在研究中所获得的知识的有效性和范围。此外，他们还需要了解相关知识的局限性。

古帕和林肯（Guba & Lincoln，1994）提出了定性研究的四种潜在范式：实证主义、后实证主义、批判主义和建构主义。在蔡（Chua，1986）的研究基础上，奥利寇斯基和巴鲁迪（Orlikowski & Baroudi，1991）以潜在的研究认识论为基础提出了三种范式：实证性范式、诠释性范式和批判性范式。本书采用该分类模式，如图 4.1。还需要指出的是，虽然这些研究认识论在哲学上的分类是很清晰的，但在社会研究实践中相互之间的区分经常会变得模糊（Lee，1989）。在关于这些研究范式是否需要明确界定以及它们是否能够应用于一个具体研究方面，学术界还存在很大的争议（Myers，1997c）。

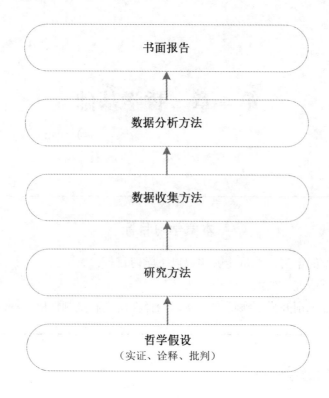

图 4.1　定性研究设计（1）

　　我们需要明确的一点是，"定性"这一术语并非是"诠释"的同义词。定性研究或许是、也或许不是诠释性的，这取决于研究人员所做的潜在哲学假设。定性研究可以是实证性的，也可以是诠释性的或批判性的，如图4.2。由图4.2可知，对某一具体定性研究方法的选择（如案例研究方法或人种学研究方法），与所采用的潜在哲学思想无关。例如，案例研究可能是实证性的（Yin, 2003），也可能是诠释性的［沃尔沙姆（Walsham, 1993）］，或是批判性的（Myers, 1995）；行动研究与此相同，它也可能是实证性的［克拉克（Clark, 1972）］、诠释性的［埃尔登和奇瑟姆（Elden & Chisholm, 1993）］，或批判性的［卡尔和凯米斯（Carr & Kemmis, 1986）］。我们将在本章的后续内容中对这三个哲学观点进行具体讨论。

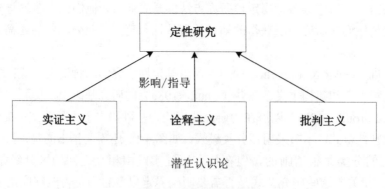

图 4.2　潜在哲学假设

4.2　实证性研究

实证主义在绝大多数工商管理学科领域占据主导地位，它也是绝大多数工商管理学科的学者们所熟悉的研究范式。

从事实证研究的学者通常假设现实世界是客观存在的，并具有可测度的属性，且独立于观察人员、研究人员以及所使用的工具和设备。实证研究通常用于理论验证，它试图提升对现象的预测和理解能力。在实践中，通常假设现实世界的研究单元可以客观地分成客体和推论。在这里客体也可以指经济体或物体等。

实证主义被称为社会科学研究的自然科学范式（Lee，1994），应用于自然科学领域的这一研究方法和工具也逐步应用于对社会和组织问题的研究。其典型做法是，实证研究人员以自变量、因变量以及二者关系的方式来对实际事物进行描述并形成研究命题。

信息系统领域的相关研究文献中有一些相同的观点，奥利寇斯基和巴鲁迪（Orlikowski & Baroudi，1991）认为，信息系统领域的研究如果存在以下情形则视之为实证性的，相关情形包括正式命题、变量的量化测度、假设检验，以及结论来自从一个群体中的抽样等。

本巴赛特、戈德斯坦和米德（Benbasat、Goldstein & Mead，1987）的论文是一个在信息系统领域进行案例研究的优秀实证性范例。伦敦和哈特（London & Hart，2004）的研究是国际商务领域进行理论构建的很优秀的一个实证性研究案例，作者针对跨国公司如何成功进入新兴市场提出了系列命题。

国际商务领域的实证案例研究

王和埃利斯（Wong & Ellis，2002）的文章是一个运用实证方法进行案例研究的优秀范例。

针对国际商务领域国际合资企业这一研究领域，作者的拟解决问题是投资者如何识别潜在的联盟合作伙伴。作者运用多重案例分析方法考察了 18 个中国——香港合资企业。

他们的主要研究结论是，国际合资企业作为最小化交易成本和共用互补性资产机制，同时也是企业间技术和知识转移的工具。他们的研究强调了这一社会纽带在知识转移早期阶段中的作用。

4.3　诠释性研究

相对于实证研究而言，基于诠释的研究在工商管理领域并不常见。然而，诠释性研究在近 20 年间获得了快速发展，诠释性研究的论文目前也会发表在所有工商管理学科的顶级期刊上。

诠释主义假设只有通过作为社会架构组成部分的语言、意识、共识和工具等才能够理解给定的社会化的客观世界。诠释性研究并不需要事先确定自变量和因变量，它主要关注的是当环境形势变化时人们清晰解读所处情境的复杂性[卡普兰和麦克斯威尔（Kaplan & Maxwell，1994）]。诠释主义更多的是通过人来理解事物和现象[博兰德（Boland，1991）；Orlikowski & Baroudi，1991]。

一般来说，自然科学领域的研究方法和工具并不适用于对社会科学或组织领域现象的研究，其原因在于，主观意识下的人文现象在自然科学领域并没有相对应的参照物（Lee，1994）。许多社会科学领域的学者认为，从事社会科学研究的学者并不能站在独立于其所研究的特定社会或文化现象之外的角度来观察问题，他/她只能通过作为"内部人"才可以理解其所要研究的特定社会文化问题。换句话说，社会科学领域的学者如果想完全理解所收集的材料，他/她就必须会说与其所研究的人相同的语言，或者至少能够理解研究对象话语的解释或翻译副本。社会科学领域的学者所收集的原始材料包括事先计划好的作为研究对象的群体中相关人的话语。

社会科学的这一属性有时被称为"双重诠释"，吉登斯（Giddens，1976：146）对"双重诠释"的描述如下所述：

> 与自然科学不同，社会科学就其研究领域而言是一种"主观——主观"的关系，并非"主观——客观"的关系；社会科学面向的是一个已经经过事先解读过的世界；社会科学理论架构的这一"双重诠释"属性在其他领域并不存在。

"双重诠释"的属性代表了从事社会科学研究的学者是"主观的"，他们与作为其研究对象的人一样是社会形势和现象的诠释者。

因而，从事诠释学研究的学者通常关注社会背景问题，旨在理解现象或问题所处的背景，他们认为背景才是现象发生和现象本身的决定因素。

我们现在详细阐述一下背景的重要性。请问以下问题是什么意思："昨晚你看足球（Football）比赛了吗？"如果居住在不同的国家，你们会明白问题的答案并不是简单清晰的。为了正确理解这一问题，你需要理解提问者所说的"足球（Football）"这一名词的含义。我们怎样才能够理解提问者这一用词所指的意思呢？唯一的解决途径就是要去理解提问者提问时所处的背景环境。如果我告诉你提问者是英国人而且是一名曼彻斯特联队的忠实球迷，通过这一背景我们就可以立即明白提问者想问的是关于英式足球的问题。然而，如果我告诉你提问者位于芝加哥而且是芝加哥熊队的忠实球迷，那么通过这一背景我们就会明白提问者所问的是美式橄榄球问题。

在这里，核心问题是特定词语的语义取决于它所处的句子、段落或文化等环境。不了解其所处的广义环境就无法理解单独数据材料的正确含义（例如在这个例子中，"足球"这个词的意思）。同样，社会现象的内涵也取决于其所处的环境，也就是作为研究对象的人们所处的社会现实世界。

信息系统领域的诠释性研究

从诠释性角度开展人种学研究的一个优秀案例是奥利寇斯基（Orlikowski，1991）的一篇论文。

Orlikowski 考察了在工作流程或工作设施中使用信息技术对控制和组织模式改变所产生的影响程度。她对一家大型国际化软件咨询企业进行了人种学田野调查。

她的研究结论显示，信息技术可以强化现有的组织模式，并可以使现有控制机制的集约化和一体化变得更加便利。她的文章还表明，当信息技术作为工作流程的媒介时，它就创造了一种信息环境，这一环境可以增强操作的整合性和灵活性，并可以形成一个知识和权利的规则母体（Orlikowski，1991）。

对实证性研究和诠释性研究在认识论假设方面的区别总结如表 4.1 所示。表 4.1 大多改编自伯恩斯坦（Bernstein，1983）的研究，这也是他对海塞（Hesse）研究的总结。在初始的背景下，Bernstein 对大家所公认的自然科学和社会科学二者之间的区别进行了汇总，并提出用于界定人文社会科学的所有认识论假设同样也可以用于界定自然科学的观点。Bernstein 指出，对于所有科学来说确实都存在一个诠释的维度。库恩（Kuhn）针对科学范式转换属性的历史性分析也支持这一观点（Kuhn，1996）。

表 4.1　实证主义和诠释主义在认识论方面的区别

实证主义的认识论假设	诠释主义的认识论假设
经验被视为客观的、可验证的，并独立于理论解释	数据不可以与理论相分离，是否能够被称为数据资料取决于对理论的诠释，数据资料本身也可能会根据诠释而重新构造
理论来自学者们所创造的架构或模式，并遵循"假设—演绎"的逻辑范式而得出解释和结论（也即，如果理论是正确的，那么现象就必然会发生）	在人文社科领域，理论是对社会现象本身的模拟和重构。理论好坏与否的标准在于对其内涵和目标的理解，而并不是演绎解释
跟法律一样的研究推论源自经验数据，且独立于观察者、研究方法和研究对象	研究推论源自经验数据，与研究人员、研究方法，以及与研究对象的互动等密切相关。推论的有效性并不取决于统计数据，而在于"从案例中所得结论的解释的合理性和说服力"（Walsham，1993：15）
科学语言需要严谨、标准化、学术化	人文社科的语言可能是模糊的（因为其多重性、偶发性内涵），并会由于环境的变化而有所变化
现实与其内涵是分离的	在人文社科领域，正是相关现象的内涵构成了现实，这是因为数据资料本身就是由文档、有目的的行为、社会规则和人文现象等所组成的，而且这些现实数据是无法与其内涵相分离的

资料来源：改编自 Bernstein（1983）。

从表 4.1 中可以看到，第一部分是关于客观性和经验现实性问题。实证主义认为，经验数据（现实）是客观的，数据是用来对理论进行验证的。然而，诠释主义认为数据的确切内涵取决于环境（理论）。

表 4.1 中的第二部分是关于理论的属性问题。实证主义采用"假设——演绎"的逻辑范式，认为一个好的理论在于其假设可以被验证，并可以通过数据来获得支持。诠释主义认为，一个好的理论在于它能够帮助研究人员更好地理解作为研究对象的人的潜在目的和意图。

表 4.1 的第三部分是关于科学推论的属性。实证主义希望得到法律一样的推论，并可以在不考虑所处环境的情况下得到应用。与此相反的是，诠释主义希望得到与环境更加匹配的推论，希望推论能够与研究人员及其研究方法更为相关。针对推论更深入的分析讨论请参阅李和巴斯克维尔（Lee & Baskerville，2003）的研究。

表 4.1 中的第四部分是关于科学语言问题。实证主义致力于对现象予以严谨、格式化和学术化的定义（如一个参数或结构），这些定义需要尽可能精确，这在实证研究中是非常重要的。与此相反的是，诠释主义并不太关注定义的精确性，它认为相关现象和内涵是偶发的，取决于所处的环境，这些偶发的现象和内涵正是研究人员所需要解释的。

表 4.1 中的第五部分是关于数据的属性问题。实证主义认为，现实就是现实，现实是中性的，实证研究就是对现实做出解释。诠释主义认为现实本身已经对其内涵打下烙印，所研究的社会群体称之什么，什么就是现实。

从诠释性角度进行定性研究的范例包括沃尔沙姆（Walsham，1993）在信息系统领域的研究、克里奈特（Kozinets，2001）在市场营销领域的研究。

克莱因和麦尔斯（Klein & Myers，1999）针对诠释性研究的开展和评价提出了一系列准则，这些准则的总结如下。

1. 循环式诠释基础准则

该准则认为，所有人类认知都是由相互依赖的作为事物组成部分的内涵和作为事物整体的内涵两者之间不断反复而得出的。这一人类认知准则是其他准则的基础。

研究范例：Lee（1994）对于电子邮件的信息丰富度问题进行了研究。该研究将参与人员个人电子邮件的独立信息片段作为"部分"，将能够决定独立信息片段全部内涵的用于诠释信息交换的全局性语境作为"整体"，在二者之间进行反复交互。

2. 情景化准则

这一准则要求对研究情境的社会和历史背景进行批判性反思，以使读者明白所研究的现实情境是如何产生的。

研究范例：茜巴拉、帕垂塔和厄利克（Ciborra、Patriotta & Erlicher，1996）考察了菲亚特（Fiat）建立新装配工厂的历史性因素。研究结果显示，尽管工作组织和运营方式已经发生了根本性变化，经典的福特式生产理念仍然具有重要意义。

3. 研究人员与研究对象之间的互动准则

该准则要求对研究素材（数据）如何通过研究人员与参与人员的互动来进行社会建构这一问题进行批判性反思。

研究范例：特劳特（Trauth，1997）解释了她的理解力是如何随着自我意识而提升的，并对其假设提出质疑。

4. 抽象与概括准则

该准则要求：通过应用第一条和第二条准则对数据资料进行诠释，将诠释结果所显示的特定细节与描述人类认知、社会行动属性的理论性、概括性概念结合起来。

研究范例：蒙蒂罗和翰斯（Monteiro & Hanseth，1996）在讨论其研究结论时与拉图尔（Latour）的行动者——网络理论结合起来。

5. 反复推理准则

指导研究设计的理论预期和实际研究发现（数据所揭示的问题）之间可能存在冲突，会需要新一轮的修正，该准则要求对这一问题要具有敏感性。

研究范例：Lee（1991）描述了纳尔杜利（Nardulli，1978）是如何在其刑事法庭问题的研究中多次修正其对案件压力作用这一核心理论预期概念的。

6. 多重诠释准则

尤其是在针对事件影响的多个叙事分析或故事情节描述中，不同参与者所做的诠释可能会存在差异，研究人员需要对此具有敏感性。这就像多个目击证人对其所看到的事件的描述会存在不同一样。

研究范例：莱文和罗斯莫尔（Levine & Rossmore，1993）考察了门槛（Threshold）系统在布雷默顿（Bremerton）公司的应用案例中所出现的多个预期之间存在的冲突问题。

7. 质疑准则

从多个研究对象身上所收集到的叙事性资料，可能会存在"偏见"和系统性的"失真"，该准则要求对此具有敏感性。

研究范例：福雷斯特（Forester，1992）考察了城市规划人员在协商数据采集问题时所用到的模棱两可的措辞。

4.4　批判性研究

在工商管理学科领域，实证性研究和诠释性研究是大家都比较熟悉的，但同样的话并不适用于批判性研究，相对而言，批判性研究是较为少见的。然而已经有迹象显示，批判性研究正在逐步增多。例如，立足于管理学科的英国批判性管理研究会议已经开始举办，并呈现出良好的发展势头。在信息系统领域，自 2001 年以来有三个关于批判性研究的学术专刊[布鲁克（Brooke，2002）；克瓦斯尼和理查森（Kvasny & Richardson，2006）；特鲁克斯和豪克罗夫特（Truex & Howcroft，2001）]。笔者相信批判性研究可以为工商管理学科做出较大贡献，但它的整体潜力还并未得到充分认识。

诠释性研究和批判性研究在很多方面是类似的。举例来说，这两种研究均具有社会科学研究的双重诠释属性，即社会研究在其研究领域具有"主观——主观"关系。从更广阔的视角来看，如表 4.1 所示，诠释性研究的认识论假设完全适用于批判性研究。然而，批判性研究与诠释性研究是两个不同的研究范式，我们接下来将对此进行讨论。

批判性研究假设社会现实是历史性的构成，它是由人们创造的。虽然人们可以有意识地改变其所处的社会和经济环境，但批判性研究认为，人们的这种能力受到各种形式的社会、文化和政治因素所制约。因而，在不同的既定社会形势下，相关诠释也是不同的。某些诠释会更受到重视，有时针对某个人或某些群体的诠释会优于其他人或其他群体。

因而，批判性研究的主要任务是使之成为一个社会批判，从而会使原本被认为是客观现状的限制条件和边缘条件显现出来。批判性研究认为，目前的社会条件是对教化、公正、自由的限制，批判性研究并不是对现有知识和看法的简单描述（诠释性研究或许需要这样做），其主旨在于对现有那些想当然的观点、价值观和假设提出挑战。

哈贝马斯（Habermas）的社会发展模型

麦尔斯和扬（Myers & Young，1997）将 Habermas 关于社会发展的模型应用于信息系统开发领域。

作者运用人种学研究，考察了幕后动机、权力和其他想当然的社会现实因素是如何深层次地嵌入至信息系统开发项目中的。作者考察了医疗卫生部门引入市场规则的问题，并将新信息系统的引入视为医院管理层介入门诊医生工作的一种尝试（Myers & Young，1997）。

康纳顿（Connerton，1976：18）将这种社会批判定义为：

这种意义上的批判代表了人类所导致的限制因素在系统上的反映，这些限制因素是指个人、由个人所组成的群体，或整个人类种群在其自我形成过程中所不得不屈从的扭曲性的压力。

如果想批判现有的社会形势，从事批判性研究的学者就需要对此有所了解。因而，几乎所有从事批判性研究的学者都对其研究动机有一个清晰的伦理基础。批判性研究人员提倡诸如开放民主、机会公平和环境可持续等伦理价值观。

与对现有社会形势进行批判一样，批判性研究人员还需要对进步这一问题提出建议。批判性研究对社会进步的建议各不相同，存在较大差别，但是解放（Emancipation）这一概念由法兰克福学院的学者们提出后得到迅速发展。《简明牛津英语词典》对"解放"这一术语的定义为"给予自由，尤其是从法律、社会或政治限制的角度"。摆脱奴隶制是该词典针对这一术语的第一个例句（Soanes & Stevenson，2004）。由法兰克福学院批判性研究的学者们所提出的"解放"这一术语，是指人们从错误的或无保证的信念、假设或约束下得以解放［恩格温亚马和李（Ngwenyama & Lee，1997）］。

解放——描述的是一个过程，在这一过程中个体或群体从压抑的社会和意识条件下获得自由，尤其是指那些对人类意识形态发展造成不必要社会约束的情形。［阿维森和威尔莫特（Alvesson & Willmott，1992：432）］

法兰克福学院最知名的学者是尤尔根·哈贝马斯（Jurgen Habermas）。他提出了一个"沟通行动"（Communicative Action）理论，并认为这是现代社会的基础（Habermas，1984）。

另外一个批判学家是皮埃尔·布迪厄（Pierre Bourdieu）。他是一名法国社会学家，主要研究符号体系及其对现实社会结构的统治地位。Bourdieu 首先提出了社会、文化和符号资本等概念，在这里，符号资本是指对于个人而言基于荣誉、威望或认可的可利用资源（Bourdieu，1977，1990）。

米歇尔·福柯（Michel Foucault）是另一位知名批判学家，他考察了权力、知识和话语之间的关系（Foucault，1970；1972），他自称为"系统性思考的历史学家"［梅茜（Macey，2000：133）］。

阿维森和迪茨（Alvesson & Deetz，2000）在其著作中对工商管理领域的批判性研究做了一个很好的评述。巴勒特（Barratt，2002）也对此做出了贡献，称 Foucault 的观点已经应用到人力资源管理领域。库珀（Cooper，2002）基于 Bourdieu 的研究考察了苏格兰批判性会计学的影响和作用。Habermas 的批判理论应用于信息系统的研究主要有 Myers 和 Young（1997）以及恩格温亚马和李（Ngwenyama & Lee，1997）的论文。Myers 和 Klein（2011）在开展批判性研究方面提出了系列准则，总结如下：

准则 1：使用社会批判学家所提出的核心概念

该准则建议从事批判性研究的学者应当围绕一个或多个批判学家所提出的核心概念，而对数据收集和分析工作进行组织。

研究范例：Ngwenyama 和 Lee（1997）运用 Habermas 的核心概念对信息丰富性理论进行了批判。

准则 2：持有一种价值观

批判学家提倡诸如开放民主、平等机会和话语伦理等价值观。这些价值观是以下第 4 条到第 6 条准则的基础。

研究范例：亚当（Adam，2005）考察了如何有效地将伦理与批判性信息系统研究整合在一起的问题。

准则 3：揭示并质疑现行信念和社会实践

该准则建议开展批判性研究的学者应当对重要的信念和社会实践予以界定，并根据潜在的反面观点和证据对其提出质疑。

研究范例：杜林（Doolin，2004）考虑了医疗信息系统如何在效率和财务可行性保障方面对管理者提供帮助，但他运用了 Foucault 批判理论的概念对该系统的潜在理念和假设提出了质疑。

准则 4：个体解放

阿维森和威尔莫特（Alvesson & Wilmott，1992）认为，所有社会批判理论的目标在于促进人类需要、潜在的反身性批判以及自我转变的实现。

研究范例：凯南格（Kanungo，2004）的研究揭示了一位印度农村的农民如何利用当地的知识中心接受知识和培训以提升她的生活质量。

准则 5：社会进步

这一准则认为社会进步是可以实现的，其目标并不仅仅是揭示现有的主流形式，而在于如何克服或消除权力的滥用问题（虽然批判学家不应当呈现权力当局的具体形式）。虽然对进步的程度持不同意见，但绝大多数批判学家认为社会进步是可以实现的。

研究范例：克瓦斯尼和凯利（Kvasny & Keil，2006）针对面向历史性弱势群体所提供的社会服务如何改进问题提出了建议。

准则 6：社会理论改进

所有的批判学家认为我们现有的理论都可能出错，对社会理论予以改进是可行的。从事批判性研究的学者们可以基于其他理论范畴提出新的主张，并对他们下一步的分析和干预提供指导。

研究范例：Habermas 在与 Foucault 和伽达默尔（Gadamer）的辩论中修改了他的观点，同时，Foucault 和 Gadamer 也对其主张进行了修改。

4.5　研究哲学范例

4.5.1　针对制度变迁的实证性研究

邓恩和琼斯（Dunn & Junes，2010）在其实证研究中同时运用了定量和定性两种数据。他们的研究是关于制度变迁的，尤其是制度逻辑是如何随着时间变化而发生变迁的。制度逻辑是一种文化信念和规则，它决定了行动者的认知和行为。他们认为在多元化制度层面，运营的行业往往具有双重逻辑。

有鉴于医疗行业四十年间发生的重大变化，作者选择医学院作为研究对象。通过对医疗教育的考察，他们发现这一行业始终坚持两个逻辑：医疗和科学。"科学逻辑关注的重点是如何通过研究和创新治疗手段来创造有关疾病的新知识，而医疗逻辑则更多地关注医生的临床技术，其主要目的是治疗病人、提升社区的医疗水平"（Dunn & Junes，2010：116）。

他们的研究在第一阶段是定性的，作者运用"医疗"和"科学"两个关键词分析了 39 年的档案资料，并对医疗教育中这两个逻辑随时间变化的情况进行了叙事性分析。通过叙事分析，作者提出了一些假设来验证职业因素和外生因素对这两种逻辑的影响。研究的第二阶段是定量的，作者运用内容分析方法，考察了相关关键词在相关重要文件中出现的频率。他们研究的核心在于医疗逻辑和科学逻辑随时间变化的情况，作者还运用回归分析对假设进行了检验。

他们的研究结果表明，在医疗教育界的医疗和科学这一双重逻辑得到了特定群体和利益相关者的支持，二者会随时间变化而有所波动，并会对未来的职业教育产生动态影响。该项目同时也是一项优秀的进行定量和定性三角交互验证的实证研究。

4.5.2　针对虚拟团队的诠释性研究

比约恩和恩格温亚马（Bjørn & Ngwenyama，2009）针对虚拟团队问题进行了一项诠释性案例研究。他们认为，管理分布在不同地理区域的成员所组成的国际团队是一项非常复杂的任务。由于文化、语言和组织的差异化，沟通失败的风险在日益增加。

作者考察了两个国际虚拟团队所发生的沟通失败问题。这两个团队隶属于一家大型国际运输企业，该企业在欧洲、加拿大、美国和亚洲等地均设有分支机构，员工总数量达 10 万人。

他们对每个团队的成员和项目经理进行了访谈。作者还通过文献材料、影印资料、邮件、工作文档、现场日志和参与式调查等手段获得了所需要的数据资料。这些措施使得作者可以知晓研究对象对行动、事件和组织环境的解释。由于作者的研究目的在于弄清分布于不同地理区域的团队成员如何使其集体行动得以实现，因而，采用诠释方法是很适合的。

该论文的理论贡献在于作者提出共识和组织的半透明化对于虚拟团队的合作是非常重要的。共识是引领团队处理和形成事件诠释的背景知识，半透明化是清晰度、认识和责任三者的组合。

4.5.3　针对管理会计师的批判性研究

兰伯特和佩泽特（Lambert & Pezet，2011）考察了管理会计师具有核心地位并成为价值真正的创造者的一些行业实践。他们针对一家以管理会计师为核心的企业开展了一项案例研究。

作者对一家在全球居领先地位的汽车装备制造企业进行了田野调查，资料主要来源于针对企业管理会计师所做的访谈，作者还使用了包括企业网站和年度报告在内的二手资料。

运用 Foucault 的批判理论观点，作者认为，会计这一职业不仅仅是为决策制定提供数据的工具，同时还是一个持续监管的工具，它通过产生针对员工的数据而对组织的员工进行监管。在其所研究的企业中，管理会计师已经被其官方称为价值的真正创造者。他们称前述论断的成功与否取决于对管理会计师的遴选和产生的规则以及价值创造的实施规则。

练习和习题

1. 通过谷歌学术和其他文献数据库做一个简单的文献搜索，看看是否能够在你所研究的领域找到两三篇实证性定性研究文献。相关文献的研究主题是什么？相关研究验证了什么假设和命题？

2. 再做一个简短的文献搜索，但仅限于你所研究领域的诠释性和批判性文献。相关文献的研究主题是什么？运用了什么理论？

扩展阅读材料

1. 图书

沃尔沙姆（Walsham，1993）出版了一部与信息系统相关的介绍诠释性研究的优秀著作。阿维森和迪茨（Alvesson & Deetz，2000）的著作是工商管理领域针对批判性研究的一个很好的综述。

2. 网站资源

一些有用的网站资源如下所示：

● http://www.qual.auckland.ac.nz/在关于定性研究的信息系统模块中提供了许多与信息系统领域有关的实证性研究、诠释性研究和批判性研究的参考文献。

● 定性报告（the Qualitative Reports）网站针对从事定性研究的学者列举了许多与哲学观点相关的资源，见 http://www.nova.edu/ssss/QR/qualres.html。

第 5 章　学术伦理规范

> **本章学习目标**
>
> 通过本章的学习，你将能够实现以下学习目标：
> - 意识到学术伦理的重要性。
> - 了解与学术研究有关的主要伦理准则。
> - 能够认识到学术研究实践中可能出现的伦理困境。

5.1　学术伦理的重要性

目前，绝大多数大学和研究机构都要求包括研究生在内的所有研究人员，如果要开展涉及人的研究项目，就需要获得所隶属研究机构的相关审查部门或人文学科伦理委员会的批准。然而，许多学生甚至一些教师认为填写伦理批准申请表这一流程只是一种官僚做法，他们抱怨这一流程只是为研究项目增加了不必要的工作量和时间浪费。

笔者认为这种观念是短视的。一旦你开始开展与人有关的研究工作，就会产生许多伦理方面的重要问题，因而，重视伦理是一项极为重要的事情。你所隶属的机构对伦理流程的要求在保护你以及研究参与者方面是至关重要的，这自然也包括对大学声誉的保护。通常，这些流程和要求是国家法律所规定的。申请伦理批准的这一流程同时也为你提供了一个向其他人展示研究设计方案的机会。因而笔者认为，所有的定性研究人员均需要认识到学术伦理的重要性，并严肃对待所在机构的伦理流程要求。本章讨论与定性研究人员有关的重要学术伦理规范，同时我们也需要认识到随着时间变化而产生的伦理困境问题。

《简明牛津英语词典》对伦理（Ethics）的定义为："支配或影响行为的道德规范"或"与道德规范有关的知识体系分支"（Soanes & Stevenson，2004）。其中，第一个定义是与我们最为相关的。因而，学术研究伦理可以被定义为道德规范在研究计划、研究实施和研究成果报告中的应用，所涉及的基础道德标准主要涉及的是对与错的问题[麦克纳布（McNabb，2002：36）]。本章重点讨论适用于工商管理领域中从事定性研究的学者的道德规范问题。

对于从事定性研究的学者而言，伦理通常被定义为尊重和保护愿意作为研究对象的人的道德立场[佩恩和佩恩（Payne & Payne，2004：66）]。然而，我们还需要遵循一些通用准则，实际中还可能会有一些伦理困境问题。比如，有时可能会在保护作为研究对象的人的权益和项目投资人的意愿之间产生冲突，有时也可能会在你对所属大学所承担的责任和对广大民众所承担的责任之间存在冲突。

绝大多数从事定性研究的学者认为，当存在伦理冲突时，学者的首要义务是要对作为研究对象的人负责。美国人类学协会（American Anthropological Association）也是这样认为的：一名人类学研究人员的首要义务是对所研究的人负责。当发生利益冲突时，这些作为研究对象的人是首先需要得到保护的[斯普拉德利（Spradley，1980）]。

然而，关于研究人员如何权衡作为研究对象的人和其他民众的责任，威斯特摩兰德（Westmarland，2005）提出一个问题。她的研究是关于警察行业的，在研究中发现了警察有采取非必要的暴力行为问题。解决办法有两个：一是当非必要的暴力行为发生时保持沉默；二是告发这一行为（Westmarland，2005）。她说在这种情形下很难推荐合适的系列伦理准则规范。

麦克纳布（McNabb，2002）认为有四个适用的伦理准则与公共管理领域的研究有关，这四个准则是诚实性、全面性、客观性和相关性。诚实性指的是研究人员有意撒谎、误导或任何形式的欺骗均是不道德的；全面性要求研究人员在方法论设计上应当是全面的，不能只想着走捷径；客观性是指研究人员（尤其是从事实证研究）不应使其自身的观点和看法对研究产生影响；相关性是指研究绝不能够是无价值的、浪费的或与研究目的无关的（McNabb，2002）。

5.2　与研究相关的重要伦理规范

与研究有关的伦理规范有很多，我们在这里将对其中比较重要的规范予以详细阐述。

5.2.1　黄金法则

黄金法则基本上可被视作是最基本的伦理规范。黄金法则是指"己所不欲勿施于人"。应用到学术研究领域，黄金法则指的是如果站在你的立场上无法确定特定行动的伦理时，你最好站在其他人的立场上来考虑这一问题[杰克逊（Jackson，1987）]。如果有人针对你的行为做记录，你会有何感受？如果他人没有机会让你提前审阅就发表或出版了与你有关的东西，你会做何感想？

梅勒和布莱克蒙（Maylor & Blackmon，2005：281）将黄金法则进行改写，使之适用于工商管理学科领域的学者，如下所述：

> 像自己希望得到的善待一样善待他人，使研究中涉及的组织和个体有所收益。

几乎下述的所有其他伦理准则都建立在这一基础性伦理规范之上。

5.2.2　诚实

诚实对于所有的学术研究而言均是一个基础性准则。没有诚实这一准则，那么特定学科领域的知识体系将彻底崩溃。

试想一下，如果一名学者发表了一篇带有虚构数据并对研究方法撒谎的论文，这种行为会对所发表期刊的声誉产生什么影响？在公众都知晓后，该期刊的声誉将毁于一旦。而且，这可能会使得该学科领域本身也声名狼藉。这样一篇论文经过了同行评阅后仍然可以被期刊所录用，这一事实会导致大家对期刊编辑委员会的专家们产生怀疑。还可能会引致其他更多的问题，并对这一学科领域知识体系的可信性产生怀疑——这一领域的现有知识体系还值得信任吗？

因而，诚实在学术研究中是至关重要的。所有研究人员都需要诚实地对待其数据、研究发现和研究方法。不遵循诚实这一准则，我们所有的知识创新以及所发现的重要观点均不会再受到重视。然而，这并不意味着我们不能对数据和研究发现持不同的观点，正如佩恩和佩恩（Payne & Payne，2004：67）所指出的：

> 在知识创造过程中对研究行为的这一要求，并不意味着已经发表或出版的成果就绝对是正确的……研究发现并不能自我证明：对证据及其诠释的可信性和有效性进行争论是完全合情合理的。

5.2.3　剽窃

剽窃被认为是学术界最大的原罪之一。剽窃是指蓄意抄袭其他人的工作成果，并将其作为自己的成果。学术会议和学术期刊的同行评阅系统流程，以及各大学的学历学位颁发，均建立在一个基础准则之上，那就是学者要对他们所做的工作负责。如果材料来源于或参引自他人，那么这些来源必须得到正确、合适的标注。

不幸的是，互联网的发展使得剽窃他人的材料变得非常便捷。不仅学生课程论文存在剽窃现象，有很多已经被确认的定性研究数据剽窃案例也发生在学位论文、会议论文，甚至期刊论文上。

然而，互联网同时也使得检查剽窃行为变得更为方便。比如，"图尼丁"（Turnitin）（www.turnitin.com）是一个软件产品，可以对学术论文和学位论文进行查重，它的基础数据库有 170 亿个网页、2 亿篇学生论文，以及多个图书馆数据库和出版物数据资料。许多大学均使用这个软件进行查重，以杜绝剽窃现象的发生。笔者也会用 Turnitin 软件对我的研究生们的论文进行查重。

5.2.4　知情同意

知情同意也是定性研究中的一个重要伦理规范。知情同意是指潜在的信息应当尽可能"让所有参与者知情同意，并建议他们可以随时、基于任何原因终止参与这一事项"（Payne & Payne，2004：68）。当然，如果你正在从事田野调查，希望你遇到的所有人都知情同意那是不现实的。然而，如果你正在考察一家企业，那么你应当获得相关管理者的同意，才能够进行研究。同样，如果你准备进行访谈，那么你就需要事先征得访谈对象的同意。

然而，一些定性研究人员认为，知情同意这一规范使得研究人员无法考察尚未证实的腐败、违法行为，以及企业或政府的一些地下行为。例如，在有人要对罪犯进行研究之前，罪犯的权利问题很少能够引起当局的关注。事实上，当局可以伪装，以保护当事人的理由而对自己进行保护（Punch，1986：38）。因而，潘趣（Punch）认为在特定情况下进行一定程度的隐瞒是可以接受的，但这仅限于你实在没有别的替代办法而只能通过这种途径来获取数据的情况（Punch，1986）。

因而，笔者认为在特定情形下，在知情同意准则和出于公众目标去发现事实真相之间存在一个权衡和取舍的问题。这类权衡问题最好是基于个例进行评估，并经过与导师或同事的讨论之后再做决定。

5.2.5　发表/出版许可

通常情况下，你准备搜集的部分数据的所有权归属于当事人或企业。在这种情况下，你需要征得相关人员的同意，方可在研究中使用这些材料，这是非常必要的。如果是你自行搜集数据的情况，那这就不是很明确了。如果你准备使用相关人员或组织的真实名字，笔者认为应当让他们知晓，并在发表或出版前让相关组织的负责人事先阅读你的成果并予以评论，这至少也是出于礼节的需要。我发现一个现象，那就是新闻记者通常在报道发布前拒绝提供稿件。但是，笔者认为，作为定性研究人员的我们应当以高标准来要求自己。如果你并不想从相关当事人或组织那里获取任何评论意见（或许是因为你的文章可能会被他们认为批判性过强），可以考虑不使用真实的名字，而使用化名或假名来代替，并修改部分其他细节来掩盖其真实身份。在作为研究对象的人员/组织要求保密（或估计会要求保密）的情况下，笔者认为应当予以保密，这是必需的。组织的身份应当予以掩饰，或许可以考虑隐藏或修改相关身份信息（Payne & Payne，2004）。

另一方面，有时你会发现一家政府部门或企业不允许你的论文发表，可能仅仅是因为你的研究结论在政治上不受欢迎。在这种情形下，你就会产生伦理困境——你是同意对方要求而不予发表呢，还是出于更伟大的公众目标而发表你的成果呢？笔者认为在某些情形下，公众的知情权有时会比作为研究对象的人员或组织的权益更为重要。然而，在任何特定情形下，对和错之间的抉择是很微妙的，需要予以认真考虑。

5.2.6　研究报告

在与撰写研究项目报告有关的问题上，梅勒和布莱克蒙（Maylor & Blackmon，2005）提出了以下三条需要注意的伦理建议，它们分别是：

（1）维护隐私——确保隐私信息的保护。

（2）数据表现形式——确保你对数据的报告和分析是诚实的。

（3）对研究成果负责——确保你时刻准备着捍卫你的研究成果，尤其是在研究成果不受欢迎的情况下（Maylor & Blackmon，2005）。

5.2.7　行动研究

行动研究涉及很多伦理问题［克拉克（Clark，1972）；拉波波特（Rapoport，1970）］。在一个行动研究项目中，关键问题之一是需要满足哪一方的利益。如果研究人员和客户的目标明显不同，那就可能会带来不少困难。赫尔特和莱纳（Hult & Lennung，1980）建议伦理的最低要求是开展行动研究的人员需要对其工作的前提条件予以清晰说明。

另一个关键问题与资助相关，如果研究经费来源于赞助机构，研究人员会在多大程度上受到影响以迎合客户的需要？笔者建议行动研究人员至少需要公开从赞助机构获得所有财务支持。

5.2.8　访谈和田野调查

如果你决定开展访谈、参与式调查或田野调查工作，你通常需要在一开始就告诉人们你正在开展的工作是什么、为什么你要这样做，以及你将如何处理相关发现和成果。显然，如果你所说的和所做的完全不同，那将是很不道德的。比如，如果你承诺被调查者你将对其告知你的任何信息予以保密，事后却将相关信息予以公开或发表，这将成为你不守信用的一个表现。如果你故意失实地展示你的研究目的，这同样也会构成一个伦理问题。隐瞒和失实不应当出现在工商管理领域的研究中。

在定性研究方法中，有一个学术争议与隐蔽的参与式观察行为有关。一些学者认为，隐蔽地观察这一行为从道德规范角度来说是不正确的，因为它显然违背了与知情同意有关的基本伦理准则，这是对个人隐私的侵犯，它同时也违背了避免给研究对象带来伤害的义务和责任要求［米勒（Miller，2006）］。然而，还有一些学者认为，在作为唯一获得资料的途径时，这种方法是可以使用的，比如只有通过隐蔽的手段方可对犯罪和腐败行为进行研究。Miller支持特定情形下的隐蔽式观察行为。他认为完全禁止这种行为的话，相当于"对科学研究人为地设置障碍，并使得那些潜在的原本有可能非常重要并对社会产生影响的研究无法得以开展"（Miller，2006：17）。笔者的观点是，隐蔽的观察行为在绝大多数工商管理领域的定性研究中并非必要，然而如果有很好的科学依据可以使用这一方法的话，我也会同意 Miller 的观点，即关于伦理的考虑应当基于个例一对一进行单独评估（Miller，2006）。我并不彻底否定这一做法，但需要小心、谨慎地使用，并确保与你的导师和可信任的同事讨论过这一项目安排。

5.2.9　网络伦理

基于研究人员通过互联网来获取定性研究资料的做法越来越普遍这一现状，考虑到与网络世界有关的伦理问题目前也已经成为一个很重要的话题。我们需要考虑下述情形：

（1）你未经研究对象同意就对样本群体发送了大量邮件，那么这些邮件可能会被视为垃圾邮件。

（2）出于真正的研究目标需要，你从互联网的一个网页上复制了一些材料。然而，你并没有得到对方的批准，这可能会被所有权人视为是侵犯知识产权的行为。

（3）你为了搜集关于社区活动的资料而偷偷摸摸地进入一个在线社区。然而，有时这可能会被指控为监视行为。

5.2.10　伦理准则

许多学术协会和行业协会已经制定伦理准则，针对其专业领域对何种行为是符合伦理的、何种行为是不符合伦理的予以界定。比如，管理学会（Academy of Management，AOM）制定了适用于管理学会会员的由行业责任和行为规范所组成的伦理准则：

> "规范准则是日常专业行为的指引。它们是适用于学者、研究人员和管理人员的标准规范，同时也为管理学会会员在日常工作中可能会遇到的问题提供指引"（Academy of Management，2008）。

管理学会的伦理准则还包括"强制性伦理标准"，强制性伦理标准是那些个人在其参与或开展管理学会工作时必须遵守的准则。

绝大多数大学或研究机构也都有其自身所制定的伦理规范标准，并要求所属员工或合同研究人员必须遵循。它们共同的做法就是，所有研究人员在开展其研究项目之前需要获得所隶属机构的伦理审查委员会的批准。管理学会和其他行业学会所制定的这些伦理准则，可以作为你隶属的大学和研究机构所制定的伦理准则的一个补充。

从另一个相反的角度来看，Lincoln（2005）认为，研究机构的伦理审查委员会有可能会对定性研究造成毫无根据的限制。举例来说，当相关研究在某些情形下可能会对组织机构的自治权带来威胁时，一些委员会就可能会对定性研究本来可以从事的某种研究行为予以限制，有时也可能会做出并不适宜的决策。还有一种危险的情况就是这些审查委员会有可能不允许开展那些反对压迫、支持社会公平的批判性研究项目（Lincoln，2005）。

鲁宾和鲁宾（Rubin & Rubin，2005）倾向于一个更实用的立场。他们建议从事定性研究的学者应当尽可能地尝试应对机构审查委员会所要求的审查清单。然而，定性研究人员"应当牢记一条，那就是无谓地遵循机构审查委员会的规则只会使研究变得水平低下、不够充分，且不会提升对研究对象的任何保护"（Rubin & Rubin，2005：106）。当存在伦理准则冲突时，他们建议两劣相衡取其轻，只要确保所获得的总体好处超过其产生的危害即可（Rubin & Rubin，2005）。

5.2.11　法律

很多国家均制定了限制定性数据资料使用的法律。例如，根据欧盟的隐私权保护准则，新西兰隐私权法（New Zealand Privacy Act）规定将基于某一特定目的而搜集的个人信息使用于其他目的的行为是违法的。对于所有新西兰的大学及其研究人员而言，这是一项关于个人敏感数据保护的法律要求。

练习和习题

1. 针对隐蔽的参与式观察行为的伦理规范问题进行讨论和辩论。隐蔽的观察都是不道德的吗？它在某些特定情形下是否也有可能是公正的？

2. 假设你正在进行访谈，你的访谈对象向你披露了组织内的贿赂和腐败行为。你应当怎么做？请针对适用于这一情形下的相关伦理准则进行讨论。

3. 假设你的研究结果并不受作为研究对象的机构所欢迎，你也知道你的研究发现会惹恼这一组织的某些人员。这种情况下你应该怎么办？

4. 将你所在机构的伦理审查申请表下载下来，看看相对于其他准则条款而言，哪条伦理准则是这个表中最为重视的？

5. 依据下面列举的网站资源，在你所选择的学科领域中找到并阅读由相关学术协会所发布的伦理指导规范。你认为在这些指导规范中，是否有些规定会对你的研究形成毫无意义的制约？

扩展阅读材料

1. 期刊

有一些专门发表商业伦理论文的学术期刊，有时会发表一些工商管理领域中与定性研究有关的伦理问题的论文，这些期刊包括：

- 《商业伦理杂志》（*Journal of Business Ethics*）。
- 《商业伦理：欧洲评论》（*Business Ethics: A European Review*）。
- 《商业伦理季刊》（*Business Ethics Quarterly*）。
- 《商业伦理和组织研究电子杂志》（*Electronic Journal of Business Ethics and Organization Studies*）。

2. 网站资源

与伦理和定性研究相关的网站资源有很多，如下所示：

- 管理学会（Academy of Management）的伦理准则（Code of Ethics），见 http://www.aomonline.org。
- 美国市场营销学会（American Marketing Association）的伦理守则（Statement of Ethics），见 http://www.marketingpower.com。
- 国际信息系统协会（Association for Information Systems，AIS）的研究行为规范（Code of Research Conduct），见 http://home.aisnet.org/。

第三篇　定性研究方法
（Qualitative Research Methods）

　　第三篇将分别对四种定性研究方法进行讨论，如图III.1 所示。笔者将研究方法定义为一种调查策略，它是一种从客观世界获取经验数据的途径。本篇第 6 章讨论行动研究（Action Research）；第 7 章讨论案例研究（Case Study）；第 8 章探讨人种学研究（Ethnographic Research）；第 9 章讨论扎根理论（Grounded Theory）。这四章都详细论述了每种研究方法的不同类型，并且列举了这些方法在工商管理领域中的应用实例。

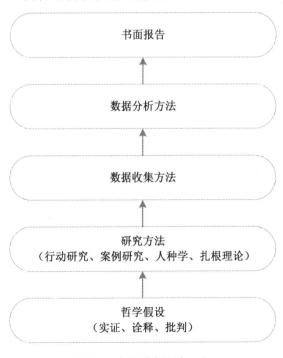

图III.1　定性研究设计（2）

第三篇 定性研究方法
(Qualitative Research Methods)

第 6 章 行动研究

本章学习目标

通过本章的学习，你将能够实现以下学习目标：
- 理解行动研究的目的。
- 明白行动研究的特性。
- 熟悉行动研究方法的优势与不足。
- 能够对行动研究进行评估。
- 了解行动研究在工商管理领域的应用情况。

6.1 导言

行动研究（Action Research）的目的在于在扩展科学知识体系的同时解决当前的实际问题。运用其他研究方法的人员主要是考察组织现象而并非改变它们，与其不同的是，行动研究关心的则是进行干预并使组织发生改变，同时对这一过程进行研究[巴比尔奥卢和拉文（Baburoglu & Ravn，1992）]。行动研究方法主要是面向针对研究人员和研究对象二者之间的合作和改变。在典型意义上，行动研究是一个不断反复的流程，在这一流程中基于研究对象所处的社会系统情境而使研究人员和研究对象产生新的想法。因而，行动研究是提升商科研究应用性的一种非常好的方法。

关于行动研究的定义有很多种，其中被引用最多的是拉波波特（Rapoport，1970：499）所给出的定义：

> 行动研究的目的是在双方可接受的伦理框架下，通过研究人员和研究对象的协作，对现实现时情境下实际问题的解决和社会科学研究两方面均做出贡献。

行动研究有助于作业成本法和平衡计分卡的开发

卡普兰（Kaplan，1998）和他的同事运用行动研究方法开发了两个新的管理会计工具——作业成本法（Activity-Based Costing）和平衡计分卡（Balanced Scorecard）。

该团队发现了当时管理会计实践中的一个主要局限，并定义了一个新的概念来克服这一局限。随后，他们通过出版物、教学以及积极参与企业实践等方式来对这一概念予以应用和改进。通过运用行动研究中一种被称为"创新行动研究"的方法，研究人员在对潜在理论体系做出贡献的同时，也成为这一新概念熟练的实施者。

Kaplan（1998）的创新行动研究周期有四个基本步骤：

步骤 1　观察并记录创新实践。创新行动研究周期始于为目前实践中的不足找到可行的解决方案。

步骤 2　课程讲授与创新讨论。Kaplan（1998）及其同事将前期研究发现的作业成本行为作为新案例在 MBA 课程和高管培训课程中讲授。为了讲授这些案例，他们专门准备了授课策略和讲义。教学准备和授课过程使他们对潜在的问题有了更深层次、更系统和更全面的认识。

步骤 3　撰写期刊论文和图书。这些新案例针对不同听众讲授过多轮，他们也在很多场合做过针对相关现象的报告，相关观点由此扩展到更广的范围，从而使得这一创新行动研究周期得以持续下去。Kaplan（1998）和他的同事以作业成本法为主题面向实业界读者发表了系列文章，这些文章出现在许多不同的刊物上。

步骤 4　在新的组织中实施这个新概念。研究人员积极参与新概念的实施，并在其中发挥了积极作用：

①　证明了新概念的适用范围远不止最初提出这一概念的那些公司，他们还验证了新概念能否为这些新组织创造价值。

②　提供了学习的机会以推动有关这一概念的理论体系的推广。

③　创造了有关这个新概念实施流程的知识（Kaplan，1998）。

这一定义关注的是行动研究的协作特性及其可能导致的伦理困境问题。正如克拉克（Clark，1972）所强调的，这一定义还说明行动研究应当致力于为扩展现有的知识体系做出贡献。正是基于这一特性，行动研究与应用型社会科学或应用型商业研究并不相同，后两者的目标仅仅是科学知识的应用而并不会扩充现有的知识体系（Avison，Baskerville & Myers，2001）。

行动研究的特点在于研究人员会有意地对研究对象进行干预，同时对这种干预的影响效果进行研究，这就需要与现实工商业组织中的相关人员进行协作。这就是行动研究与其他绝大多数研究方法所不同的地方，使用其他研究方法的研究人员通常要尽可能地避免干预或妨碍研究对象。尤其是在实证研究项目中，任何形式的干预都被认为可能会产生偏差并使得研究结果无效。当然，使用其他定性研究方法时，研究人员又不可能像幽灵一样是隐形的，他们或多或少还是会通过某种方式对所研究的人和组织产生一定的影响。然而，在研究中的任何干预都不能够是有意的。运用其他研究方法（如案例研究或人种学研究）的定性研究人员，应当致力于作为一名观察者而非主动的参与者。

　　作为一种研究方法，行动研究在第二次世界大战结束后不久得以快速兴起。库尔特·卢因（Kurt Lewin）在密歇根大学的团体动力学研究中心（Research Center for Group Dynamics）提出了这一研究方法。他的目的是将社会心理学的理论应用于社会实际问题的解决。英国塔维斯托克（Tavistock）诊所（后来更名为 Tavistock 研究所）在 20 世纪五六十年代也开发出一种相似的方法。两个机构是独立提出这一研究方法的。英国 Tavistock 诊所的服务对象是退伍士兵和那些在二战中服役并患有心理和社交障碍的人员。这两个机构的研究人员都试图将现有理论应用于实际问题，并从应用过程中学习，通过对现有理论的修正或提出新理论的方式来为理论体系的丰富做出贡献，他们的研究成果也作为学术文献得以发表。

　　通过上述两个案例，我们可以发现行动研究既不是应用研究，也不是咨询工作。应用研究（如应用营销学）只是将现有市场营销学领域的研究成果应用到商业实践中去，并没有对知识本身的发展做出贡献。同样，咨询师也仅仅是采用咨询公司所推荐的现成的知识和方法论，并将其应用于咨询工作中。咨询师通常不会对方法论进行任何修正或补充，也不会将其发现和成果予以发表。

　　与应用研究和咨询工作不同的是，行动研究人员更关注的是知识的贡献。行动研究的整体观念是从对组织的干预中获得新知识，并将新获得的知识应用于其他组织，进而使其他组织受益。

6.2　行动研究流程

　　Baskerville 和 Myers（2004）认为行动研究本质上是一个简单的二阶段过程。第一阶段称为诊断阶段，主要是由研究人员和研究对象二者进行合作，共同对社会形势进行分析，提出或形成关于所研究领域属性的理论。第二阶段称为治疗阶段，在这一阶段中，研究人员和研究对象共同合作做出干预和改变，并研究这种干预所带来的影响效果。

　　萨斯曼和埃弗雷德（Susman & Evered，1978）提出了一个更加综合的模型。他们认为行动研究可以看作是由五个阶段组成的一个循环流程，这五个阶段是：诊断、行动计划、行动实施、评估和特定学习。他们指出，所有这五个阶段都是广义行动研究所必须采用的。其核心是客户系统（即研究环境）基础架构的开发和拓展，上述五个阶段中的部分阶段或所有阶段均由研究人员与客户共同制订和控制。Susman 和 Evered 所提出的循环流程如图 6.1 所示。

　　在 Susman 和 Evered 所提出的这一模型中，第一阶段称为诊断，这一阶段主要是对所研究的组织中主要拟解决问题的识别。第二个阶段是行动计划，主要是具体说明拟采取的组织行动，以缓解或解决相关实际问题。这些行动计划建立在行动研究人员所依据的理论框架基础上。第三个阶段是行动实施，就是去实施这些计划好的行动。第四个阶段是评估，主要是分析行动的效果是否达到了预定的目标。最后一个阶段是特定学习，确定在行动研究项目过程中所学到的知识。在最后一个阶段，所学到或获得的新知识开始在组织中予以应用并被学术界所知，这很可能会导致第二阶段所适用的理论框架或模型有所修正或改变，从而引发新一轮的行动研究循环流程，尤其是在上一轮的行动研究没有取得成功的情况下更需如此。

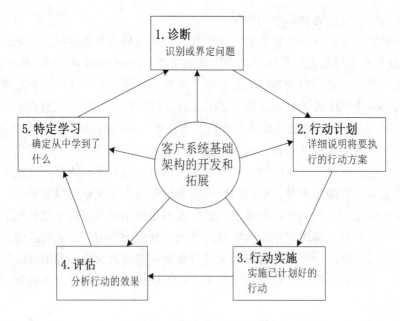

图 6.1　行动研究的循环流程

资料来源：Susman, G. I. & Evered, R. D. An Assessment of the Scientific Merits of Action Research[J]. *Administrative Science Quarterly* (23), 1978: 582-603.

　　埃尔登和奇泽姆（Elden & Chisholm，1993）发表于《人际关系》（*Human Relations*）期刊行动研究专辑中的论文，对管理学领域的行动研究前期文献进行了简要回顾。他们认为行动研究被广泛引用的定义源自 Lewin（1946）的开创性研究。

　　Lewin 及之后的绝大部分研究人员都将行动研究视作包括问题情境诊断、行动步骤规划、行动实施和结果评估的一个循环流程。结果评估会基于上一轮行动周期所获得的知识对情境进行新一轮诊断。行动研究的主要特征之一在于行动研究流程由那些实际经历相关问题的人或其代表共同予以实施。行动研究的主旨就在于运用科学的方法与研究对象一起共同分析重要的组织或社会问题（Elden & Chisholm，1993：124）。

　　Elden 和 Chisholm（1993）提出，所有行动研究项目均需要在一定程度上体现出以下五个要素：

　　（1）研究目的和价值选择。科学研究的目的是对现有知识体系做出贡献，行动研究的目的则体现在科学知识的获取与实际问题的解决两个方面。行动研究更关注变化，并致力于主动引起那些能够产生积极社会价值的变化。

　　（2）情境关注。鉴于行动研究人员关注的重点之一是解决现实世界的实际问题，行动研究需要跟案例研究和人种学研究一样关注问题所处的更广泛的情境背景。

　　（3）动态数据及其诠释。行动研究是变动导向的，它需要获取数据来对预期变动的效果进行跟踪。行动研究人员需要随着时间的推移系统地采集同步数据，并对数据进行诠释，使这些数据的价值得以体现。

　　（4）参与研究流程。行动研究需要那些实际问题的经历者或"拥有者"参与到研究项目中来，并与研究人员进行积极合作。参与者至少要参与问题的筛选并支持研究项目的开展，他们也可能会参与结果评估工作。按照其定义而言，行动研究本身就是一个协作过程。

（5）知识扩散。行动研究作为一项学术研究，就必须按照公认的社会科学标准将研究结果进行撰写和传播。这包括尝试将研究主题与已有研究文献结合起来产生知识创新，这一过程通常只涉及研究人员。

尽管这五个要素被视为行动研究的基本要素，Elden 和 Chisholm（1993）指出现有的行动研究是多种多样的，相互之间存在着较大差异。下文我们将对行动研究的不同研究路径予以讨论。

彼得·切克兰德（Peter Checkland）与软系统方法论

英国兰开斯特大学的 Peter Checkland 在软系统方法论（Soft Systems Methodology，SSM）开发过程中运用了行动研究方法[Checkland，1991；Checkland 和霍尔韦尔（Holwell），1998；Checkland 和斯科尔斯（Scholes），1990]。SSM 是一种适用于软环境或劣构问题的方法。SSM 已经被应用到信息系统和运营管理领域，用于理解问题情境，进而提出建议方案以实现问题的改进。

Checkland 对英国信息系统的研究具有重要意义，《信息系统杂志》（*Journal of Information Systems*）期刊（现已更名为 *the Information Systems Journal*）在 1993 年的一个专刊中专门讨论 SSM 对信息系统研究的影响。此外，艾维森和伍德-哈珀（Avison & Wood-Harper）在其多视角信息系统开发方法的研究中也采用了软系统方法和行动研究方法，并对这两种方法做了改进（Avison & Wood-Harper，1990）。

6.3 行动研究的研究路径

6.3.1 行动研究的类型

行动研究主要有三种类别，它们分别与本书第 4 章中所讨论的三种主要哲学观点相对应。也就是说，行动研究可以分为实证性、诠释性及批判性三种。

第一种类型的行动研究是实证性行动研究。实证性行动研究有时也被称为"古典行动研究"（Elden & Chisholm，1993）。它将行动研究看作是一种社会实验，试图在研究过程中满足实证社会科学的要求。这类研究以实证主义范式进行验证——行动研究被视为现实世界检验或精炼理论假设的一种方法。例如，Clark（1972）认为，行动研究通过研究实施阶段的直接干预流程，可以实现理论在新情境下的检验和仿制。Payne 和 Payne（2004：9）认为，行动研究主要用来对备选解决方案进行经验性检验——"行动研究是一种应用研究，其本质上是一个社会实验，引入一些新政策并监控其效果"。

第二种类型的行动研究是诠释性行动研究。诠释性行动研究被 Elden 和 Chisholm（1993）称为"当代行动研究"，它依赖的哲学基础是潜在的诠释和建构主义认识论，即社会现实都是社会化的建构。这一研究路径的一个范例是格林伍德、怀特和哈卡维（Greenwood、Whyte & Harkavy，1993）的研究。他们指出，由于行动研究在很大程度上受到局部情境的控制，行动研究通常是一种偶发的过程。

第三种类型的行动研究是批判性行动研究。在教育学领域，将行动研究与哈贝马斯（Habermas，1984）的社会批判理论结合起来已经非常盛行。例如，卡尔和凯米斯（Carr & Kemmis，1986：162）将行动研究定义为"参与者在社会情境中自我反思的一种形式，其目的在于提升自身行业实践的合理性和公正性。他们对这些实践和所处情境的认识和理解将会得到实施"。他们认为行动研究应当是参与式的，并且以"解放"为目的。他们指出行动研究建立在"基于社会建构和历史嵌入的事实和行动的视角"（Carr & Kemmis，1986：182）。虽然教育领域诠释性研究人员的知识观与此类似，但 Carr 和 Kemmis 认为，行动研究人员的不同之处在于其具有更加积极的作用；诠释性研究人员旨在诠释过去对现在的影响和重要性，而行动研究人员旨在改变现在的情境并对未来产生影响。他们建议行动研究应当面向社会公平，对当前实践进行批判性反思，对那些目前实践所依据的想当然的潜在假设提出质疑，并以集体合作行动为基础。

除上述三种主要类型之外，行动研究还有一些其他类型，其中一种称作参与式行动研究[怀特（Whyte，1991）]。在参与式行动研究中，实业界的从业人员同时作为研究对象和合作研究人员参加到项目中。作为合作研究人员，从业人员可以对研究过程进行控制，包括设定研究进度、协助收集或分析数据，以及对研究结果使用的控制等。参与式行动研究与协作式应用研究非常类似。

另一种类型的行动研究被称为行动科学。行动科学强调的是对从业者行为（正在使用的理论）与信念（所信奉的理论）二者之间区别的理解，并建议使用单重或双重学习来实现[阿吉里斯和舍恩（Argyris & Schön，1991）]。

"所信奉的理论"代表了人们所认为的支配其自身行为的世界观和价值观。所信奉的理论就是人们认为自己正在做的事情，这些也正是在访谈中他们告诉你的内容。相反，"正在使用的理论"则是人们的行为所隐含的世界观和价值观，或人们采取行动时的内在指引。行动科学的一个基本假设是人们所说的和所做的通常是不同的。阿吉里斯和舍恩（Argyris & Schön，1991）指出，人们并没有意识到其"正在使用的理论"与其"所信奉的理论"通常是不同的，而且人们通常并没有认识到他们"正在使用的理论"。当然，"正在使用的理论"只能通过考察人们的行为（而不是仅仅听他们说自己在做什么）才能够发现。

单重学习发生在通过改变所信奉的理论或假设而发生组织变动的过程中，但在这种情况下其自身行为的标准并未发生变化。双重学习则包括所信奉理论或假设的改变以及行为标准的变化。因此，双重学习比单重学习更为重要，且应用得更为广泛。

6.3.2　行动研究的准备工作

寻找一家可以开展行动研究的企业是一件十分困难的事情，利用你个人或公司的人际关系无疑是一个好的方法。比如，一家对你的大学提供各种形式资助的企业更有可能接受你开展行动研究的提议；以前毕业的学生（校友）相对于其他完全陌生的人来说更有可能接受这一提议。当然，如果某家企业有意向委托你的大学做相关研究，问题就会简单许多。

6.4　行动研究评价

6.4.1　行动研究的优势与不足

行动研究的主要优势在于能够确保学术研究与行业实践的相关性。商业研究通常被指责过于理论化，商务人员有时会认为这些研究并没有任何用处。事实上，发表在顶级期刊上的大多数学术论文最多只有几百人阅读过，而且这些人基本上全是专业学者。从其定义可以看出，行动研究的目的在于解决商业领域的实际问题，而且研究从开始阶段就要与企业的员工共同合作，因此行动研究有助于改善学术研究在实业界的影响和形象。

行动研究的主要不足之处在于，它对于许多人来说难度太大。一项行动研究既要解决商业实际问题，又要在项目结束时撰写成有理论价值的学术论文，且发表在学术期刊上，这是非常困难的。许多行动研究的文章倾向于发表在一些面向实业界的刊物和杂志上，而这些期刊和杂志的等级排名往往远低于纯学术期刊。无论如何，行动研究还是值得开展的，*MIS Quarterly* 期刊的行动研究专刊就是一个很好的例证（Baskerville & Myers，2004）。

行动研究的另外一个不足之处在于，研究人倾向于夸大对组织进行干预和对学术研究做出贡献的重要性。奥茨（Oates，2006）认为，行动研究人员也许在潜意识里想表明行动是有用的，他们的理论或方法是有效的。她称这一现象为"自我欺骗和团体思维"（Self-Delusion and Group-Think），并建议使用一个称为"故意唱反调"的流程以防止这一现象的发生（Oates，2006）。

行动研究的第三个不足之处在于，行动研究是有风险的。相对于其他定性研究方法而言，行动研究更具风险性，这只是因为现实项目经常会遭到延误。刚刚一个月以前，我的一位博士研究生不得不终止她的研究主题，这是因为她正计划介入的医院信息系统项目又一次被延期了。笔者认为一个行动研究项目失败了是很正常的，相对于成功而言，我们可以从失败中学习到更多的东西。但如果项目一次又一次地成月延期，这个行动研究项目就会变得不可行。

6.4.2　行动研究并不等同于咨询

要开展行动研究，你就需要将行动与研究两者结合起来——没有研究的行动是咨询，没有行动的研究不是行动研究而是其他研究方法。正如 Baskerville 和 Wood-Harper（1996）所指出的，你需要清楚地理解行动研究与咨询的区别。

行动研究的第一个组成部分是"行动"，它意味着你需要有一个存在的问题并正在等待解决的企业或个人。这个企业或个人必须意识到问题的重要性，而且希望研究人员来帮助解决这一问题。他们必须愿意接受研究人员的提问，回答一些可能会很微妙的问题，并且允许研究人员深入考察企业当前的业务运营情况。研究对象还必须愿意在企业内对研究项目提供多种形式的支持，包括研究经费或奖学金等，至少必须能够确保研究人员可以对企业进行调查（比如人员、档案和项目等）。没有研究对象的全力支持，行动研究不可能取得成功。所以笔者建议，如果预期一家企业可能无法给予全力支持的话，研究人员最好放弃这个项目，而去努力寻找另一家愿意给予支持的企业。

行动研究的第二个组成部分是"研究"，这意味着你需要确保要解决的实际问题同时也是作为同行的其他研究人员所感兴趣的。许多实际问题并不能成为学术研究问题，比如，近期有一家欧洲的大型银行，其网上银行系统出现了严重的中断故障，这一中断意味着这家银行将会有几天的时间无法运营。如果这一问题持续时间更长的话，这家银行甚至可能会破产。然而，导致这一问题产生的原因（或解决方案）对于信息系统的学者而言都是熟知的，全世界有很多相关的软件开发商。结果显示产生这一问题的原因是银行雇用了一家新的、经验并不丰富的软件开发商，银行也未经过前期测试就直接使用了其开发的软件补丁。为什么一家大型银行会允许这一事件发生？这确实是一个问题；而且，为什么他们没有使用自动化的失效备援系统？则是另外一个问题。然而，从本质上来讲，这一问题是对常识性的软件开发政策和流程缺乏足够的重视。因而，你需要确保你准备解决的实际问题同时也是一个学术问题，是一个目前并没有相应解决方案的问题。也就是说，现时性的实际问题还需要是在更广视角下目前学术界比较关注的相关命题和问题的一个代表，从行动中所学到的经验和教训经过归纳后能够对特定领域的相关理论或知识有所贡献。

6.4.3　行动研究的评估

行动研究有许多评估方法，但主要有两方面的基本要求。

首先，所有行动研究必须表明能够对实践具有直接或潜在的贡献（这是"行动"的内涵），必须尝试对业务流程或组织进行某种干预，即使这些尝试最后以失败告终。

其次，所有行动研究必须表明能够对理论有明显的贡献（这是"研究"的内涵）。通过研究主题对特定领域的文献进行回顾的方式，你可以将行动研究置于一个更加广义的情境，同时你还需要对细节进行认真撰写，以阐明该行动研究是如何对广义情境下的理论知识有所贡献的（Baskerville & Myers，2004）。

对于第一项要求，证明行动研究对于实践有贡献的最好方法，就是企业组织的出资方认为研究者的干预是有意义的。这时，最好能够找到可以证明这一效果的文件（证明信或报告）。

对于第二项要求，证明行动研究对于理论知识有所贡献的最令人信服的方法，就是对你的行动研究项目结果进行撰写，最终形成一篇硕士学位论文或博士学位论文。当然，如果能够作为学术论文发表在同行评审的期刊上或在学术会议上宣讲，那就最好不过了。学术界公认的是，发表在同行评阅的学术场所（期刊或学术会议）的论文，它经过了相关专家学者的评阅，就能够证明你的研究对该领域的理论有所贡献。当然，如果你的文章被拒绝了多次，这有可能代表你的研究有些过时，无法对该领域内更一般性的问题有所贡献。因此，确保学术贡献还有一个更好的方法，那就是在研究工作初期的方案设计时就去征得学者们的反馈意见。你应当尽可能早地将你的研究计划展示给更多的听众，你可以选择在系所研讨会、博士生论坛或者一些定性研究的研习班上展示你的研究计划。无论选择哪种途径，你必须确保已经将研究计划书提交给你的导师和其他对此感兴趣的同事或老师，让他们认为你的研究将会产生学术贡献，这是至关重要的。

6.5 行动研究范例

6.5.1 管理会计领域的行动研究

西尔、卡伦、邓洛普、贝里和阿赫迈德（Seal、Cullen、Dunlop、Berry & Ahmed，1999）在管理会计领域开展了一项行动研究，他们的研究关注的是供应链问题。他们发现，现有关于供应链绩效方面的研究主要来自工业动力学和物流学的相关文献。相对而言，很少有文献研究供应链形成、管理、运营过程中会计信息的特性、类型和作用问题。而且，现有的大部分研究在很大程度上受到日本制造企业的影响，事实上日本的企业中会计师的地位远不如工程师的地位显得重要。

认识到这一研究空白后，作者开展了一项研究来考察供应链管理中的会计问题。最为重要的是，他们从上下游关系两个角度对这一问题进行了研究。尽管学术界主要关注管理会计在这种关系中的作用，但本研究的目标并不仅仅是为特定的会计问题提供解决方案，更重要的是研究人员被上下游企业当作"中间人"（即有兴趣但中立无偏的参与者）而参与到谈判协商流程中来。

这个行动研究项目最主要的贡献之一，是揭示出成本数据的细节格式和成本信息共享在跨组织谈判和协商中发挥了最为重要的作用，这是因为在制造业合作伙伴关系中，合作双方可以借此而了解并尊重对方在财务与商务上的约束和目标。他们认为，会计可能会在信任与协作型商业合作关系的构建与管理中起到基础性作用，这一作用超过了技术甚至达到了标志性的水平。然而，企业管理会计系统的技术特性、了解内部成本影响因素的困难性，以及各公司对财务问责制度的强调等，都可能会使得会计师难以发挥主动作用。他们指出，理想化的管理会计应当是一种开放、公开性的协议，借此双方都能够看到对方的收入和成本数据。这样，战略伙伴关系就可能会实现自我实施。

这项研究的潜在认识论是诠释主义。在持续 18 个月的研究期间，研究人员针对一个预结成战略联盟关系的两家企业的高管，在多种场合进行了会谈、参观和访谈活动。对高管们的接触有多种形式，包括简短访谈以及持续一整天的企业参观和会谈等。谈判协商正处于进行过程之中的这一属性，为研究人员提供了一个随时随地就可以成为"中间人"的机会。研究人员希望双方合作协议能够达成，除了进一步做学术研究的意愿外，他们没有任何既得利益问题。研究人员的这一角色赢得了合作双方的信任。作为积极的参与方，研究人员参与到有关联盟合作协定提议和会议日程安排等事务中，他们因此而有机会记录正在发生的所有事项。

这一行动研究项目的与众不同之处在于，研究人员真实地参与到两家组织而非一家组织中。研究人员感兴趣的主要是两个组织之间的合作关系，而不是每个组织本身。研究人员扮演了一个很好的角色，从而可以很好地观察和体验两个组织间发生的持续变化，这种变化与两家企业间合作关系的建立有关。由于这种关系并没有法律或合资等约束条件，所以合作关系中的"精神"相比"文字"更为重要，而前者唯有研究人员深层次参与到正在进行的谈判当中才能够被感知（Seal et al.，1999）。

6.5.2　市场营销学领域的行动研究：将互联网应用于客户关系管理

奥利里、拉奥和佩里（O'Leary、Rao & Perry，2004）指出，当前的大多数公司尚未充分发掘互联网的交互营销能力。面向客户关系管理（CRM）开展互联网与数据库营销集成的相关前期研究很少，因而，O'Leary 等开展了一项行动研究，其研究目的是针对互联网与数据库营销集成而开发一个架构，来帮助营销者优化客户关系管理。他们认为自己是最早涉足这一领域的研究人员之一。

运用行动研究方法，研究人员采取了一个循环流程。这个流程包含计划、行动、观察和结果反思四个阶段。项目包括两个行动周期，具体研究一家澳大利亚互联网门户网站如何实现互联网与数据库营销集成。基于这两个行动周期以及合作考察小组和集中式访谈等方式和手段，研究人员最终开发了互联网和数据库营销相集成的架构。

在这个项目中使用行动研究方法的原因有两个。第一，由于很少有学术研究讨论互联网与数据库营销集成用于客户关系管理的问题，所以应当采用何种流程和方法并不明晰。因此，他们认为需要开展探索性研究，而相比其他方法而言，行动研究更能满足这一要求。第二，行动研究的灵活度较大，尤其是对于一个人们知之甚少的正在不断发展变化的信息技术项目，行动研究的优势更为明显。

论文作者还指出，他们的研究证实了行动研究的有用性，这体现在它可以提供理论构建的机会而并不是进行理论验证，而且最终也成功帮助这家澳大利亚公司有效地实施了互联网与数据库营销集成。也就是说，他们的研究既解决了一个商业环境下的实际问题，又为市场营销领域的学术研究做出了理论贡献。

6.5.3　关于领导力的行动研究

在 20 世纪 90 年代，协同治理、协同公共服务供给，以及社会问题的协同解决等引起了全球范围的关注。赫克萨姆和万根（Huxham & Vangen，2000）考察了协同领导及其在合作项目中成功实施的必要条件。

Huxham 和 Vangen 在英国开展了许多行动研究工作。他们的工作涉及与健康水平提升有关的三个合作关系，与经济与社会恢复有关的四个合作关系，与环境问题有关的一个合作关系，以及与社区合作有关的一个合作关系。他们与公务员及其他相关设计、实施和支持人员共同合作开展这一项目。

研究结果发现，有效实施并完成任意一项领导活动都需要精力、投入、技巧以及对领导力的长期训练，成功的领导者总是对自己的事业投入了大量的精力。作者还发现一个十分有趣的现象，那就是领导者的执着对于合作的成功最为重要（Huxham & Vangen，2000）。

6.5.4　关于组织变革和管理意义的行动研究

路丘和路易斯（Lüscher & Lewis，2008）针对丹麦乐高（Danish Lego）公司开展了一项行动研究。通过协作式干预和反身活动，他们致力于帮助管理者理解组织变革所表现出来的相关问题。这项变革涉及企业中层管理属性的改变，公司总经理打算在所有层次推行自我管理团队。

该项研究的目的在于帮助公司管理者走出当前的认知混乱困境并建立新的认知，同时对管理意义和组织变革理论进行拓展。这一行动研究项目本身就变成了一个合作式意义构建的过程。研究人员参与到其中的两个阶段，一个是练习阶段，一个是审阅阶段。"练习阶段"运用双重学习，帮助管理者对现有的管理框架予以质疑并探索新的框架。在"审阅阶段"，研究人员对核心人员反馈理解中出现的问题和现象，将其他成员的建议纳入项目价值的提升方面。

研究人员在行动研究中的合作意味着他们并不告诉公司的行动者们应当做什么，而是将这一行动研究项目变成一个合作式意义建构的过程。与本研究中的管理人员一起，研究人员经历了实施、适应和组织的矛盾性过程。

这一行动研究项目由此而拓展了意义建构和组织变革理论，从而具有学术贡献，同时它还帮助 Lego 公司的管理者对组织变革中出现的问题进行了意义建构，从而具有实践方面的贡献。

6.5.5　信息系统领域的行动研究

2004 年，*MIS Quarterly* 期刊推出一期关于行动研究的专刊（Baskerville & Myers，2004）。由于 *MIS Quarterly* 是信息系统领域的顶级期刊，该专刊发表的所有文章都可以被视为商科中行动研究方法的范例。专刊中介绍了几种不同类型的行动研究，所有文章都给出了对于该行动研究项目的评价标准。

第一篇论文题目为《行动网络：发展中国家可持续健康信息系统》（"Networks of action: sustainable health information systems across developing countries"）。论文考察了网络对于保障行动研究干预持续性的重要性问题。这篇文章的研究背景是一个正在进行的涉及众多发展中国家医疗卫生部门的大型行动研究项目[巴拉、蒙蒂罗和萨海（Braa、Monteiro & Sahay，2004）]。

第二篇论文标题为《信息族群：控制医生成本和产出》（"Informating the clan: controlling physicians costs and outcomes"）。介绍了医院管理者如何通过向医生"提供群体信息"来减少临床成本并提升临床水平。这篇文章的贡献是在如何向专业群体提供信息方面提供了一个很好的范例[科利和埃廷格（Kohli & Kettinger，2004）]。

第三篇论文标题为《软件流通优化风险管理：一个行动研究的视角》（"Managing risk in software process improvement: an action research approach"）。论文考察了一种特殊类型的行动研究——协同式实践研究。文章通过研究 4 家丹麦软件企业的流程优化创新过程，提出了软件流程优化团队理解和管理风险的一种途径[艾弗森、马西森和尼尔森（Iversen、Mathiassen & Nielsen，2004）]。

第四篇论文标题为《能力管理系统设计准则：一个综合性行动研究》（"Design principles for competence management systems: a synthesis of an action research study"）。论文运用标准化的行动研究方法，对能力管理系统的设计原理进行了拓展和检验[林德格伦、横弗瑞德森和舒尔茨（Lindgren、Henfridsson & Schultze，2004）]。

第五篇论文标题为《小企业成长和内部透明度：信息系统的作用》（"Small business growth and internal transparency: the role of information systems"）。论文运用参与式行动研究方法，考察了小型商业管理团队为解决其成长需求而开发信息系统的方法。文章提出了"内部透明度"的概念，认为这是组织有效性的一个重要表现[斯特里特和迈斯特（Street & Meister，2004）]。

第六篇论文标题为《Omega 公司的对话式行动研究》（"Dialogical action research at Omega

Corporation"）。论文运用对话式行动研究方法，通过研究人员与参与人员之间"一对一"对话的方式来实施"干预"[玛腾森和李（Mårtensson & Lee，2004）]。

练习和习题

1. 研究人员如何积极主动地参与到行动研究项目中去？你认为研究人员是否可以采用政治途径？

2. 行动研究和咨询之间有什么区别？你认为两者是否可以合并成一个？讨论一下这种情况的利弊。

3. 使用谷歌学术或其他数据库工具进行一个简单的文献搜索，看看在你所选择的领域中能否找到行动研究的文章，这些文章的研究主题是什么？

4. 从所找到的文章中选择几篇进行评价。作者有没有解决一个实际问题？作者有没有对理论知识做出贡献？研究是否兼具严谨性与应用性？

5. 考虑你选择的研究领域的一些理论，你认为这些理论可以采用行动研究方法进行探索和检验吗？如果可以，你准备如何设计这一研究？

6. 使用头脑风暴法列出 4 至 5 个可能的实际研究主题，如何使用行动研究方法来研究这些主题？

7. 在你的研究机构或会议中找到一个或多个从事行动研究工作的人。请教他们正在从事的研究主题是什么？为什么要这样做？

扩展阅读材料

1. 文章

Susman 和 Evered（1978）标题为《行动研究的科学价值评估》（"An assessment of the scientific merits of action research"）的文章对行动研究方法进行了简单的介绍。如果想对这一方法有更深入的了解，可以参考 *Human Relations* 期刊中的行动研究专刊（Elden & Chisholm，1993）和 *MIS Quarterly* 期刊中的行动研究专刊（Baskerville & Myers，2004）。

2. 网站资源

● 行业实践行动研究中心（The Centre for Action Research in Professional Practice）位于英国巴斯大学管理学院。该中心重点研究行动研究过程中整合行动和反思的相关方法，确保调查中获得的知识与所研究的问题直接相关，相关参与人员之间均有着紧密的协作关系。网址是 http://www.bath.ac.uk/carpp。

● 行动学习与行动研究协会（Action Learning，Action Research Association，ALARA）是一家位于澳大利亚的国际网络与资源组织。ALARA 每隔几年会举办一届全球会议并出版一本杂志，其网址是 http://www.alara.net.au。

更多相关资料，请参考 www.qual.auckland.ac.nz。

第 7 章 案例研究

本章学习目标

通过本章的学习，你将能够实现以下学习目标：

- 明白案例研究的目的。
- 分清教学案例与研究案例的区别。
- 能够区分案例研究方法的不同类型。
- 在进行案例研究时更有自信。
- 知晓案例研究方法的优势和不足。
- 能够对案例研究方法进行评价。
- 了解案例研究方法在工商管理领域的应用情况。

7.1 导言

在所有商科领域中，案例研究（Case Study）方法有多种使用方式。案例研究在商学院中的表现形式主要有两种，一种是以教学为目的的案例分析，另一种是以学术研究为目的的案例研究。

在教学中，采用案例分析方法可以帮助学生更好地理解相关理论或原理。案例方法模拟了一个现实的情境，通过分析理论在案例中的实际应用能够帮助教师更加生动、形象地阐述某一原理或观点。在商学院案例教学方面最有名的是哈佛商学院出版的哈佛案例，这些案例描述了很多实际情境供教师和学生共同探讨。在这种教学方式下，学生需要进行独立思考并找到"正确"答案，或回答讨论中提出的问题。在学习到更多的案例后，学生就有希望能够更好地识别现有商业领域中的问题和解决方案，以及如何实施这些方案。

教学案例主要针对商科学生编写，通常用来讲授已被相关学科中大部分教师所熟知的一般性观点或理论。教学案例的目的是帮助学生学习，案例本身可能是真实的，也可能是虚构的。

与教学案例相对应，学术研究中的案例主要针对的是研究人员而不是学生所撰写的。研究案例运用经验证据来向其他研究人员说明某具体理论或命题是否具有适用性。如果这个案例作为学术论文的一部分首次发表，那么对于评审者（例如同一研究领域的其他专家）来说，这一研究文章所提出的观点应当具有创新性。设计研究性案例的目的是对特定领域的知识有所贡献。教学案例与研究案例的比较如表 7.1 所示。

表 7.1　教学案例和研究案例的比较

教学案例	研究案例
主要面向学生	主要面向学术研究人员
用以阐述已有的理论或原理	用以对理论做出创新和贡献，或对现有理论进行探索和检验
作为教学案例单独发布，通常是授课者的讲义	作为学术论文的一部分在期刊、会议或图书上发表/出版

在本章中，我们将讨论案例研究方法在学术研究中的应用，但并不讨论案例分析在教学中的应用。虽然教学案例的编写对于商科学生来说很有价值，笔者也完全支持这一观点，但如何准备和编写教学案例已经超出本书的范围。本书将主要关注案例研究方法在工商管理领域学术研究中的应用，因此本章标题为案例研究。

编写教学案例与研究案例需要不同的知识和技巧。教学案例的编写者需要熟悉所讲授课程的内容（例如所使用的课程教材及相关阅读材料），还需要介入或创造一个有意义的场景用以阐述和说明相关观点。然而，案例设计所要阐明的理论或准则并不一定在案例中予以体现。通常情况下，教学案例很少引用相关研究文献。这是因为设计教学案例的真正目的通常是让学生自己去"发现"所适用的理论或原理。创作教学案例的关键之一是以具有吸引力的方式来撰写案例，以吸引和鼓励学生去学习。

要撰写研究案例，作者就需要对所研究的问题拥有更高层次和更加深入的了解。作者还需要熟悉有关该主题的最新研究成果，并予以引用。研究案例应当与所研究的主题直接相关。案例的撰写要具有可信性，能够说服其他研究人员，使他们相信这一学术论文确实能够对本领域的理论知识有所贡献。案例撰写也需要具有吸引力，这样其他研究人员才会对案例所描述的故事有兴趣。

管理科学领域通过案例研究进行理论构建

达特、贝拉克和伯根（Dutta、Zbaracki & Bergen，2003）按照归纳性案例研究方法的逻辑，对一家大型制造企业的定价过程进行研究，对收集来的数据进行了归纳分析。首先，他们对数据进行分析并与现有的理论进行比较；其次，他们构建了一个新的理论；接下来，他们又返回数据本身，分析新理论与数据的匹配程度；最后，他们又对理论进行了修正（Dutta et al.，2003）。

案例研究可以应用于研究主题的探索性分析阶段，用以发现同样适用于其他类似情境的特性、影响因素和问题等。在研究一个新课题的初期阶段，由于对其了解甚少，因此这时案例研究尤为适用。比如，巴勒特、崔和李（Barratt、Choi & Li，2011）认为，许多运营管理领域的案例研究均属于上述类型，其主要贡献体现在理论构建方面。艾森哈特（Eisenhardt，1989）的一篇经典论文描述了如何基于案例研究进行理论构建，其针对理论构建流程的高度反复性提供了一个研究路径图。艾森哈特和格雷布纳（Eisenhardt & Graebner，2007）认为若是从案例中构建新理论，每一个案例就相当于一个独立的实验，每个案例都可以用归纳式理论进行构建。Lee（1989）讨论了在何种程度上案例研究可以被视作实验。

虽然案例研究通常用于构建新理论，定量研究通常用于理论验证，但是案例研究也可以和定量研究一样用于理论验证。当研究主题已经有大量相关文献的情况下，案例研究可以用于理论验证和因果诠释，甚至用于理论对比。Eisenhardt 和 Graebner（2007）称多重案例可以被当作一系列的实验，来复制、比较或扩展一个现有的理论。

因而，我们可以认识到，有些人认为研究案例只能用来进行探索性研究的观点是不正确的。虽然案例研究最常见的用途是探索性研究，但它还是可以用于理论构建和理论验证的。

案例研究的应用

- 探索性研究——用来发现新理论。
- 诠释性研究——用来检验、解释或比较现有的理论。

案例研究方法可以应用于特定主题的任何研究阶段，这种研究方法的主要特点不在于应用在哪个研究阶段，而在于所研究的内容。案例研究方法所研究的应当是目前现实生活背景下的真实情境，这些情境不受研究人员的控制，任何事情都有可能突然发生。现实问题有时会很繁杂，但如果现有的商业理论无法处理这些繁杂的现实情境，相关理论就会变得没有价值。

在商科中，案例研究所使用的是从当时真实组织中的真实个体身上所收集的经验数据。案例研究的主题涵盖范围很广，包括市场营销实务和信息系统领域中企业资源计划系统（Enterprise Resource Planning，ERP）的实施。案例研究的本质特点是提出"怎样"和"为什么"的问题。从事案例研究的人员致力于理解特定商业决策是怎样和为什么做出来的，以及商业流程是怎样和为什么运作的。与行动研究不同，案例研究人员不会对情境进行人为干预，而是对其进行简单描述（至少是在研究的起始阶段）。就像前面所提到的，与教学案例主要面向学生不同，研究案例成果的阅读对象主要是特定学科领域的研究人员。因此，撰写案例研究型的文章必须能够说服其他研究人员，使他们认为该研究对某领域的知识具有创新性的贡献。这里所说的其他研究人员可能是你的硕士论文或博士论文的审阅人，也可能是会议中或期刊部进行同行评审的审稿人。

在工商管理领域中，案例研究的目的是通过真实组织中的真实个体的经验性证据对所研究领域的知识做出原创性的贡献。

一个经典的理论验证式案例研究

在信息系统领域被引用次数最多的论文之一，是马库斯（Markus，1983）的一篇理论验证型案例研究论文。Markus 对三个关于计算机信息系统实施阻力方面的理论进行了比较，并采用深层次案例研究方法来检验每种理论的预期效果。

她将第一种信息系统实施的理论称为"人为决定论"。这一理论假设信息系统的实施阻力来自于员工或团队自身的特性，例如人们不愿意改变的固有惯性。

她将第二种信息系统实施的理论称为"系统决定论"。这一理论假设员工抗拒信息系统实施的原因在于系统的固有特性。按照这一理论，实施阻力决定于外部环境或技术。

第一种理论认为人是阻力的主要来源，而第二种理论认为系统或技术是阻力的主要来源。

在此基础上，Markus 提出了第三种理论——交互理论。这一理论认为信息系统的实施阻力来源于系统特性和员工特性的交互作用。

Markus 对财务信息系统实施阻力这一案例进行的研究，运用了相关经验数据，研究结果显示交互理论在解释力与预测能力方面优于另外两种理论（Markus，1983）。

7.2　案例研究的定义

"案例研究"一词有多种含义，一个"案例"最简单的含义就是指某种普遍性问题的一种代表性现象。也就是说，对特定案例或特定情境的描述，目的是得出普遍意义上关于相关现象的一些结论。例如，某医学期刊上的一篇描述哮喘病人的案例，这位病人每次服用某种药物后会出现某些反应症状。这个案例或许是唯一的，但其依旧是描述一种普遍现象（即哮喘病）的例子。

关于案例研究还有一个相对狭义的定义，这个定义更适用于社会科学领域，它是对一个单独的社会单元（Social Unit）的深入研究——"社会单元通常位于某一地点，构成这一社会单元的人与单元之外的人是可以区分开来的。总之，社会单元具有可识别的清晰的边界，可以很容易地予以识别"（Payne & Payne，2004：31）。案例研究可以是一个社会流程、一个组织或任何集体性社会单元。

按照这一思路，殷（Yin，2003：13-14）把案例研究定义为两个层面，如下所述：

（1）案例研究是一种经验主义的探究

①　研究对象是真实情境下的现时现象；

②　现象本身与其背景情境的界限不是很清晰。

（2）案例研究的主要工作包括：

① 处理具有技术特性的情境，这种情况下有很多比数据更多的变量；

② 依靠多种材料来源，结合数据进行三角交互验证；

③ 依据前期所提出的理论命题进行数据收集与分析工作。

Yin 所下定义的第一个层面明确了案例研究的适用范围。案例所处的现实情境意味着研究人员感兴趣的现象不能脱离其所处的情境。在案例研究中，将感兴趣的现象与其所处的背景情境分离开来是非常困难的，甚至是不可能的，这是因为情境本身就是案例的一个组成部分。此外，在案例研究中，研究人员并不对形势和情境予以控制，这是案例研究与其他一些研究方法（如实验室实验方法）的不同之处。在实验室实验方法中，研究人员的整体思路是对具体变量予以控制，并将所研究的现象与其背景情境清晰地分离开来。

Yin 所下定义的第二个层面明确了数据收集与分析的策略。Yin 主张多渠道收集材料，并对这些材料进行三角交互验证，同时使用从文献中得出的理论命题来指导整个研究工作。

虽然 Yin 对于案例研究的定义非常有意义，笔者也认同他的著作是案例研究方面最好的著作之一，但他的定义并不适合所有的工商管理学科。从某种角度来说，它过于宽泛；从其他角度来说，它又过于狭隘。

Yin 所下定义的宽泛性表现在商学中的案例研究对象通常局限于单个或多个商业组织。商业领域中的"案例研究"几乎完全等同于对一个组织的商务问题的研究。以组织为研究核心是商科领域绝大多数案例研究的显著特色，这也是商科和其他领域案例研究的主要区别。在其他领域，案例研究可能针对的是一个教育项目或社区问题。但这些案例与一个组织的商务问题并不相关，不能称之为商科领域的案例研究。

Yin 所下定义的狭隘性表现在他只提倡一种类型的案例研究——实施性案例研究，这或许是案例研究的优势之一。与大部分实证研究人员一样，Yin 建议事先提出理论命题或假设。他建议案例研究设计的质量可以用四个指标来进行评估：结构效度、内部效度、外部效度和信度。然而，案例研究还有很多其他类型，如诠释性案例研究和批判性案例研究，它们并不需要在研究中运用理论命题或假设。而且，这些类型的案例研究也不使用效度和信度指标来进行研究质量评估。

使用三个代表性案例

比克西（Buxey，2005）研究项目的目标是揭示澳大利亚纺织品、服装及鞋类制造企业如何应对全球化的压力。考虑到激烈的竞争环境，该研究旨在发掘生存下来的企业采取的是何种战略。

Buxey 选取了行业中三个有代表性的企业案例，描述了每家企业在应对全球化进程中所采取的战略（Buxey，2005）。

尽管 Yin（2003）的著作被认为是案例研究中最经典的著作之一，该著作在商科中也被研究人员大量引用，但他对案例研究的定义放在商学领域并不十分恰当。因此，笔者提出了自己对于案例研究的定义：

商科中的案例研究是运用单个或多个组织的经验性证据，旨在考察实际情境中的现实问题。案例研究可以采用多渠道来源的资料，其中大部分资料来自访谈和文档。

这一定义有三个重要的知识点需要注意：

（1）定义的关注重点是企业或组织问题。即使研究主旨、研究主题或研究对象并不一定是企业或组织，工商管理领域的案例研究几乎都会涉及企业或组织。例如，针对一家合资企业的案例研究，其研究重点可能是合资层面的问题，如公司治理、财务或市场营销等，研究人员也可能会运用来自其他相关组织的实证依据。信息系统领域的案例研究可能主要关注信息系统开发项目，但项目依然是位于一家或多家组织内。市场营销领域的案例研究，其研究重点可能是品牌开发，但这些品牌依然与一家或多家企业有关。因而，工商管理学科案例研究的最大共同点就是关注组织，并以组织为单位来介绍案例。

（2）这个定义也将案例研究与人种学研究区分开来。即使是深层次案例研究，它通常也不涉及参与式观察与田野调查工作。案例研究中的经验性依据主要来自访谈或文档资料，而人种学研究的资料则主要来源于田野调查，田野调查法是人种学研究的基本特性。

（3）第三点，该定义在哲学角度上是中性的。也就是说，根据研究需要，案例研究的具体类型可以是实证性的，也可以是诠释性或批判性的。这些案例研究类型我们将在下文予以讨论。

7.3 案例研究方法分类

7.3.1 案例研究的类型

与行动研究相似，案例研究也可以分为实证性、诠释性和批判性三种类型。本书在第 4 章已经讨论过这三种类型所对应的三个主要的哲学观点。

十年或十五年前，实证性案例研究被视作商学院的标准方法。然而，在过去的十年中，诠释性案例研究方法越来越被学术界所接受，如今已在大多数商科的顶级期刊和学术会议中占有一席之地。批判性案例研究方法应用得还比较少，但笔者预计这一现象在未来十年内将会有所改善。

（1）实证性案例研究。作为第一种案例研究类型，实证性案例研究旨在吻合实证社会科学的要求。这种类型的研究通常是用实证指标来评估——案例研究被认为是用于验证或精炼现实世界假设或命题的一种方法。这种方法的一个范例是 Yin（2003）的一项研究，他讨论了命题的重要性，并强调结构效度、内部效度、外部效度和信度四个评价指标。对效度和信度的重视说明这是一个需要确保研究设计符合预期质量标准的实证研究。另一个实证性案例研究的范例是本巴萨特、德斯坦和米德（Benbasat、Goldstein & Mead，1987）在信息系统领域的一个案例研究，在本质上它是将 Yin 的方法用到信息系统领域，作者也提倡案例研究应当走实证主义路线。

（2）诠释性案例研究。第二种类型的案例研究是诠释性的。诠释性案例研究依赖于潜在诠释和建构主义认识论，即社会现实都是社会建构。诠释性案例研究通常是通过人们赋予现象的内涵来理解现象。与实证性案例研究以效度和信度指标来评估案例研究的质量不同，诠释性案例研究更注重案例的合理性和整体性。工商管理领域应用诠释性案例研究的一个范例是科利和焦亚（Corley & Gioia，2004）的一项研究，他们考察了财富 100 强企业将绩效最好的部门分离至一个独立组织时这一组织的身份变革问题。另外一个范例是沃尔沙姆和瓦玛（Walsham & Waema，1994）的一项研究，他们考察了英国建筑业信息系统战略开发问题。这两个案例研究都关注现实社会的建构问题——人们"怎样"看待世界的运转以及"为什么"。这两个研究都没有使用实证指标进行验证，但它们的研究结果都是可信的。

（3）批判性案例研究。第三种类型是批判性案例研究，它包括对当前实践的批判性反思、质疑那些想当然的假设，并基于一项或多项批判理论对现状进行批判。一个批判性案例研究的范例是 Myers（1994）的研究，他考察了医疗卫生部门信息系统实施失败的一个案例，运用伽达默尔和利科（Gadamer & Ricoeur）的批判诠释学理论来对研究结果进行解释。与诠释性案例研究一样，研究人员无须运用实证指标来评估研究的质量。效度和信度等指标暗示着研究对象是独立于社会现实的，这些指标通常不用于诠释性研究或批判性研究。

7.3.2 实际应用建议

进行案例研究的最重要的事情之一是首先要找到一个有意义的案例。如果你的案例没有意义，那么即使你的研究做得再好，你的访谈记录再认真，或者文章写得再出色都无济于事。一个没有意义的案例简直就是在浪费所有人的时间，那怎样的案例才是一个有意义的案例呢？

一个有意义的案例研究会告诉读者一些新的东西。也就是说，它会告诉研究人员在特定领域中他们之前并不了解的知识。例如，如果是探索型的，那么这个案例就应当是探索新研究领域的媒介；如果是理论验证型的，那么这个案例或许就应当是一个批判性的，可以验证现有理论是错误的，并提出另一种理论。至少，你和你的导师会对故事本身和案例的寓意感兴趣。

开展案例研究的主要挑战之一是找到一家可以开展案例研究的企业。根据笔者学生的经验，获得研究许可通常需要付出一定的努力。

寻找合适企业的一个好方法是阅读当地的报纸或商业杂志，如果杂志中包含一些相关机构工作人员的信息，那么你便获得了一些联系人的姓名。另一种方法就是拓展你的人脉，尤其是你在企业界的人际关系。例如，如果你曾经在某家企业工作过或有亲朋好友在这家企业工作，那么这家企业就可能因此而允许你开展案例研究。笔者特别发现，大学校友相对于其他陌生人而言更有可能接受研究提议，这或许是因为他们觉得有义务回报学校对他们的教育，也或许是他们对于研究的态度更加开放。他们也不会过度担心研究人员会发现组织中不好的地方。事实上，他们反而更希望发现这些问题，并利用这一机会进行学习与改进。

一旦你获得一家企业组织的许可，那么你就需要尽可能多地收集与研究主题相关的数据材料。数据收集方法有许多种，相关具体方法将在本书第四篇中详细讨论。工商管理领域中最常用同时也可能是最重要的数据收集方法就是访谈，访谈是了解组织情况的一个很好的"窗口"，它能够帮助你发现人们的想法。特别是在了解人们在做某件事情时的动机和原因方面，访谈方法尤为适用。

　　当然，访谈工作需要具备良好的人际沟通技巧。如果你不善于人际交往，或者不能与访谈对象产生共鸣，那么就很难从访谈中了解到足够的信息，并不是所有人都适合做案例研究。尽管人际交流能力可以通过学习来提高，但对于一些初级研究人员来说，选择另外一种并不需要过多与人交往的研究方法或许是更容易、更节约时间的做法。案例研究并不是很容易就可以做到的，对那些不善于交际者尤甚。

　　主要基于与几个关键人员的访谈来开展案例研究也是可行的。然而，如果想研究得更加深入，你就需要与组织中的更多人员进行访谈，这些人代表了不同的视角和看法。

　　无论如何，识别关键受访对象并与其进行访谈是最为重要的。关键受访对象是这家企业组织中对特定主题了解最多的人，或是对你所感兴趣的领域具有决策权的人。例如，如果你开展的案例研究是关于特定企业的市场营销战略问题，那么你就必须对营销经理进行访谈，营销经理可能是企业营销策略制定方面了解最多的人。

　　更加深入的案例研究需要使用访谈以外的其他数据资料。文档资料可能会很有价值，因为它往往记录了人们难以记得的事情，如特定事件发生的确切日期以及某次会议的与会者名单等。常用的文档资料有年度报告、剪报、季（月）度报告、备忘录、组织结构图以及会议纪要等。在某些情况下，设备、工具或系统等实物也可以作为补充性资料来源。

案例研究成功的要素

- 找到一个有意义的案例；
- 确保你具有良好的人际交往能力；
- 收集大量数据，构建问题情境。

7.4　案例研究评价

7.4.1　案例研究的优势与不足

　　（1）案例研究的优势。案例研究是工商管理领域中最常用的定性研究方法。案例研究受欢迎的原因在于它具有"表面效度"，这是它的主要优势之一。在这里，"表面效度"是指一篇基于经验研究的、描述一家组织真实故事且水平较高的案例研究报告得到了研究人员的认可。尤其是以知名企业作为研究对象时，这个企业或其产品被大家所熟知，绝大多数案例所描述的也是现时正在发生的事项，这就意味着这家（或这些）企业正在尝试解决的重要问题，对于其他企业而言也具有现时重要性，大家仿佛在同一艘船上，面临着同样的困境。

　　案例研究的另一个优势在于它可以使研究人员在复杂的现实情境背景下对理论进行探索或检验，这些情境并不像理论那样简明。举例来说，对同一种情境可能会有多种有效的解释：首席执行官（CEO）做一个特定决策可能会基于多方面的因素，包括个人因素、专业因素以及一些合理的商业准则（在这里我们并不是说个人因素是不合理的）。这种复杂性只有在像案例研究这种与具体行动近距离接触的研究方法中才能展现出来。

作业成本法的实施：一项管理会计领域的案例研究

咨询师、商学院和商业媒体都在推广作业成本法（Activity-Based Costing，ABC），他们认为作业成本法能够更加精确地核算产品成本并帮助管理者更好地理解影响成本的因素。然而，关于作业成本法实施的经验性研究还很少，学术界对作业成本法的效果与影响仍有所怀疑。

马约尔和霍珀（Major & Hopper，2005）决定对一家葡萄牙的电讯公司（Marconi）开展一项深层次诠释性案例研究，以考察作业成本法的实施与使用情况。他们尝试从行动者参与的角度去界定和探索问题，并与现有的研究相比较进而对理论拓展做出贡献。和大多数案例研究一样，他们的研究重点在于发掘"怎样"和"为什么"的问题。

他们主要通过访谈和文档材料来获得数据。研究人员还与 Marconi 公司及其母公司的经理和雇员、作业成本法实施顾问、葡萄牙电信监管机构相关人员，以及葡萄牙其他电讯公司的经理进行了半结构化访谈，目的在于得到关于 Marconi 公司作业成本法系统本身、系统实施，以及管理层对它的使用和评价等方面的详细素材。

该研究案例在作业成本法实施方面具有以下三方面的重要贡献：

（1）当与联合成本、共同成本有关的技术障碍出现时，作业成本法会出现技术方面的问题。这在电信行业尤其重要，而作业成本法并不能在这种情况下提供有效的数据。

（2）当企业内存在冲突时，作业成本法的实施就会变得非常困难。研究结果显示，这家企业也只是在部分范围内使用作业成本法。产品工程师对作业成本法的使用持抗拒态度，他们认为其自主权和就业前景受到威胁，工作量也有所增加。他们普遍认为作业成本法是一项混乱的、没有意义的工作。

（3）在生产领域之外，从评价和使用角度而言，作业成本法的实施是成功的，这与高级管理层的支持、足够的资源、目标的明确性以及员工承诺有关。实施者也尝试将项目实施的自主权下放给员工。

（2）案例研究的不足之处。开展案例研究，尤其是在商业情境下，其主要的不足之处在于很难获得作为研究对象的特定企业或企业集团的研究许可，主要原因在于企业对研究的价值会持怀疑态度。事实上，公司对其公共关系状况是极为重视的，他们不仅会担心研究人员占用太多时间进行访谈，也担心研究结果会使企业形象受损从而导致一些负面的宣传效果。基于上述原因，找到一家合适的、愿意接受研究的企业有时会耗费数月之久。

案例研究的另一个不足之处体现在研究人员不能对情境进行控制。在实践中，这意味着假如你正在研究的企业在研究过程中突然被另一家企业收购了，你也毫无办法。此外，如果这项研究的主要支持者（如 CEO）在你正准备对企业相关人员开展访谈时突然辞职了，你会发现企业中很少有人会继续支持你的研究。

案例研究还有一个不足之处，就是研究人员很难找到最关键的问题，尤其是对于年轻的、缺乏经验的研究人员而言更是如此。由于研究的背景情境可能很大，也可能很小，这取决于研究人员的设计，缺乏经验的研究人员很容易认为所有事情都是相关的。这就会产生大量与最终分析无关的数据，研究也只能被迫中止。

案例研究的最后一个不足之处体现在它耗费的时间很长，即使是经验丰富的研究人员也会这样。案例研究需要时间去获得研究许可，也需要时间进行经验性研究，还需要更多的时间去撰写报告，其全过程都是比较耗时的。

综合上述案例研究的不足之处，这意味着只有那些具有热情与决心，并拥有良好人际交往能力的人员才适合开展案例研究。认为案例研究只是一篇短文或一件很容易的事情，这种想法是极端错误的，进行案例研究并不轻松。

然而，对于那些热心积极的研究人员而言，案例研究是很有意义的，它给予研究人员一个首创性的机会去发现相关概念或理论在实业界是否具有价值。

7.4.2　案例研究的评估

与所有定性研究方法一样，用适当的方法对案例研究进行评估十分必要。换句话说，评估案例研究应当依据案例研究的基本原理，而不是其他方法的假设或准则。比如，用评估市场调查研究方法的标准来评估案例研究是不恰当的，这就跟用评估案例研究的标准来评估市场调查研究方法一样不适合。

在这里需要明确一点，那就是单一的案例研究是可行的。许多缺乏经验的定性研究人员错误地认为一个案例并不足够，在他们看来，增加案例的数量可以提高研究结果的有效性。

然而，这种想法只会使事情变得更加混乱。持这种观点的研究人员都犯了一个常识性错误，那就是以抽样逻辑来评价案例的有效性。抽样逻辑是基于统计学的理论，而你在进行市场调查时才需要这些理论和逻辑。

在市场调查方法中，样本量越大越好。样本量越大，就越能确保所得到的结果可以反映真实的总体状况。大多数统计指标，如显著性检验和置信区间等都是建立在假定已经有一个真正随机样本的基础之上。

在案例研究中，像置信水平和置信区间这样的统计指标毫无意义，选取三个或四个案例并不比只选取一个案例拥有更高的置信度。首先，即使是三个或四个案例依然是样本量太小；其次，从一开始你就没有一个真正的随机样本。案例研究与大规模随机抽样完全不同。

正如 Yin（2003）所指出的，不能用抽样逻辑来评估案例研究，抽样逻辑是从样本推广到总体，案例研究是用一个或多个案例来得出推论。正如可以从一个单独的实验来形成推论一样，从一个单独的案例中得出推论也是可能的（Lee，1989；Yin，2003）。

那么，如何才能称作一个规范的案例研究呢？以下六条标准是工商管理领域评估案例研究的一般性指导原则：

（1）案例研究一定要"有意义"；

（2）案例研究要有充分的事实依据；

（3）案例研究应当是"完备的"；

（4）案例研究必须考虑其他视角；

（5）案例研究应当以吸引人的方式撰写；

（6）案例研究应当对理论知识有所贡献。

第一，案例研究一定要"有意义"。就像前文所提到的一样，这意味着案例研究应当能够告诉该领域的其他研究人员一些他们之前不知道的东西。至少你和你的导师会认为你的案例有意义。

第二，案例研究要有充分的事实依据。如果你正在撰写一篇准备在学术期刊上发表的学术论文，这就意味着引用访谈中的证据支持自己的观点通常是一个很好的做法，这样的引证可以使案例的意义充分发挥出来。总之，你需要有足够的事实依据证明你的观点是合理且可信的。

第三，案例研究应当是"完备的"。完备在这里并不是指你需要对案例的所有方面都予以说明，而是应收集所有可用来支持或反对某一理论观点的相关证据。

第四，案例研究必须考虑其他视角。这意味着在研究中要考虑不同理论、文化视角，或研究对象的反对意见，其关键是要使案例能够反映现实生活情境。由于现实问题的复杂性，案例中的故事不能过于简洁。一个"完美的故事"表示案例研究结束后男主角或女主角以及其他所有人都可以幸福地生活，这只是童话故事，并不是一个研究案例。所以，一些对你的理论并不是完全支持的证据也可以考虑加入进来。

第五，案例研究应当以吸引人的方式撰写。这取决于你对它是否有热情，若你自己都没有被故事所吸引，那几乎可以确信其他人也不会感兴趣，案例撰写有时需要一些创造性的灵感。

第六，案例研究应当对理论知识有所贡献。这与第一条原则很相似，只不过第一条强调案例本身要有意义，这一条强调的是案例研究对理论知识有贡献。一般来说，这表示一项研究案例要能够得出一个或多个理论与概念。

上述六条评估案例研究的标准适用于所有类型的案例研究。然而，根据实际采用的案例研究类型的不同，也可以增加新的评估标准。案例研究可能是实证性的，也可能是诠释性的或批判性的，与其相对应的评估标准也会相应发生改变。

对于实证性研究，杜布、帕雷（Dubé & Paré，2003）和 Yin（2003）认为案例研究设计至关重要。Yin（2003）认为一个成功的案例研究设计应当包含以下五个基本要素：

（1）研究的拟解决问题；

（2）研究命题；

（3）分析单元；

（4）数据与命题之间的逻辑；

（5）解释研究结果的标准。

对于诠释性研究，案例的合理性远比其设计更为重要。也就是说，特定领域的研究人员需要对案例有信心，案例的故事必须是可信的。提高案例的可信性有多种方式，如使用多种来源的数据资料、清晰描述你在研究中做了什么以及是怎样做的。

Klein 和 Myers（1999）提出了评估诠释性案例研究的七条准则，这些准则也适用于诠释性人种学研究。

（1）循环式诠释基础准则；

（2）情景化准则；

（3）研究人员与研究对象之间的互动准则；

（4）抽象与概括准则；

（5）反复推理准则；

（6）多重诠释准则；

（7）质疑准则。

上述七条准则具体已在第 4 章阐述过，它们适用于具有诠释属性的工作，但还有一些基于其他角度的更适用的标准或准则。

对于批判性研究，案例研究需要对那些想当然的理论假设进行质疑，研究人员应当仔细调查那些幕后动机、权力中心、传统假设、约束和限制等[参见托马斯（Thomas，1993）]。大部分批判性案例研究会使用一种或多种批判理论，如 Habermas 的批判理论或 Foucault 的批判理论。Myers 和 Klein（2011）提出了用于评价批判性案例研究（和人种学研究）的六个准则。

7.5　案例研究范例

7.5.1　制造网络中的开放式会计：一个管理会计领域的案例研究

近年来，许多制造企业与其主要供应商和客户建立了紧密的合作关系。这种现象导致了制造网络的产生，供应链成员企业之间可以实现更加全面的信息共享。

卡祖特和库马拉（Kajuter & Kulmala，2005）考察了制造网络如何作为跨组织成本管理平台的问题。他们认为，与传统企业单独进行成本管理相比，制造网络成员企业之间的协作为降低成本提供了额外的机会。然而，如果要充分发挥这些机会的作用，成本结构的透明性是一个关键问题。开放式会计能够在跨组织成本管理中发挥重要作用。

利用诠释性案例研究方法，作者考察了开放式会计为什么在一些案例中是成功的，而在另一些案例中却会失败。作者还对影响成本数据在制造网络中交换的主要障碍开展了调查。

这个诠释性研究由两部分组成。首先，作者对一家德国汽车企业（Eurocar）的制造网络进行了一个案例研究。接下来，作者对三家芬兰企业的制造网络进行了多案例研究。这些研究考察了影响制造网络开放式会计实施、使用及其效果的情境因素。

大部分数据来自与关键员工的 61 个半结构化访谈。访谈对象主要包括所研究企业中负责产品研发、采购、生产及会计的管理层人员。在对芬兰的制造网络的研究中，每个案例的访谈对象至少包括一家供应商的高层管理者（总经理或总裁），这些人都充分了解自己所在企业的整体状况以及本企业与其他企业的合作关系情况。

访谈涵盖了主要的开放性问题，每个访谈耗时 1.5 至 3 小时不等。由于有些问题涉及保密性，这些访谈没有被录音，其目的是为了鼓励访谈对象能够更加自由和开放地回答问题。

为了充分了解研究对象的运营状况和商业环境，作者对所有企业至少到访过一次。此外，在内容分析时也采用了企业的官方文件和内部文件。

作者的案例分析是基于管理会计中的权变理论。按照权变理论，许多甚至绝大多数管理会计方面的变化与改进都可以通过企业的外部环境、内部结构、战略以及企业文化的"权变"来解释。

依据权变模型，作者研究发现，在生产功能性产品、拥有良好的开放式会计基础设施、拥有互信的网络合作关系的长期分层制造网络中，开放式会计更易发挥作用。

7.5.2　企业兼并和收购：通过多个诠释性案例研究出售方行为

格雷布纳和艾森哈特（Graebner & Eisenhardt，2004）认为，管理领域中大多数公司治理方面的文献都是从买方角度展开的。大多有关收购的研究也都侧重于收购方的角度，而忽略了出售方。

因此，作者选择从出售方的角度来研究收购问题。具体来说，作者想知道出售方领导层会在什么时候、向谁出售企业。考虑到这是一个探索性研究，作者选择了 12 家创业公司进行案例研究。选择创业公司的原因是作者认为创业公司具有很强的成长性，而且收购问题往往是这些公司的战略核心。

作者的研究方案是针对美国 12 家创业公司运用多案例的归纳性研究方法。研究人员从网络硬件、基础设施软件和电子商务三个行业中分别选取了四家公司，其中三家被收购，一家没有被收购。这三个行业具有显著的创业性，但各行业在成本结构、销售和分销渠道，以及客户的特性等方面具有显著的差异性。该案例研究的时间跨度是从 1999 年到 2000 年。

绝大多数数据资料来源于收购双方对于收购的半结构化访谈。研究人员还通过电子邮件和电话的方式跟踪访谈并实时追踪收购过程。此外，研究者还使用了文档资料，包括企业网站、商业出版物，以及研究对象所提供的材料。最后，研究人员还使用了与财务有关的定量数据。这项研究同时表明诠释性案例研究方法既可以使用定性数据，也可以使用定量数据。

该研究在 14 个月的时间内共进行了 80 多次访谈，每次访谈一般会持续 60 至 90 分钟，并且都进行了录音和抄录。

第一阶段的研究包括 15 次预访谈，访谈对象包括出售方和收购方双方企业的管理层，以及出售方企业的投资者和收购中间人。预访谈的结果显示，出售企业的决策往往是由小部分人决定的，主要是 CEO 和两三个关键高管，以及董事会成员。出售方企业往往会限制其他人员对收购事件进行了解。这种情况反映了收购决策的敏感性，这与前期研究的理论依据相一致——高级管理层级别以下的员工对公司战略的关注度和敏感性呈按级别快速下降的态势。

在第二个阶段中，研究人员对出售方和收购方企业的多名高级管理人员进行了访谈。第一个阶段预访谈的目的在于帮助研究人员确定收购流程中最重要的影响人员。为了确保访谈对象中涵盖了所有的重要人员，研究采取了"滚雪球式抽样"方法。在可行的条件下，最初的访谈对象选择出售方企业的 CEO 或收购方企业负责业务拓展的总监。通过这个方式可以确定收购方和销售方企业的其他参与人员，再通过后者进而可以找到与收购决策相关的其他人员。

　　作为典型的归纳性研究，该项目通过案例研究中所获得的访谈资料和文档资料来对数据进行分析。案例编写的中心环节就是对访谈和文档资料中的素材进行三角交互验证，从而使案例的基础具有更好的丰富性和可信性。

　　该案例使用了两种方法对数据进行分析——案例内分析和跨案例分析。案例内分析关注的重点是构建用以描述一家企业流程的架构和关系。归纳分析流程的核心是它可以通过流程数据来进行理论架构，而不是由特定理论假设来引导。研究人员根据感兴趣的潜在变量对企业进行分组，从而得出初始命题。接下来，研究人员通过重复收购决策逻辑和重新检查数据等方式，来确定是否每一个单独的案例均与所得出的架构关系相吻合。他们还使用了图表的方式，从而使得这一对比检查过程更加便捷。这一分析过程经过了多次交互反复，共持续了六个月的时间。正是基于这样一个研究流程，他们得出了基于出售方视角的关于收购行为何时发生的理论框架。

　　该项研究的主要贡献在于从出售方角度提出了一个关于收购行为何时发生的理论框架。作者将收购描述为一种相互的行为，强调收购是买卖双方的一个相互协议，包含了时间、战略和情感因素，并不仅仅是价格因素（Graebner 和 Eisenhardt，2004）。

7.5.3　供应链排程变更的应对：运营管理领域的多案例研究

　　供应链是由生产原材料、组件、装配件以及面向消费者的最终产品的工厂和物流资源提供商所组成的网络。在大规模定制化和个性化的发展趋势下，越来越多的产品——从个人电脑和定制型自行车到汽车——开始采用按订单生产（Build-To-Order，BTO）的供应链模式。克拉耶夫斯基、魏和唐（Krajewski、Wei & Tang，2005）指出，BTO 模式与传统的按订单装配（Assembly-To-Order）不同，后一种模式下消费者只能在提前设计好的有限的最终产品中进行选择，而 BTO 供应链模式允许客户对最终产品的每个模块和组件进行个性化选择。

　　在这项研究中，作者重点考察了 BTO 模式中由于供应链成员补货交运计划变更所导致的短期动态调整问题。他们探讨了 BTO 供应链模式下供应商用以应对短期动态调整问题的反应策略，同时考察了采购方和供应商之间的权力关系。

　　作者考察了台湾微型计算机行业中生产笔记本电脑和部件的五家企业。之所以选择这一行业，是因为微型计算机行业普遍采用 BTO 供应链模式，而且短期动态调整问题也给整个行业带来了诸多挑战。

　　由此可以看到，作者采用了多案例方法来解决这个问题。在这个多案例研究的设计中，案例被视作一系列的实验，用以证实或证伪所假定的理论命题。案例数据主要通过结构性访谈获得。

　　在数据分析方面，作者首先进行了案例内分析，研究小组成员们讨论了反应策略的组成要素、短期流程的弹性以及供应商权力关系。然后，作者进行了跨案例分析，以探讨案例间的差异性和类似性。跨案例分析为拓展研究命题奠定了基础。

　　在最终的学术论文中，作者描述了 BTO 供应链中不同企业反应策略的差异性，并从中总结出最优策略。其研究结果表明，短期流程的弹性可以提供灵活的供应合同，并对频繁的排程调整提供支持，还可以实现较好的产成品库存水平，进而使企业的竞争优势得以提升（Krajewski et al.，2005）。

7.5.4　运用扩展式案例方法来理解亚洲品牌

凯拉和埃克哈特（Cayla & Eckhardt，2008）运用他们称为"扩展式案例方法"（Extended Case Method）来研究两个亚洲品牌，一个是新加坡的 Tiger Beer（虎牌啤酒），另一个是一家在线旅行门户网站 Zuji（足迹）。Cayla 和 Eckhardt 的研究有两个目标，一是考察品牌经理如何创建区域性亚洲品牌，二是揭示这些品牌经理如何运用一个跨国的、想象的亚洲世界来建立新的互通网络体系。作者认为这两个品牌具有象征性，它们有助于创建一个新的方式，使消费者认为自己是亚洲人。基于象征性的品牌视角，研究人员得以理解营销人员如何编织故事并使之同时兼具跨国属性和本土属性。

Cayla 和 Eckhardt（2008：218-219）称他们所使用的扩展式案例方法"已经成为从诠释视角研究全球性市场和文化问题的一种可取方法，这是因为这种方法深嵌于现象发生的情境之中"。他们历经一年半的时间，对 23 名经理进行了访谈。选择这些人的原因是"因为他们作为咨询师、品牌经理、市场经理、广告创意人员或市场研究人员参与到亚洲区域的活动中"。

这项研究的贡献之一在于它能帮助我们更好地理解全球市场上品牌的作用，另一个贡献在于这项研究关注于营销人员的作用，而绝大多数以往的研究仅关注消费者。他们的这一研究表明了市场经理在像"亚洲人"这样的文化塑造方面是如何发挥积极作用的。

练习和习题

1. 阅读当地报纸的商务版，寻找一篇你感兴趣的有关某个新企业、新产品或新服务的报道。在报纸上尝试寻找其他相关文章，尽可能多地收集和故事相关的公开信息（如这家企业的最新年报）。你认为是否有理论和这个故事相关？撰写一个小案例并尝试依据你所选择的理论对资料进行解释。

2. 借助谷歌学术或其他数据库工具进行一个简单的文献搜索，看看在你选择的领域内能否找到一些使用案例研究的文章？它们的研究主题都是什么？

3. 现在将你的搜索范围缩小到所选研究领域在定性研究方面有影响的顶级期刊，如 *Academy of Management Review*，*Accounting*，*Organizations and Society*，*Journal of Consumer Research*，*MIS Quarterly* 等。在过去两三年间，采用了案例研究方法的论文你能找到多少篇？

4. 对你找到的这些论文进行评价，它们采用的是实证性、诠释性还是批判性研究范式？

5. 同样还是对这些论文进行评价，大多数研究将访谈作为主要的资料来源吗？作者有没有采用其他数据采集方法？他们都运用了什么数据分析方法？

6. 使用头脑风暴法列出三全四个可能的实践性研究主题，如何通过案例研究方法对这些主题进行研究？

7. 在你所在的研究机构或在会议上寻找使用案例研究方法的教师和学者。请教他们正在研究的主题是什么？为什么要这样做？

扩展阅读材料

1. 文章

Dubé 和 Paré（2003）的文章讨论了如何对实证性案例研究进行评价。

Walsham（1995）的文章讨论了如何对诠释性案例研究进行评价。

Klein 和 Myers（1999）提出了一套适用于诠释性研究（包括案例研究和人种学研究）的评价准则。

Myers 和 Klein（2011）提出了评价批判性案例研究（以及人种学田野调查）的系列准则。

2. 图书

Yin（2003）的著作——《案例研究：设计和方法》（*Case Study Research: Design and Methods*），是案例研究领域的经典图书，它对案例研究方法做了一个非常好的介绍。然而，需要注意的是，Yin 主要采用实证性方法进行案例研究。

Yin（2002）的著作——《案例研究应用》（*Applications of Case Study Research*），与前一本书互为补充，提供了许多应用案例研究技术与准则进行研究的完整案例。

3. 网站资源

● 定性研究报告（*Qualitative Report*）有一些关于案例研究的优秀文章，该资源见 http://www.nova.edu/ssss/QR/index.html。

● 更多相关资料，请参考 www.qual.auckland.ac.nz。

第 8 章　人种学研究

本章学习目标

通过本章的学习，你将能够实现以下学习目标：

- 了解人种学研究的目标。
- 知晓人种学研究的特点。
- 在开展人种学研究时更加自信。
- 熟悉人种学研究的优势与不足。
- 能够对人种学研究进行评估。
- 熟悉人种学研究在工商管理领域的应用情况。

8.1　导言

8.1.1　人种学研究的定义

从研究的深度而言，人种学研究（Ethnographic Research）是最深层次的研究方法之一，这是因为在人种学研究中，研究人员需要花费大量时间用于观察人们的所言所行。人种学研究方法尤其适用于商业组织中人、社会和组织方面的研究，它可以为研究人员提供更深层次的理解。人种学使研究人员更容易接近行动发生的场所，从而更好地理解人们工作所处的情境（Myers，1999）。

斯普拉德利（Spradley，1980）对人种学的价值做出了如下描述：

> 人种学是一种非常有意义的方法，它可以揭示人们的想法及其行为规范的文化内涵。它是社会科学领域中的一种系统化的方法，可以使我们探知人们通过语言所表示的那些支离破碎的现实情境……人种学能够帮助我们走出狭隘的文化背景，摈弃社会传承的种族中心主义（即使只有一段很短的时间），并以其他人类种族的视角去理解这个世界。

如果你准备研究组织文化问题，那么就可以考虑选择人种学研究方法，这是因为组织文化不仅涉及组织成员的外在显性价值与行为，还包括你在短时间内不可能发现的一些想当然的理论假设。如果像案例研究那样以访谈作为收集数据的主要方式，那么你只能触及组织文化的表象。这时就需要运用人种学研究方法——它是唯一的一种研究人员可以通过长时间的田野调查来发掘事物如何运作以及为何如此运作的潜规则的方法。这些潜规则很少会用文字表示出来，但可以通过长时间有耐心的田野工作来发掘出来。

发掘潜规则的关键在于洞悉事物在其背景情境下被视作什么，背景情境在人种学研究中是非常重要的一个概念。在许多定量研究方法中，背景情境要么被视为需要进行控制的干扰变量，要么被视为数据中的"噪音"。换句话说，背景情境相当于"障碍"，被认为是"麻烦事"。然而，在人种学研究中，背景情境正是所研究的对象（Harvey & Myers，1995）。基于背景情境来理解行动和信念是弄清一家组织的潜规则和那些想当然的理论假设的关键所在。从某种意义上说，背景情境是使社会建构中各种现实融于一体的黏合剂。人种学研究的关键任务就是观察和分析背景情境，以获悉背景情境所蕴含的内涵。

在工商管理学科，人种学研究方法的主要目标是对人及其文化产生深层次的理解。人种学研究的一个突出特点是田野调查方法的使用。从事人种学研究的人员"沉浸于所研究的人的生活中"（Lewis,1985：380），并致力于将现象置于其所处的社会和文化情境当中。

《智能机器时代》

哈佛商学院肖莎娜·祖波夫（Shoshana Zuboff）教授所编写的《智能机器时代》（*In the Age of the Smart Machine*）一书，被认为是迄今为止在工作、信息技术与组织本质属性方面最有见地的著作之一（Zuboff, 1988）。Zuboff 运用人种学研究方法，将自身置于所研究的企业中，从而得出了具有深刻见解的结论。

Zuboff 提出，信息技术可以有两种不同的应用方式。第一种方式，信息技术可以应用于工作自动化，并导致一系列缺乏实际意义的乏味工作的产生。第二种方式，信息技术可以用来"提供信息"，从而形成一系列兼具刺激性和挑战性的工作，而这类工作更容易被员工所接受。在 Zuboff 于 1988 年出版这本著作之前，人们尚未认识到IT 技术能够提供信息的这一潜能。

8.1.2　人种学研究方法发展简史

人种学研究起源于社会和文化人类学学科。人种学研究人员通常将所研究的现象回归到现象所处的社会及文化情境之中。当前，大部分商科研究侧重在商业活动的社会、组织和文化层面，人种学研究由此成为研究这些相关背景情境的一种重要方法。

布罗尼斯拉夫·马林诺夫斯基（Bronislaw Malinowski）是第一个使用人种学研究方法的人类学家。1922 年，他根据在超卜连群岛所进行的田野调查，出版了《西太平洋上的航海者》（*Argonauts of the Western Pacific*）这一著作。如果要了解他为何使用人种学研究的原因等更为详细的内容，可以参考达内尔（Darnell，1974）和库珀（Kuper，1973）的研究。

在 Malinowski 之前，人类学家们已经在全球范围内收集了大量的非西方文化和社会现象。尽管材料非常丰富，但鲜有西方文化和视角下的研究。其他社会文化现象显得怪异、"原始"，甚至可怕。人类学家通常会对某一特定文化现象（如巫术）进行记载和解释，并与其他文化中的类似现象进行比较。因此，弗雷泽（Frazer）于 1890 年第一次出版了《金枝》（*The Golden Bough*）一书，作为一本百科全书式的文献，其收集了全球范围内的各种文化现象（Frazer，1980）。

与前期研究人员不同，Malinowski 认为，只有研究社会现象所处的背景情境才能够理解其与其他社会的区别，所有的前期研究显得十分怪异，原因在于它们都将文化现象与其背景剥离开来。通过学习当地语言，在这一文化中至少生活一年以上的时间，并且尝试在其背景情境下去理解特定的文化现象，只有这样，西方学者才能够真正理解非西方的文化和社会（Harvey & Myers，1995）。

继 Malinowski 之后，以密集式田野工作为代表的人种学研究方法得以建立起来，并逐步发展成为人类学的主导研究模式。人类学家创造了"种族优越感"（Ethnocentrism）这一术语，用以描述绝大多数文化中人们均认为自有文化是最优秀和最合理的这一现象。然而，一项优秀的人种学研究可以使读者感受到另一社会的信仰、价值和现象的本质属性。阅读完这项人种学研究之后，读者如果能够彻底理解他们之前所认为是荒唐、奇怪或荒谬的行为，那么这项人种学研究就达到了其研究目标（Harvey 和 Myers，1995）。

现在我们可以发现，人种学研究和案例研究之间存在着较大差异。这主要在于调查人员进行田野工作的时间长短以及研究人员对所研究社会群体生活的融入程度。在人类学中，人种学家通常要花费至少一年的时间来进行田野调查并和所研究的人群生活在一起，学习他们生活的方式。对于那些商业或组织情境下的人种学研究人员，他们通常与研究对象讲同一种语言，所需要的田野调查或许并不需要一整年的时间。然而，研究人员通常也至少需要六个月以上的时间来从事田野调查工作。这恰恰与案例研究人员有所不同，他们可能只需要花费几周或数月的时间来调查一家或几家企业。

人种学研究与案例研究的另一个区别在于研究人员的定位。案例研究人员只是将人群作为研究对象，而人种学研究人员则需要从人群中学习。人种学研究人员要学习其他人看、听、说、思考和行为的方式（Spradley，1980），并把自己当作一名学习他人文化的学生。

人种学研究与案例研究的第三个区别在于收集数据的方式。在案例研究中，数据的主要来源是访谈，辅之以档案资料，如年度报告和会议记录等。在人种学研究中，数据来源还包括参与式观察或田野调查。人种学研究通常需要研究人员进行长时间的田野工作，并重视翔实的观察性资料的采集（Yin，2003）。

人种学研究与案例研究的差异还可以通过学术文献来说明。沃尔沙姆和瓦马（Walsham & Waema，1994）运用深层次案例研究方法研究建筑行业的问题，其主要数据来源是与组织中的参与人员所进行的一系列深度访谈，并没有使用参与式观察方法。Orlikowski（1991）运用人种学研究方法对一家大型跨国软件咨询企业开展了为期 8 个月的研究，其主要数据来源包括参与式观察、访谈、文档以及与参与人员的非正式社交接触。

8.2　人种学研究的类型

人种学研究可以分为不同的学派和类型[见克利福德和马库斯（Clifford & Marcus，1986）；范·玛南（Van Maanen，1988）]。桑迪（Sanday，1979）将人种学划分为整体学派、符号学派以及行为主义学派，她又将符号学派分为"深描"（Thick Description）和人种科学两类。这些人种学研究学派的研究路径各不相同。

8.2.1　整体学派（The Holistic School）

整体学派认为，与所观察的社会群体产生移情和认同是必需的，从事人种学研究的人员应该"入乡随俗"，像当地人一样生活，例如埃文斯-普里查德（Evans-Pritchard，1950）的研究。其假设是，人类学家只有像一张白纸一样才能够完全理解当地的社会和文化现象。人类学研究人员应当像海绵一样，不断吸收所研究人群的语言和文化（Harvey & Myers，1995）。

8.2.2　符号学派（The Semiotic School）

另一方面，作为深描（符号）学派的倡导者，克利福德·格尔茨（Clifford Geertz）认为，人类学家并不需要对研究对象产生移情（Geertz，1973；1988）。相反，人类学家要做的是寻找语言、图像、制度和行为等符号，就彼此之间的联系及其整体进行分析。Geertz 提出人类学家即使没有对所研究的人产生移情，也可以描述和分析这种文化。他认为，人类学家需要了解特定文化情境下的人们所编织的"意义网"（Webs of Significance），而这些"意义网"只能通过对问题及其背景的深描才能传达给他人（Harvey & Myers，1995）。

8.2.3　批判性人种学（Critical Ethnography）

还有一种人种学研究方法被称为"批判性人种学"（Myers，1997a）。批判性人种学将人种学研究看作是一种偶发过程。在这一过程中，研究人员与研究情境下的人之间存在对话。批判性人种学认为社会生活是在权力背景下构建的[诺布利特（Noblit，2004）]。批判性人种学尝试去审视那些受到约束、压迫和限制的幕后动机、权力中心及相关理论。批判性学术研究要求对常识性假设提出质疑（Thomas，1993：2-3）。例如，福雷斯特（Forester，1992）将 Habermas 的批判性社会理论应用至批判性人种学中，研究了在与城市规划人员协商数据的收集时对方所使用的模棱两可的措辞问题。

8.2.4　网络人种学（Netnography）

科齐内茨（Kozinets）提出了"网络人种学"这一术语，用于描述对互联网上的文化和社区的研究问题（Kozinets，1997；1998）。与"现实"世界进行田野调查工作相反，网络人种学借助计算机这一沟通媒介来对相关文化现象进行研究。数据收集工作主要通过参与式观察以及与网络社区成员之间的互动来完成。Kozinets 利用这种独特的方法对市场营销中的消费者行为问题进行了研究（Kozinets，1997；1998）。这种基于互联网的工作也有其他的称谓，如线上人种学或虚拟人种学等。

8.3　如何进行人种学研究

正如上文我们所介绍的，人种学研究有多种不同类型，其中一个极端就是实证主义学者认为人种学研究是描述现实世界的一种方法。这种观点的范例见埃伦（Ellen，1984）的研究。他对人种学研究的不同类型、田野调查的准备和实施、伦理问题以及成果撰写过程进行了讨论。另一个极端就是后现代人种学研究人员以近似于小说的方式撰写人种志（Harvey，1997）。实际上，大部分人类学家都介于这两种极端之间，将人种学看作是一种方法和体裁的结合体[阿特金森（Atkinson，1990）]。

无论你选择哪一种人种学研究方法，在实施层面，笔者有以下几条适用于所有类型人种学研究的建议。

第一，作为一条通用准则，你需要定期撰写田野笔记。田野笔记需要包括观察、印象、感受、直觉以及遇到的问题等。哈默斯利和阿特金森（Hammersley & Atkinson，1983：150）认为"详尽的笔记是至关重要的。不能仅依赖记忆，需要坚持的一个准则是'有疑问的时候就要记录下来'。在处理笔记时要注意及时更新，这是非常必要的"。笔者对此十分认同。事实上，事后翻看以前所做的田野笔记以了解自己最初的想法，这是极为重要的。笔者发现，那些当初认为怪诞的、不寻常的现象在最后往往可以讲得通。详细记录田野笔记是一个非常好的做法，否则你很可能会忘记研究的早期阶段所感兴趣的问题。

第二条通用准则是，人种学研究人员应当尽早完成访谈记录。帕顿（Patton）认为在访谈当天就应该完成访谈记录（Patton，1990），笔者也同意这种做法。如果对访谈做了录音，是否要当天完成就不是很重要了，但即使这样也应该撰写一份简短的访谈小结。如果这个工作没有在访谈当天完成，就很可能会遗漏许多细节问题。

第三条，笔者认为你应当在研究过程中定期对研究设想进行回顾和拓展，这也是很重要的。Hammersley 和 Atkinson 建议使用"分析式备忘录"（Analytic Memos），他们将其描述为：

> 在评估项目进展、确定新的想法、拟定研究策略等情况下的定期书面记录。把田野笔记或其他形式的资料日复一日、周复一周地堆积在一起并不困难……但仅仅将这些资料堆积起来而并不定期进行总结和思考是极端错误的（Hammersley & Atkinson，1983：164）。

最后，考虑到人种学研究人员最后都会拥有海量的数据资料，所以他们必须从一开始就要确定处理数据的策略，在研究的每一阶段都要进行数据总结、索引和分类工作，这些工作可能会用到相关定性数据分析软件。

8.4　人种学研究评价

8.4.1　人种学研究的优势与不足

和其他研究方法一样，人种学研究方法也有其优势与不足之处。

（1）人种学研究的优势。首先，人种学研究的最大优势在于其研究的深度。由于研究人员在研究现场耗费了非常长的时间，他们可以观察到人们正在做什么，以及人们对其自身行为的看法。随着时间的推移，研究人员能够对其所研究的人、组织以及背景情境产生深入的理解。正如格里尔斯（Grills）所指出的，通过深入到行动发生的情境中，研究人员就可以对日常生活中的困境、挫折、惯例、关系以及风险等产生切身的体会（Grills，1998a）。人种学最突出的优势就在于它可能是一种最"深入"或最"集中"的研究方法（Myers，1999）。

其次，与田野现场发生的现象有关的知识，是我们挑战理论假设的重要信息来源。人种学研究经常会带来一个结果，那就是研究人员对那些"想当然"的理论假设提出质疑。例如，休斯、兰德尔和夏皮罗（Hughes、Randall & Shapiro，1992）描述了他们所开展的人种学研究是如何引领他们对系统设计中公认的理论假设提出质疑的。他们发现，人种学研究所提供的资料可以使研究人员对问题产生更深层次的理解，那些传统上用来鉴别一个"好系统"的评价准则可能并不适用于协同性系统。同样，Orlikowski（1991）的人种学研究揭示了如何使用新信息技术使一家专业服务组织实现对现有控制模式的强化和融合。当时，大多信息系统领域的研究文献都认为信息技术可以实现现有组织模式和社会关系的转型，而 Orlikowski 的研究结论与此并不相同。

（2）人种学研究的不足。人种学研究的主要不足之一在于，相对于其他研究方法而言，它花费的时间较长，这不仅仅是指田野调查的时间，在材料分析与文章撰写方面同样需要耗费很长的时间。对于大多数人来说，博士阶段是进行人种学研究最好的时期，当然笔者也认识一些人是在博士毕业之后才开始人种学研究的。尽管人种学研究非常耗时，考虑到研究成果的数量和质量，它还是一种富有成效的研究方法（Myers，1999）。

人种学研究的第二个不足之处在于其应用的广度。与市场调查方法不同，人种学家的研究范围通常局限于组织或文化。实际上，这也是人种学研究方法公认的一个诟病——人种学只能用于特定背景和情境的深层研究。有些人甚至认为单单一项人种学研究并不可能得到更多的通用性理论或模型。笔者认同第一种批评意见，但认为第二种意见有待商榷，对后者的质疑可以从以下两个方面进行回答。第一，缺乏普适性与其说是方法本身的局限，不如说是人种学研究作为一种新的研究方法在工商管理领域中应用的局限性。久而久之，随着人种学研究越来越多，在工商管理领域的各个方面建立更多有意义的、一般化的模型并非不可能。第二，既然可以从案例研究中概括出理论（Walsham，1995；Yin，2003），那么从人种学研究中概括出理论也是可行的。那些从案例研究中可以概括出理论的相关观点同样也适用于人种学研究（Klein & Myers，1999；Myers，1999）。

人种学研究的第三个不足在于将其撰写成可以发表在同行评阅的学术期刊上的论文非常困难。人种学研究收集有大量的数据资料，这些数据又与特定背景情境整体相关，这意味着运用人种学研究方法的博士论文会有一系列相关的论点。因而，人种学的首选出版方式是著作而非学术论文。

然而，在通常情况下，相对于著作而言，各商学院更重视学术论文。一篇学术论文适合于一个研究发现，也就是说，一篇学术论文通常只有一个主要观点，从事人种学研究的人员将其研究结论撰写成 20 页左右的学术期刊论文是非常困难的。

对于论文撰写方面的内容我们将在本书第 17 章进行详细讨论，这里仅仅简单提一下。对于上述问题的一个解决方法就是，人种学研究人员可以把每篇论文都当作整体的一部分，通过某种方式把研究工作划分成若干部分，从而将每一部分作为一篇学术论文独立予以发表。这样，问题就变成了每篇论文应当描述整个工作的哪一部分。定性研究人员需要明确一个方面，那就是任何一篇文章都不可能把故事完整地描述清楚，所以作者只能一次重点讲一部分的相关内容。这一策略的优越性在于开展人种学研究的人员可以将一次田野调查工作的内容发表成多篇学术论文。通常情况下，从多个不同角度描述同一件事情也是可行的。

8.4.2　如何评估人种学研究

Klein 和 Myers（1999）提出了信息系统领域诠释性研究（包括案例研究和人种学研究）开展和评估的系列准则。这些准则可能并不适用于所有的人种学研究，但它们至少从诠释性角度对如何评估人种学研究问题提出了一些建议。当然，通过书面报告来评估人种学研究是唯一现实的途径，这是因为除了人种学研究人员本身，其他人都不可能观察到田野调查的实际情况。

在这里，我们并不对 Klein 和 Myers（1999）的研究进行详细阐述，笔者仅就一些普遍性准则进行重点介绍。评估人种学研究需要考虑的重点问题主要体现在以下四个方面。

（1）对该领域是否有所贡献？这是需要考虑的最重要的一个方面。人种学研究的价值可以从作者研究内容的新颖程度来判断。当然，不同的人对于新颖性有着不同的标准，其关键在于著作出版商或期刊编辑委员会的编辑或评阅人对研究结果新颖性的认定。人种学研究人员的最大挑战就是说服这些人认可其研究的价值（Myers，1999）。

（2）是否具有深刻的见解？任何使用人种学研究方法的文章都应当对其所研究的问题有深刻的见解（Myers，1999），判断方法之一就是看研究结果是否与传统观点有所不同。一个优秀范例是本特利（Bentley et al.，1992）等的论文，这篇文章打破了信息系统设计的传统思维方式，发现那些用来鉴别"好系统"的传统评估准则并不适用于协同系统。

（3）是否收集了大量的材料或数据？正如之前所提到的，人种学研究的特征之一是田野调查。研究人员需要深入实地，在组织中生活足够长的时间。这就意味着，田野调查工作必定会收集到大量的经验资料和数据，基于该田野工作的任何文章均需有证据体现出这一点。我们希望能够看到从社会和历史背景下基于多视角对研究对象系列问题所进行的阐述和分析（Klein & Myers，1999）。而且，一篇文章需要超越所研究的组织给出的"官方底线"，这也是很重要的，我们还需要知晓是否有幕后动机和分歧等（Myers & Young，1997）。这是因为人种学研究人员就处于现象的幕后，应当能够观察到人们所言和所行的区别。

（4）关于研究方法的信息是否足够？关于这最后一条的详细讨论见 Klein 和 Myers（1999）的研究，我们需要从本质上知道人种学这一研究工具是如何测度的。阅读学术论文的任何读者应当能够自行对研究发现的"有效性"做出评估。所以，让读者了解研究人员"做了什么"以及"怎样做的"就十分重要。

上述这些方面能够帮助编辑和评阅人对人种学研究做出评估。总体上，对于人种学研究人员而言，最重要的准则是文章要具有说服力和合理性[普拉萨德（Prasad，1997）]。

8.5　人种学研究范例

8.5.1　审计领域的效率问题

拉德克利夫（Radcliffe，1999）对审计工作中效率的概念进行了研究。他认为，审计人员需要对政府行为进行系列调查，并需要对公众公布结果，相关审计活动可以分为有效率的和无效率的两种。然而，效率是一个比较模糊的概念，对这一概念存在许多不同的解释。

因此，Radcliffe 开展了一项人种学研究，以探讨有效率的审计在实践当中是如何实施的。他对加拿大亚伯达省审计署在卫生医疗领域所进行的三项复杂程度各不相同的审计工作进行了田野调查。Radcliffe 采取了包括访谈、被动式观察以及文档分析在内的多种数据采集技术，并运用笔记分析方法使数据收集和分析过程更加系统化。他认为人种学最大的优势之一在于其发现与创新的能力。

Radcliffe 的人种学研究使我们对审计效率问题有了更深层的理解。他指出，无论审计报告中的基调多么客观与冷静，审计人员始终处于社会环境之中。审计人员与其环境是互相影响的。Radcliffe（1999：357）给出如下解释：

　　　　尽管审计人员自身对于审计工作可能有更高的理想或标准，他们还是希望在规定时间内完成对某种变化的评估。这就是审计效率现实层面的一个问题，审计人员凭借丰富的经验对环境情境进行分析以考察那些可观察到的变化。在这三个案例中，一项年度审计还必须考察其他审计的背景情境，并充分利用审计人员在以往审计中用于提升客户绩效的知识。

Radcliffe（1999：359）发现，有效率的审计报告是用来改进行动的一种战略报告，"审计人员并不能强迫客户进行改变；他们只是建议、说服和监督"。Radcliffe 认为效率这一概念应当理解为"权变效率"（Contingent Efficiency），它不仅可以考察组织和社会问题，也可以用于分析财务管理的技术流程（Radcliffe，1999）。

8.5.2　国际零售特许经营领域的权力与控制问题

如今，越来越多的国际零售企业采用特许经营（Franchising）的方式进入国外市场。奎因和多尔蒂（Quinn & Doherty，2000）使用人种学研究方法，深入探讨了国际零售特许经营关系的性质，特别是特许者对国际零售网络的控制和协调机制问题。

作者选取英国的一家零售企业作为研究对象。该企业以特许经营模式作为其国际市场扩张的主要方法。他们在这家企业的研究共耗时 9 个月，并以参与式观察作为主要的数据采集方法（Quinn & Doherty，2000）。此外，研究人员还与关键决策者进行了深度访谈，并采用了文档分析方法。

他们所发表文章的主要贡献在于验证了国际零售特许经营关系中权力与控制的重要性，他们还运用了营销渠道和代理理论的相关文献对该问题进行解释。他们发现，在相关概念和品牌明确界定的情况下，强制性权力可以解释国际零售特许关系中的权力和控制问题，这与代理理论的观点相一致。这种强制性权力包括对特许经营合同的实施等。相反，若没有明确界定，在这种关系中控制的唯一来源是非强制性权力，这与营销渠道相关研究文献的观点一致。

8.5.3　速度陷阱：以快速决策作为生存手段

无论是管理者还是学者都对快速行动（Fast Action）予以极大的关注。商业的发展迫使企业行动愈加迅速，那些行动慢的企业被称为"古董"。然而，珀洛、奥奎森和雷佩宁（Perlow、Okhuysen & Repenning，2002）认为，快速行动在给企业带来竞争优势的同时，也会导致很多问题的产生。企业对于速度的追求究竟会对组织流程产生何种影响，这种行为是否会提升绩效，目前对此尚无定论。

因此，Perlow 等人决定开展一项人种学研究，来考察速度究竟是如何影响组织流程的。研究背景选定一家网络产业的新企业，由于这一产业中竞争十分激烈，所以速度被认为是成功的关键因素（Perlow et al.，2002）。数据主要来源于四名大学生所做的为期 19 个月的关于 Notes.com 公司的人种志。Notes.com 是一家位于硅谷核心区的市值 1.25 亿美元的企业，它依靠风险投资基金与一名职业 CEO 成长起来，但最终却以破产倒闭告终。他们的研究采用了访谈、观察和文档分析法，最终形成了 1 万余页的田野笔记以及其他类型的材料。

这项研究的最大贡献在于发现了"速度陷阱"，这是企业总是试图进行快速决策的潜在病态表现。他们发现，快速决策在最初的确帮助 Notes.com 公司实现了既定的发展目标。然而，从一开始就不惜改变内部流程和竞争环境来追求"快速"，结果导致企业陷入了由于决策速度过快而无法生存的困境中。

8.5.4　"星际迷航"的消费文化

"星际迷航"（Star Trek）或许是我们这个时代最知名的消费现象之一。正如 Kozinets（2001）所描述的，星际迷航凭借其 4 部系列电视剧与 9 部动作电影成为最受欢迎的科幻作品，其特许商品收入高达数十亿美元。

市场营销学专家 Kozinets 决定运用人种学方法来研究星际迷航的消费亚文化问题。他选取三个地方开展了为期 20 个月的数据收集工作，包括对各种发烧友聚会及相关活动开展的参与式观察。此外，他还采取了其他多种数据采集方法，例如与 65 名自称是星际迷航发烧友的人通过邮件方式进行访谈（Kozinets，2001）。

Kozinets 的研究使我们对娱乐业与大众传媒消费有了更深的理解。他的人种学研究描绘了忠实消费者群体所形成的一种社会形态，而并不仅仅是被动地消费某种产品这种现象。他指出，娱乐产品是当代消费人群寻找生活中一致性与归属感的重要媒介。他的研究结果表明，道德观与群体的结合不仅仅是重要的营销手段，也是从文化和亚文化层面影响消费结构的必要条件。

练习和习题

1. 花费几个小时进行田野调查，尝试成为一名人种学研究人员。参加一项你通常并不会参与的文化、娱乐或体育活动（这样你正好可以作为"局外人"），仔细观察所发生的事情。为了更有效地帮助你进行这一田野调查，请思考以下几个问题：什么人参加这一活动？他们的穿着怎样？他们在说些什么、做些什么（将你认为重要的记录下来）？有没有什么典礼或者仪式？如果有，它们代表了什么？人们为什么要这样做？要回答这最后一个问题，你或许需要咨询或请教一些相关人员（请注意：如果你的活动可能会涉及伦理问题，请事先请教一下你的导师）。

2. 将第一个练习的内容写成田野笔记。对于你的发现，你能想到一个或多个理论予以解释吗？你认为哪种理论最适合？

3. 如果你想要去一家企业进行人种学研究，怎样获得企业的许可？你可能会遇到哪些困难？如何克服这些困难？

4. 借助谷歌学术或其他数据库进行一项简单的文献搜索，看看在你所选择的领域能否找到一些人种学研究的文章，它们的研究主题通常都是什么？

5. 在你所检索到的人种学文献中，选择几篇文章进行评价。这些文章都是什么类型的人种学研究？作者是不是主要基于田野调查得到的资料？作者有没有使用其他数据采集技术？

6. 运用头脑风暴法找到三个或四个可行的研究主题。如何针对这几个研究主题运用人种学方法进行研究？

7. 在你所在的研究机构或在一个会议上找到一两名从事人种学研究工作的学者。请教他们正在做的主题是什么，并询问他们为什么要这样做。

扩展阅读材料

1. 图书
● 在人种学研究方法总体介绍方面，有两本特别好的著作，它们分别是 Geertz（1973）的《文化的诠释》（*The Interpretation of Cultures*）和 Van Maanen（1988）的《田野故事：民族志写作》（*Tales of the Field: On Writing Ethnography*）。这两本著作的作者均是知名人种学家。

● 还有很多在实践层面针对如何开展人种学研究提供指导的图书，如 Atkinson（1990）、Ellen（1984）、费特曼（Fetterman，1998）、Grills（1998b）、Hammersley 和 Atkinson（1983）、Thomas（1993）。其中，笔者认为最好的当属 Hammersley 和 Atkinson（1983）的《人种论的原理与实践》（*Ethnography: Principles in Practice*）。笔者自己的一篇名为《信息系统研究的人种学方法》（"Investigating Information Systems With Ethnographic Research"）的论文（Myers，1999）也简要概述了人种学研究方法在信息系统研究领域中的应用潜力。

● Zuboff（1988）的《智能机器时代》（*In the Age of the Smart Machine*）被认为是迄今为止在论述 IT 对组织的影响方面最好、最有见解的著作。

2. 网站资源
在人种学研究方面有不少很有用的网站资源：
● 维基百科中的关于人种学的相关介绍非常实用，详见 http://en.wikipedia.org/wiki/Ethnography。

● 社会科学信息门户网站（The Social Science Information Gateway）对人种学和人类学有专门的介绍，见 http://www.intute.ac.uk/socialsciences/。

● 更多相关资料，请参考 www.qual.auckland.ac.nz。

第 9 章　扎根理论

本章学习目标

通过本章的学习，你将能够实现以下学习目标：

- ◉ 明白扎根理论的目标。
- ● 知晓扎根理论与其他研究方法的区别。
- ● 掌握扎根理论的不同研究途径。
- ● 在使用扎根理论时更加自信。
- ● 能够对扎根理论研究进行评价。
- ● 熟悉扎根理论在工商管理领域的应用情况。

9.1　导言

扎根理论（Grounded Theory）是在系统化收集和分析数据的基础上寻求理论拓展的一种定性研究方法。马丁和特纳（Martin & Turner，1986）认为，扎根理论是"一种归纳性、理论探索性的方法论，它可以帮助研究人员建立兼顾研究对象一般特点和经验性观察数据的理论"。扎根理论与其他研究方法最大的区别在于其理论拓展所采用的特定方法——扎根理论认为数据采集和数据分析之间存在持续性的交互反复过程（Myers，1997c）。

扎根理论可以很好地适用于基于情境、面向过程的组织现象的描述和诠释（Myers，1997c）。扎根理论为数据分析提供了比较清晰的研究流程[厄克特（Urquhart，1997；2001）]，更容易获得那些与数据紧密相关的潜在的原创性研究发现（Orlikowski，1993）。扎根理论的这一特性使研究人员变得信心百倍，因为运用扎根理论所提出的每个新概念都可以从数据资料中找到许多相关的实例（Urquhart、Lehmann & Myers，2010）。

工商管理领域中从事定性研究的许多学者仅仅把扎根理论用作数据编码的手段。虽然扎根理论是一种非常好的编码方法，但它更是一种理论构建的综合性方法。实际上，扎根理论对于工商管理领域研究最大的帮助在于，它能够从商业现象中提炼出新的概念和理论——紧密根植于经验现象的理论。因此，研究人员只有使用扎根理论进行理论构建而非仅仅将其作为数据编码的技术手段时，才能真正发挥这一理论的潜力（Urquhart et al.，2010）。

　　然而，必须承认的一点是，笔者在扎根理论或其他定性研究方法的应用方面并不是纯粹主义者。只将扎根理论用作定性数据的编码技术，而采用其他理论作为研究的总体框架，在笔者看来也是可以接受的。所有的定性研究方法均要求研究人员同时具备批判性和创新性，扎根理论也不例外。

　　在工商管理领域中，应用扎根理论的目标是提出与商业现象有关的新概念和新理论，这些新概念和新理论是根植于定性数据资料的。

9.2　扎根理论的定义

　　1967 年，巴尼·格拉泽（Barney Glaser）和安塞尔姆·施特劳斯（Anselm Strauss）出版了《扎根理论的发现》（*The Discovery of Grounded Theory*）一书（Glaser & Strauss，1967），为扎根理论做出了开创性的贡献。这一著作介绍了一种从经验数据中系统地推导人类行为理论的研究方法，它是对社会学理论中脱离实践的功能主义理论（Functionalist Theories）的一种反驳[戴伊（Dey，1999）]。随后，作为一种定性研究方法，扎根理论在社会科学、护理学以及许多其他领域中得到认可[安尔斯（Annells），1996；Dey，1993；Glaser，1978；Strauss，1987]。

　　最初，Glaser 和 Strauss（1967：1）将扎根理论定义为"一种在社会研究中系统地获取和分析数据，并从数据中发现理论的方法"。

　　二十年后，Strauss（1987）给出了一个更加详细的定义，见下所述：

　　　　扎根理论的主旨是致力于理论拓展，无须规定任何数据形式、研究主线、理论意义……相反，扎根理论是一种定性分析方法，具有许多鲜明特色……并且使用编码范式以确保理论概念的拓展和深度。

施特劳斯和柯宾（Strauss & Corbin，1990：23）将扎根理论描述为一种交互反复的模式：

　　　　扎根理论是对现象进行研究后予以归纳而得出结果。换言之，扎根理论通过对与现象有关的数据进行系统化的采集与分析，从而发现、拓展理论和概念并进行初步验证。因此，数据的采集、分析与理论之间是一种相互影响的关系。研究人员使用扎根理论，并不是从理论出发进而对其进行验证，而是起始于对现象及其相关问题的研究以得出新的概念和理论。

　　从这些不同的定义和描述中可以发现，采用扎根理论进行研究并不是首先要提出一系列准备予以验证的假设。扎根理论并不是一种用于检验假设的方法，相反，它是一种从数据资料中得出新概念和新理论的方法。为了确保相关概念来自数据资料，扎根理论的一个公认准则是研究人员在研究工作开始前要摒弃先入为主的想法和观点。

　　在研究开始前不应有先入为主的观点这一禁令，有时也可以理解为运用扎根理论方法的研究人员在进行实证研究前不应当进行文献阅读。但是，如果不阅读文献，这就与包括定性研究在内的几乎所有研究方法的基本原则相悖。事实上，扎根理论方法与文献阅读并不矛盾，只是研究人员的创新性不能受到前人研究的束缚（Urquhart et al.，2006）。这正如 Strauss 和 Corbin（1998：48-49）所解释的：

> 研究人员从专业学科的文献中可以获得大量资料，从而构成调查背景……（但是）研究人员不能完全受这些文献的局限或束缚。学生在调查前或在调查过程中，受到前人研究影响和制约的现象并不少见，甚至于他们可能会完全丧失自己的创新力。直到能够摒弃前人研究的束缚，并相信自己具有创造新知识的能力时，他们才能得出真正属于自己的新发现。

从这一点上我们可以看出，在开展扎根理论研究前进行文献阅读还是有意义的。然而，研究人员必须尽量避免对于研究结果产生先入为主的思想。其关键之处在于要富有创造力并开放思想，这在研究的早期阶段尤为重要。在获得定性数据后，研究人员就进入到定性数据分析阶段。

9.3 扎根理论的研究途径

9.3.1 两种扎根理论

一般来说，扎根理论分两种不同的版本，其代表性学者分别是 Glaser 和 Strauss。这两位学者是扎根理论的共同创始人，但自从 Strauss 和 Corbin 在 1990 年出版了一本关于扎根理论的著作后，Glaser 和 Strauss 对扎根理论本质属性的看法就出现了分歧（Strauss & Corbin，1990）。

Strauss 和 Corbin 的著作被视为"如何做"扎根理论的应用手册，包含了明确的指导与实施步骤。然而，Glaser 却认为这种规范过于严格，他觉得这种处理方式会使可能出现的概念模型受到限制，并强制性地朝预期结果发展。为此，他对前一本书的反对意见极为强烈，并专门出版了一本名为《浮现对强迫：扎根理论分析基础》（*Emergence vs. Forcing: Basics of Grounded Theory Analysis*）的著作（Glaser，1992）。在这本书中，Glaser 声称 Strauss 和 Corbin 对于扎根理论的看法已经偏离了该方法创造的初衷。

Glaser（1992：123）的观点综述如下：

> 如果过于偏重数据资料，会导致研究的失败……（在 Strauss 和 Corbin 的方法中）数据在扎根理论中并不能自我解释。受先入之见的影响常常会导致数据相关性的偏离。

Urquhart 等（2010）认为 Glaser 主要在两个基本问题上与 Strauss 和 Corbin 的观点存在分歧。第一，Strauss 和 Corbin（1990）将编码过程分为四个步骤，分别是开放性编码、主轴编码、选择性编码和过程编码；而 Glaser 仅分为三个步骤，包括开放性编码、选择性编码和理论性编码。第二，Glaser 反对在概念化过程中使用提前准备好的、现成的编码范式和条件矩阵等工具。Glaser 认为，借助某种范式编码和（或）遵循某一条件路径进行编码工作并不是扎根理论方法，而属于概念描述（Glaser，1992）。

肯德尔（Kendall，1999）详细讨论了扎根理论的这两个版本。然而，Strauss 和 Corbin

的版本被认为是最知名和使用最广泛的版本（Strauss & Corbin，1998）。这或许是因为许多学者受益于 Strauss 和 Corbin 所提供的现成的研究工具。

9.3.2　如何进行扎根理论研究

在完成数据收集与转录工作之后，就进入到扎根理论中定性数据分析的第一个步骤，即开放性编码。开放性编码包括文本分析（例如一个句子或段落）和利用简洁的代码进行总结两部分。开放性编码是描述性的，即对文本中发现的现象进行识别、命名和分类。相关描述是理论概念构建中最基础的环节，这时还并未从范畴层次对相关概念予以界定。

为了避免只做简单的概述，博姆（Bohm，2004）提出了在开放性编码阶段研究人员需要考虑的"理论构建"问题，部分问题如下所述：

① 研究的是什么问题？涉及什么现象？

② 涉及哪些人员？这些人扮演什么角色？他们之间是如何相互影响的？

③ 涉及或没有涉及现象的哪些层面？

④ 多长时间？什么地点？多少数量？多大程度？

⑤ 已知的或可以推断出的原因有哪些？（Bohm，2004：271）

当你继续进行开放性编码时，还有一项最重要的事，那就是要不断进行比较。扎根理论要求经常性地对定性数据资料进行比较，以寻找资料间的异同，这项工作是通过对你所制作的编码进行比较来进行的。一开始，编码与所产生的概念具有暂时性与试验性的特点，但随着分析过程的深入，它们的确定性会不断增强。具有差异性的概念构成了相应的范畴，而范畴大多包含详细的属性。

开放性编码工作结束之后，第二个步骤是对范畴和属性进行解释，这一步骤有时被称为主轴编码或选择性编码，这取决于所使用的扎根理论的版本。这一阶段的主要工作是对概念结构进行精炼，以便更好地解释所描述范畴间的相互作用（Glaser，1978）。

第三个步骤称为理论性编码，主要是进行理论建构，其目的是提出推理性和（或）预测性的结论（通常是以理论假设的形式），这是通过明确解释结构中显著的因果关系和（或）相关关系来实现的，这种推理涉及所调查的全部领域（Urquhart et al.，2010）。

我们通常认为数据分析是在数据采集工作之后，这虽然是一项通用规则，但在扎根理论中，数据采集和数据分析之间会有所重叠。扎根理论最重要的特性之一就是根据初步生成的分析结果决定下一步的抽样，这一准则被称为理论抽样（Theoretical Sampling），其观点是理论创新会随着数据分析而出现。初步形成的理论或许会表明下一步需要进行的更具针对性的资料采集工作（即资料的理论抽样）。通过数据分析，该项研究的拟解决问题会逐步得以精炼并与研究问题相对应（Dey，1993）。

鉴于扎根理论的这一特性，笔者认为相关研究人员应当在田野调查设计时考虑到理论抽样的影响，它可能意味着你需要对同一名人员再次进行访谈，或者你需要对同一地点进行多次访问。

无论在哪一个研究阶段，最重要的是要保持批判性与创新性。笔者遇到过许多学生，他们认为既然扎根理论为定性数据分析提供了详细的流程，那就基本可以保证研究结果的有效性与严谨性。按此分析，只要使用了扎根理论，就能产生一篇优秀的毕业论文。然而，这种想法犯了一个严重的错误。扎根理论虽然使定性数据的分析更加规范与严谨，但这并不表示你一定能够得出具有原创性、有价值的研究成果。正如 Strauss 和 Corbin（1998）所指出的，扎根理论研究绝不能遵循一种教条、僵化的方式，创新性才是最根本的。

所以，运用扎根理论时，最重要的是在参照其研究步骤的同时，努力培养自己的批判性和创新性思维。

Urquhart 等（2010）提出了一个用于人种学理论研究的理论框架，这一框架有两个维度。第一个维度是概念化的深度，指的是分析研究的深度；第二个维度是理论的广度，指的是所形成理论的适用范围。关于这一框架的总结如图 9.1 所示。

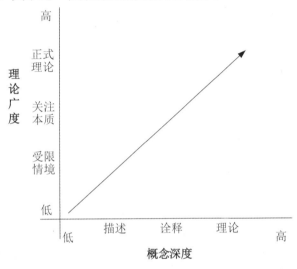

图 9.1　扎根理论研究的理论化框架

资料来源：Urquhart, Lehmann & Myers, 2010。

正如从图 9.1 中所看到的，第一个轴（横轴）是关于概念分析的深度，它关注的是扎根理论的核心目标之一，即扩展数据分析的深度（Glaster & Strauss，1977）。第一阶段是描述，第二阶段是运用选择性编码对类别和属性进行编码，第三阶段是理论性编码，其结果就是形成一个理论。

第二个轴是理论广度。根据扎根理论的原则，该方法的基本目标在于在更广阔的范围来拓展理论（Glaster & Strauss，1967；Dey，1999）。受限情境下的基础概念代表着一个狭义范围内的理论。"基础概念受限于其所处的特定领域和特定情境，通常只比直觉稍广阔一些"（Urquhart et al.，2010：367）。关注于本质属性的理论要比受限情境下的理论具有更广的适用范围，关注于本质的理论拥有经验和实证支撑。一个正式的理论是扎根埋论这一方法可能拓展的最广义的形式。

图 9.1 的意义在于使运用扎根理论的研究人员关注于提升概念化的深度和理论扩展的广度。研究人员应当尝试沿着图 9.1 所示横轴的左侧尽可能地向右侧移动。"数据分析从描述性到理论这一方向移动越多，所形成概念的正式程度就越高，理论的适用范围就越广（Urquhart et al.，2010：366-367）。

9.4　扎根理论评价

9.4.1　扎根理论的优势与不足

相比于其他研究方法而言，扎根理论具有许多优势，特别适用于规律性强的重复过程的研究。举例来说，如果你想研究商业投资分析师与客户的沟通方式问题，扎根理论就能帮助你发现其中的主要沟通模式。

扎根理论的优势可以概括如下：

① 能够帮助经验不足的研究人员对数据进行详细的分析，直观上非常具有吸引力。

② 能够在研究初期就进行数据分析。

③ 提倡详细的系统化数据分析，并提供了具体的实施方法。

④ 可以为研究结论提供充分的证据。

⑤ 强调数据收集与数据分析之间的持续性相互影响。

⑥ 特别适用于描述重复性流程，例如医生与患者之间或信息系统分析师与用户之间的沟通过程。

扎根理论最主要的优势体现在第三条，即"提倡详细的系统化数据分析，并提供具体的实施方法"。尤其是对于经验不足的研究人员来说，详细的指导能够使其数据分析更具系统性和严谨性。扎根理论是一种"自下而上"的数据编码过程（Dey，1993）。

但是，这一优势同时恰恰也是扎根理论的不足之处。笔者的经验表明，初次使用扎根理论进行研究的人员往往在编码时无从下手。对语句层面的关注使研究人员自然而然地将注意力集中在细节上，尤其是那些经验不足的年轻研究人员很难从细节中得以升华。这意味着他们难以将研究扩展到更具概括性的概念或理论上，难以从更广的视角来看待问题，从而导致其最终得到的结果只能是较低层次的理论。虽然扎根理论并非被用来建立庞大的社会理论体系，这一理论方法的原初设计也非如此，但这种结果仍令许多人感到十分沮丧。

这个问题同时也解释了为什么工商管理领域会出现仅将扎根理论作为编码技术的趋势。可以想象，许多研究人员在细节层面受挫后，通常会选择一种现有的较高层次的社会理论来对结果进行解释。这样做的结果就是其最终的书面报告（发表的文章或毕业论文）会将扎根理论和一些其他研究方法结合在一起，从而形成一个包罗万象的研究框架。

这种扎根理论的不完全应用引起了正统扎根理论学者的不满，笔者也认为这种做法并没有发挥出扎根理论的全部潜力。笔者认为，扎根理论的完全应用，应当用于建立根植于数据资料的新理论（Urquhart et al.，2010）。然而，在最后的数据分析中，如果研究人员仅将扎根理论作为一种编码技术但同时也得到了具有原创性的知识贡献和有意义的研究发现，那么笔者认为这种对扎根理论的不完全应用也是合理的。

9.4.2　扎根理论研究的评估

一般来说，所有对扎根理论研究的评估都应遵循两个基本准则。第一个准则是定性数据分析的严谨性与有效性，第二个准则是研究人员所构建的理论层次。

与数据分析的严谨性与有效性有关的一些问题如下所示：

① 数据资料和研究结论之间是否有一个清晰的证据链？

② 数据资料中是否有多个实例可以对所构建的理论概念予以支撑？

③ 研究人员是否证明了他/她对所研究的问题非常熟悉，或者，按照 Glaser 的说法，他/她是否"沉浸"于所调查的问题（Glaser，1978）？

与研究人员所构建的理论层次有关的一些问题如下所示：

① 研究人员提出了关于现象的推理性和（或）预测性的结论了吗？这些结论可能以理论假设的形式出现。

② 研究人员有没有提出能够应用于其他相关情境的理论性推论？

如果一项扎根理论研究既能保证数据分析的严谨性，又能做出理论性的贡献，那么我们就可以认为这是一个优秀的扎根理论方法应用范例。

9.5　扎根理论研究范例

9.5.1　管理控制系统在战略投资决策中的作用

资本投资是组织中价值创造过程的基础，也是实现组织战略的关键所在。作为一项专门研究，斯拉莫德（Slagmulder，1997）考察了管理控制系统（MCSs）在战略投资决策（SIDs）过程中的作用问题。战略投资是帮助企业实现其长远目标，并通过开发新产品市场、增强企业能力来保持和加强其竞争地位的手段。

Slagmulder 认为之前关于投资决策制定的大多数研究都集中于方案选择的技术手段方面，这些研究在很大程度上忽略了决策过程所处的更为广阔的管理和组织背景（Slagmulder，1997）。因而，这项研究的目的是针对战略投资决策的企业管理控制系统的设计与应用问题进行描述并模型化。为了将研究的领域限制在适当的范围内，Slagmulder 专注于研究一类商业决策——那些分权式管理的公司中关于制造工厂和设备的战略性资本投资。

Slagmulder 对所选取的 6 家企业的 10 个场所进行了考察。她开展了 68 次有录音的深度访谈，受访者都是与特定投资项目密切相关的企业高管和运营主管。此外，她还从投资方案和战略规划等档案中获取数据资料。

随后，她运用扎根理论的流程步骤对定性数据进行了分析。首先，她进行开放性编码，以高度反复的方式初步设置了范畴与子范畴。在范畴与子范畴确定后，进入主轴编码和选择性编码阶段。她认为这一阶段的目标是将定性数据编码成为因果关系、现象、背景情境、中间条件、行动/互动策略和结果。最后，她提出了一个理论，用于全面解释战略协同过程中管理控制系统对战略投资决策的作用（Slagmulder，1997）。

这一理论揭示了资本投资在实现企业战略目标的过程中管理控制系统对战略投资决策的重要作用。该理论假设企业面临的环境条件处于持续的变化过程中，为应对这些环境变化，与战略投资决策相对应的企业管理控制系统需要进行适时调整以保证战略协同。因而，Slagmulder 该项研究的主要贡献在于揭示了企业的管理控制系统绝不可以保持静态，而应当适时改变，以帮助实现战略投资决策的战略协同（Slagmulder，1997）。

9.5.2　研发人员跨组织边界的非正式资源交换

布蒂（Bouty, 2000）考察了研发人员为了完成工作而应当如何在组织间进行定期资源交换的问题。她认为，这些人员或者在会议上认识，或者在年会上认识，或者本身即是同学，他们彼此是相互熟识的，属于同一交际圈，在日常工作中也互相协助。一方面，以往的研究表明，跨组织的非正式资源交换是一个重要的学习过程，往往能产生创新性的结果。另一方面，一些资源也会或多或少地通过这些交换而流出企业。从组织的角度来看，这种资源流出也许会导致严重的泄密问题。Bouty 指出，这使创新性培育与知识资本保持之间产生了矛盾，人员之间的交换和个人决策是这组矛盾的核心所在。

因此，Bouty 采用扎根理论对研发人员的非正式交换问题进行了研究。

她的数据资料来源于对工作在法国的研发人员所进行的访谈，这些研发人员来自不同的组织机构和产业部门。相关定性资料的获取耗费了 9 个月的时间。

访谈工作分两步实施，首先是对研究进行介绍，以解释研究的目的，被访谈者也对其各自的工作、内外部的关系网络及其出版和交换习惯予以简单描述，这一谈话的主要目的是构建一个相互信任的、友好的氛围。而后，这些研发人员被问及以往和外部合作伙伴之间进行资源交换的详细经历。作者通过访谈工作共记录了 128 次事件（Bouty, 2000）。

Bouty 对这些事件进行界定并按照主题予以归类。按照不断比较的原则，每一个新的事件都要与之前的事件进行系统性比较，以决定是否归属于已有的类别还是需要新设一个类别。随着分析的深入，以数据为导向的结论陆续呈现，不断积累的结果最终呈现出所研究问题的基本规律，并构成了一套理论框架（Bouty, 2000）。

Bouty 的研究有以下四方面的重要理论贡献。

第一，她发现，从组织学习的角度来看，公平交换更为可取——相对于利益导向的交换而言，公平交换更能推进组织学习，而且该模式下机会主义行为所带来的负面影响是有限的。公平交换更能推进组织学习是因为交换需求从一开始就是开放性的、精准的，这就会引致核心资源的流入（Bouty, 2000）。

第二，从社会资本角度来看，研发人员这种外部资源的非正式获取对于企业来说非常重要，但对于研发人员个人而言却并非如此。这个问题并没有通用的规则，个人利益与组织利益之间并没有一条明确的界限，企业的经济利益与员工的社会资本交织在一起。

第三，相关资源是引进的，它们既不归属于研发人员所隶属的企业，也不是通过正式的中介环节来获得的。这些资源只是在一个特定群体中共享（Bouty, 2000）。

第四，"群体"发展成为一个核心概念，与组织和市场等概念同等重要。

Bouty 认为她的研究具有一些管理方面的启示，其中之一就是不能为了防止泄密就杜绝资源交换（Bouty, 2000），这些资源交换可以为企业提供新鲜血液。

9.5.3　客户期望价值的变化

为了增加收益并确保长期的生存和发展，市场经理被迫采取客户价值策略。这种策略要求管理层理解客户的需求以及产品、服务及供应商关系所能提供给客户的价值。

然而弗林特等（Flint et al., 2002）认为，客户的估价会发生周期性的改变，对于特定行业的客户而言，这种现象变得愈加迅猛和普遍。因此，供应商不能将其对现有客户估价的认知应用于未来。为了留住关键客户，供应商必须对客户下一步的估价进行预测，或者对客户估价变化的响应速度比竞争对手更加迅捷。上述两种途径均要求经理层认识并理解客户期望价值的变化所带来的影响（Flint et al.，2002）。

Flint 和他的同事决定在他们称之为"新兴客户价值研究"领域内开展一项扎根理论研究，该项目主要侧重于研究目前有哪些客户从供应商处获得价值。

他们对在采购和供应管理方面具有影响力的决策者进行了访谈，最终样本涉及 9 家制造企业的 22 位受访者。访谈是开放式的，并以发现问题为导向，大多访谈是在受访者的办公室进行，其中有两位受访者位于美国中西部。在可能的情况下，作者还通过观察和对参与者提供的文档进行分析等手段对数据资料进行了补充（Flint et al.，2002）。

研究人员对于访谈记录的分析遵循了传统扎根理论的流程步骤。他们刚开始进行几次访谈之后就对数据进行分析，并利用分析结果指导之后的访谈工作。分析过程经历了开放性编码、选择性编码和主轴编码阶段，编码工作使用了名为 QSR NUD*IST 的定性数据分析软件包。

Flint 等人发现，客户的期望价值变化问题是一个复杂的现象，它包含三个相互关联的子现象：客户期望价值变化的形式和强度、张力管理，以及行动和互动策略（Flint et al.，2002）。

9.5.4　工作—家庭界面的平衡

克雷纳、霍伦斯比和希普（Kreiner、Hollensbe & Sheep，2009）考察了人们如何平衡工作和家庭生活的问题。他们开展了两项定性研究，以分析边界式工作策略如何降低工作—生活挑战的负面效应。他们决定对主教教区的教父们进行调查，这是因为这一研究对象是工作边界更易受到挑战的群体。

第一项研究是初步性的，是对一个培训项目中的主教教父们进行调查，共收到了 220 份书面回复。研究人员针对如何处理工作—家庭平衡的挑战事宜以开放式的问题对教父们进行提问。三位研究人员接下来阅读了所有的书面回复，并分别运用一种广泛式的编码方法对回复进行编码，进而形成了范围和类别。

第二项研究是使用上一研究中的编码方法来创建一个访谈提纲。作者们随机选择了 60 名主教教父进行了访谈。在对访谈结果进行分析时运用了两阶段编码系统。首先，在形成最终的联合编码之前，作者先根据访谈归纳派生出编码，而后运用 Nvivo 软件输入所有编码，建立编码之间的联系，进行文本搜索，并通过分析来找到编码的例证及相互之间的关联。接下来，就形成了作为新模式的编码词典。

通过运用扎根理论，除提出一个关于工作边界的概念模型外，作者们还提出了关于工作边界策略的分类体系。他们发现了人们用于建立其理想化工作整合水平和风格的四种类型的工作边界策略，这四种类型分别是：①行为型；②时间型；③物质型；④社交型。

9.5.5　中国汽车产业中的供应商整合

鲁克施多姆、施阿德、哈里森、莫泽和马尔霍特拉（Lockström、Schadel、Harrison、Moser & Malhotra，2010）认为供应商整合已经成为提升供应链绩效方面的一个重要概念。他们的研究目标是识别促进和抑制供应商整合的因素。

作者对位于中国的外资汽车企业子公司的 30 位经理进行了访谈。在对访谈资料进行转录后，他们将文本资料录入到一个定性资料分析软件包（NVivo）中。而后，作者按照扎根理论的流程对资料进行了分析，其开放性编码包括对录制材料的逐行分析，这么做的目的是将资料分成几个分散的部分，并形成初始的 1253 编码。他们进而使用中轴编码使范畴之间实现相互关联。他们从中发现了七个分析范畴和六个因果关系，这些范畴和因果关系成为其研究的概念性框架。

他们的研究结果发现，为应对汽车行业的激烈竞争，买方和供应商之间需要实现紧密的合作和互动。然而，中国国内的汽车供应商目前缺乏一些关键的供应能力。作者认为他们的这一研究在大型和快速发展经济体（如中国）的理论概念框架构建方面迈出了关键一步。

练习和习题

1. 练习使用开放性编码。首先，从近期的报纸中找出一篇关于商业人士的访谈报道。然后，对这篇报道逐行分析，仔细检查每个字词。数据中是否存在异同点？有没有可以应用到类似事件、对象或行动中的标签或概念？确保你所使用的标签和概念来自事件、对象、行动发生的背景情境。

2. 继续上一个练习中的开放性编码工作。这一次要查阅整个段落。有什么范畴、编码或标签能够简明地总结出段落的关键点吗？

3. 继续前面练习中的开放性编码工作。这一次要关注于整个访谈报道。有什么范畴、编码或标签能简明地总结出整个访谈的关键点吗？

4. 运用头脑风暴法找到三个或四个可能的研究主题，而后为每个主题想出一个或两个拟解决问题。

5. 你认为应当如何使用扎根理论对这些主题进行研究？你需要用到什么类型的数据？

6. 借助谷歌学术或其他数据库进行简单的文献搜索，看看在你选择的领域内能否找到一些应用扎根理论的文章，这些文章的研究主题都是什么？

7. 在你所在的研究机构或在一个会议上找到一两名从事扎根理论研究的学者。请教他们正在做的主题是什么，并问他们为什么要这样做。

扩展阅读材料

1. 图书

Glaser 和 Strauss（1967）的著作是扎根理论早期的经典作品。其后，Glaser 和 Strauss 对于扎根理论的本质属性产生了分歧，扎根理论也因此分为两种版本。一种是 Strauss 和 Corbin 著作中的版本（第一版出版于 1990 年，第二版出版于 1998 年）。另一个版本见 Glaser（1992）的著作。

Dey（1993；1999）所著的两本著作对扎根理论进行了很好的介绍，并对数据分析方法进行了详细的解释。

2. 网站资源

有一些关于扎根理论的很实用的网站资源：

● 扎根理论研究所（The Grounded Theory Institute）致力于按照 Glaser 的观点进行扎根理论研究，其网址是 http://www.groundedtheory.com/。这是一个非常有用的网站，提供了丰富的参考文献和资料。

● 史蒂夫·博加提（Steve Borgatti）提供了一个关于扎根理论的简短介绍，见 http://www.analytictech.com/mb870/introtoGT.htm。

● 更多相关资料，请参考 www.qual.auckland.ac.nz。

第四篇　数据收集方法
（Data Collection Techniques）

在第四篇中，我们将重点讲述三种收集定性数据的方法，主要内容如图Ⅳ.1所示。其中，第10章主要讨论访谈（Interview）这种数据收集方法；第11章讨论参与式观察（Participant Observation）及田野调查（Fieldwork）；第12章讨论使用文档的方法。在本篇第10章到第12章的内容中还会穿插相关应用案例，这些案例均是上述数据收集方法在工商管理研究领域中的具体应用。

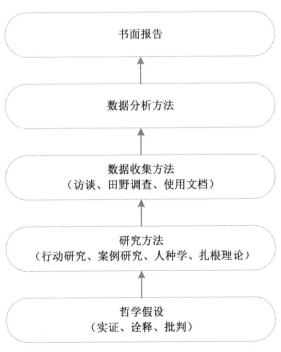

图Ⅳ.1　定性研究设计（3）

第 10 章　访谈

10.1　导言

对于工商管理领域从事定性研究的人员而言，访谈（Interviews）是最重要的数据收集方法之一。几乎所有类型的定性研究（包括实证、诠释和批判性定性研究）均会运用到访谈方法，它也是大多数定性研究方法首选的数据收集手段。运用访谈方法，研究人员可以从形形色色的相关人群和情境中获得丰富的调研数据。有人说，定性访谈就如同夜视镜一般，"让我们能够看到原来所没有注意到的现象，发现我们通常视而不见的事物"[鲁宾和鲁宾（Rubin & Rubin，2005：vii）]。

一次好的访谈能够帮助我们进入受访者的世界。访谈的主旨是要运用受访者的语言来阐述主题，而不是将访问者的想法强加给他们。访问者所扮演的角色是倾听、提示、鼓励和引导。总的来说，在访谈中受访者感觉越舒适，他们就越易于敞开心扉交谈，访谈的结果就会越好。从定性研究的角度来看，只要调查的内容真实，研究所涉及的故事情节越有意义，该项研究的价值就越高。

当然，访谈只是工商管理领域中众多数据收集方法的一种，还有很多其他的数据收集方法，如参与式观察、田野调查以及图书或文档研究等。这样，就会导致一个问题的产生——在如此众多的数据收集方法中，你应当如何选择？

某些数据收集方法是与特定的研究方法相绑定的。例如，如果你计划开展工商管理领域的案例研究，那么几乎就可以肯定你必将用到访谈方法，当然访谈的具体类型取决于研究人员的选择。如果你计划开展人种学研究，那么你就必定会采取田野调查方法，这是因为田野调查是人种学研究方法的本质属性和必然要求。然而，在许多情况下，具体运用何种数据收集方法是由研究人员自己来决定的。无论是案例研究还是人种学研究，文献研究都不是必需的，但文献研究的价值在于你可以借鉴前人的相关成果。如果你确认有相关文献存在的话，你就可以去档案馆或图书馆进行文献检索并查阅相关资料。

总之，具体数据收集方法的选择应当依赖于你先前所选择的研究方法、研究主题以及资料的可获得性。另一个重要标准是你对于这种定性数据收集方法的熟悉程度。你对某种数据收集方法越熟悉，你就越倾向于使用这种方法，这一方法就越可能会体现出更大的应用价值。当你在收集定性数据时，你就好比是一个研究领域的乐器，正如任何一位经验丰富的音乐家都会告诉你的——无论何种乐器都需要进行调试。因而，接下来的几章内容就是为了将你"调试"成为一名合格的定性研究人员，帮助你熟悉几种常用的定性数据收集方法。

虽然数据收集工作在逻辑上与数据分析是两个独立的活动（有关数据分析的讨论在本书第 13 章至第 16 章），但我认为还需要提醒一点，那就是你所收集的数据的总量会对数据分析工作产生重要影响。因而，虽然在接下来的几章我们只讨论数据收集问题，我还是建议你在决定如何收集数据的同时统筹考虑你将如何对数据进行分析。即使数据收集和数据分析两项活动在逻辑上是独立的，但实际上最好是尽早确定数据分析的方法。同样，一旦确定了数据收集的方法，也就需要立即确定将要用到的软件包。所有的定性研究人员都需要对其数据进行一定的组织和索引建立工作。定性研究人员通常会收集到海量的数据资料，如何处理这些资料就会成为一个颇具挑战性的问题。所以，笔者认为最好是在你开始收集数据的同时就开始对这些数据进行组织并建立索引。基于此，接下来关于数据收集技术的三章内容需要跟后续章节中关于定性数据分析的内容结合起来进行阅读和学习。最理想的情况是，在你开始收集数据之前，你就应当对数据收集技术和你准备采取的特定数据分析方法都已经非常熟悉。

10.2　一手数据与二手数据

在社会科学领域，一手数据（即原始数据）与二手数据之间存在着清晰的界定。一手数据是指那些没有出版或是发表的数据，以及研究人员从受访人员和组织机构直接采集到的数据。一手数据包括从访谈、田野调查等方法中获得的资料以及未出版或发表的文献档案（如会议记录等）。二手数据是指从以前的出版物中获得的数据，包括已出版的书籍、报刊文章和期刊文章等。

在这里，笔者想重点指出的是：一手数据不仅丰富了定性研究的内容，同时也增强了它的可信性。一手数据，即你自己所收集到的那些数据，代表了你在整项研究中所做工作的额外价值，这是因为你所收集的一手数据对于你和你的研究项目而言都是独一无二的。

因此，对你而言，熟悉一种或几种定性数据收集方法非常重要。用好这些方法也同样重要，这是因为你对它们运用的熟练性在很大程度上决定了你所从事的研究项目其数据的丰富程度。在研究项目的进展过程中，有些机会只有一次。例如在进行田野调查时，研究人员可能只有一次机会去参与一项重大活动；或是在访谈时，研究人员也可能仅仅只有一次机会与某个特定人员进行访谈。所以，一名从事定性研究的研究人员应当在实际运用这些方法前对其进行系统学习，并且应多加练习。

然而，我们假设你并没有接受笔者的建议，试想一下，你对一个访谈准备不足并且在访谈中表现得比较紧张，受访者在访谈过程中会作何感受？笔者想说的是，这种情况下最好的结果就是他们可能会感觉不太自在，而最坏的结果是受访者会期待访谈尽快结束。如果是这样的话，最终结果是你很可能从他们口中获取不到较多有用的定性资料。如果受访者在谈话时表现得很拘谨，那么你所收集到的一手数据的价值就会很有限。这些都会直接影响到你所收集的材料的数量和质量。当然，如果你的所有访谈都存在类似问题的话，那么最好的办法是考虑选择其他研究方法而非定性研究。事实证明，并不是所有人都能够成为一名合格的定性研究人员。

换言之，如果你仔细学习了一种或几种定性数据的收集方法，并对其应用做了充分练习的话，笔者相信大多数人都能够熟练地应用这些方法。在本章中，我们将详细讨论如何使你能够熟练地运用访谈这一定性数据收集方法。一般来说，你对这一方法使用得越为熟练，你所收集的定性数据就会越有价值，所描述的案例就会更有意义，你的研究成果被学术出版物接受的可能性就越大。

10.3　访谈的类型

10.3.1　访谈的基本类型

虽然访谈有很多不同的种类，但所有的访谈都可以被分为三种基本类型，这三种类型访谈的区别如表 10.1 所示。

表 10.1　访谈的类型

结构化访谈	事先准备好所有要提问的问题，严格规定问题的提问顺序，有时还要对提问时间做出限定
半结构化访谈	部分问题是事先准备好的，但并非严格按此执行，有时在访谈过程中会提出新的问题
非结构化访谈	几乎没有事先准备好的问题，受访者可以自由地表达他们的想法，通常也不限制时间长短

（1）结构化访谈（Structured Interview）。结构化访谈需要使用事先准备好的问题，通常要求按照预定的顺序，有时还有具体的时间限制。结构化访谈需要事先做出完备的计划，以确保从访谈的第一天开始所有重要的问题都体现在提问提纲里。与其他类型的访谈不同，访问者在结构化访谈中的作用是微乎其微的，因为在这类访谈中并不需要即兴发挥。事实上，在结构化访谈中，不应该出现任何一个偏离访谈提纲的问题。结构化访谈的主旨就是要确保多个访谈在内容上保持一致性，它往往被用于运用电话访谈方式所进行的调查研究、市场调研和政治性民意测验，以及在公共场所（如购物中心）进行的拦截式调研等。

（2）非结构化访谈（Non-structured Interview）。非结构化访谈几乎不需要事先准备好任何提问问题（即使有也很少），这与结构化访谈恰恰相反。通常情况下，非结构化访谈没有对访谈时间进行限制，受访者可以自由地表达他们的想法。以叙事性访谈为例，访谈的核心思想就是要让受访者无所顾忌地进行叙述，问题只是用来推进受访者回忆过程的一个手段。但是，如果受访者停止发言，并且交谈有所停顿时，那么访问者必须做好随机应变的准备。访问者可能需要当场提出一些新的问题，这些问题必须是与当前话题的某些方面紧密相关的。非结构化访谈并不要求在不同的访谈中保持内容的一致性。

（3）半结构化访谈（Semi-Structured Interview）。半结构化访谈处于结构化访谈与非结构化访谈之间，它也需要对某些问题进行事先准备，但在访谈时并不要求严格遵守访谈提纲。访问者在交谈中可以提出新的问题，这种即兴发挥的行为是被鼓励的。然而，考虑到访问者在每次访谈时通常都是以一系列相似的问题作为开始，因而多个访谈在内容上还是能够保持一定的一致性和连贯性的。

结构化访谈的一个主要优势在于多次访谈会保持内容上的一致性，但这同时也是该方法的主要缺点之一。如果你始终坚持按照所准备的问题进行提问，那么在访谈过程中你就不能改变现有的提问思路而转到一条新的思路上去，因此你可能会错过许多新颖的见解，而这些观点往往只有在你准备好去提问的时候受访者才会告诉你。

非结构化访谈的主要优势在于受访者能够自由地阐述并说明所有他们认为重要的事情，但这同时也恰恰是其主要缺点之一。如果受访者并不健谈，那么他可能还没说什么，访谈就已经结束了。如果受访者过于健谈，那么你很有可能将一整天都耗在那里，却收集到一堆与当前主题无关的资料。

半结构化访谈正是试图结合上述两种方法的优势，并将风险最小化的一种访谈类型。它一方面要求你准备访谈提纲，另一方面也允许一定程度的即兴发挥。因此，半结构化访谈在确保你将事先准备好的问题作为访谈中心的同时，它在访谈过程中还可以为受访者提供机会，这些机会使得他们在回忆起某些情况时，能够增加一些重要的见解。正是基于上述优势，半结构化访谈是工商管理领域中最为常用的一种访谈类型。

你需要做多少次访谈

你应当开展多少次定性访谈？笔者近期投稿的一篇文章收到了"修改重投"的审稿意见，其中一位审稿人说"这项调研只有 49 名受访者……我希望作者能够做更多的访谈"。这位审稿人虽然并没有给出理由说明为什么再多一些访谈会更好，但他觉得 49 次访谈是不够的。

我的回复是针对所从事的这一批判性研究而言，有确定的"样本规模"观点并不是合适的。相对于访谈次数而言，更重要的是确保受访者"表达出不同的声音"（Myers & Newman，2007）。而且，一旦达到了"饱和状态"，即在访谈中再没有新的见解，笔者就可以认为不再需要开展进一步的访谈了。

笔者必须承认的一点是，我并不相信有一个关于访谈数量的理想值存在。阿琥瓦（Ahuvia，2005）发表在市场营销顶级期刊上的一篇文章中仅仅使用了来自两次深度访谈的资料，然而，科齐内茨（Kozinets，2001）发表于同一期刊的文章的研究中开展了 65 次访谈。65 次访谈就肯定比两次访谈更好吗？我并不这么认为，很明显是该刊物的编辑和审稿人的看法并非如此。两篇文章均提出了令人信服的理由并对理解消费者这一问题做出了突出的贡献。因而，最核心的问题是你对访谈数量的决策有足够好的理由和依据。

10.3.2 焦点小组（Focus Groups）

另外一个对访谈进行分类的方法是对个人访谈和小组访谈加以区分。到目前为止，工商管理领域中的大部分定性研究人员做的都是一对一的个人访谈，无论是当面访谈还是电话访谈均属于这一类别。然而，焦点小组访谈方法也是同样可以使用的。虽然焦点小组访谈通常用于营销调研领域，但它同样适用于几乎所有的学科领域。

焦点小组访谈的目的在于，针对一个你研究兴趣所在且定义明确的主题，从一群拥有相关经历的群体中获取集体性的观点。访问者或主持人引导着问题的询问并与回答者进行互动。焦点小组访谈可以使参与者能够深入思考并参与讨论。实际上，"这种方法依赖于群体的互动，这种互动使得参与者能够跳出自身的思维定式进行思考，并将他们的意见明确地表达出来。这一互动体现在确定主题、阐述观点、给出论据、接受反馈，并予以回复等方面，从而使受访者跳出其私人视角"[克莱巴（Kleiber，2004：91）]。

Kleiber（2004）也曾提及，典型的焦点小组访谈是将 7～12 个人聚集到一起对一个特定主题进行讨论，通常为每个小组提出 5～6 个问题。在焦点小组访谈中，主持人要鼓励参与者在一个互相尊重的氛围下进行发言，并推进参与者之间的互动。在通常情况下，主持人应当就同一主题与不同的焦点小组进行至少三次访谈，以确保不同小组之间能够产生共同的想法。然而，达成共识永远不是焦点小组访谈的目的所在（Kleiber，2004）。

焦点小组访谈有很多优势。首先，它使得研究人员能够从小组成员的对话中提炼出他们各自的观点、态度和看法——"通过焦点小组访谈所获得的资料非常丰富，更容易形成关于他们为什么这样工作的解释和观点"（Kleiber，2004：97）。其次，与参与式观察方法相比，研究人员对于焦点小组访谈拥有更好的掌控力，但其掌控力低于面对面的单独访谈（Kleiber，2004）。

焦点小组访谈的缺点之一在于它们通常需要在一个集中的时间段内进行，并且进行该类访谈的成本很高（Kleiber，2004）。

冯塔纳和弗雷伊（Fontana & Frey，2005）引用默顿（Merton）及其同事的研究，指出焦点小组访谈需要注意的三个具体问题：

（1）访问者必须保持一个人或一个小群体来实现对小组访谈的掌控。

（2）访问者必须鼓励拗强的人员参与讨论。

（3）访问者必须从整个小组获得反馈，以确保对访谈主题最大程度上的覆盖。

市场营销中的焦点小组访谈

在一项针对婚礼策划的案例研究中，三名市场营销研究人员拓展了消费者矛盾心理这一概念。同性别的焦点小组访谈分别在新郎与新娘间进行（新郎与新娘各两组），每组 6~10 人。访谈持续时间为 60~90 分钟，两个访谈均进行了录像，而后对录像中的会话内容进行抄录与分析。焦点小组访谈方法在考察婚礼道具、剧本、表演角色以及观众所扮演的角色等问题上对作者提供了很大帮助，并以此形成了下一步深度调研阶段所需的问题。

除焦点小组访谈外，研究人员还采用了深度访谈以及购物行程考察的方法来收集定性数据［奥特纳斯、劳里和施勒姆（Otnes、Lowrey & Shrum，1997）］。

10.3.3　投射方法（Projective Techniques）

投射方法可以用于单独访谈或焦点小组访谈中。投射方法最初应用于临床心理学领域，后来逐步开始在工商管理领域得以应用，尤其是在消费者和市场营销领域的研究中。多诺霍（Donoghue，2010：48）指出，

> 投射方法基于这样的一个潜在准则，那就是潜意识的意愿和感受可以通过为访谈对象展示一个没有参考标准的不明确的情形来推断出来。在这种情形下，访谈对象将不得不运用投射式自我防御机制。研究对象可以基于其自身的特定推断方法自由地对模棱两可的刺激进行诠释并做出反应，这一刺激是可以有多种不同解释的素材。

由于各种原因，人们有时并不愿意说某些事情。基于这一假设，投射方法的主旨在于，如果你并不直接对他们提问，而是将其带入另一种情形，通过他们在这种情形下的反应来投射其内在想法和感受，那么在这种情形下，他们通常会无意识地将其内心最深处的想法投射至这种情形下的答案上（Donoghue，2010）。

目前有多种投射方法，其中结构性较好的是罗夏墨迹测验（Rorschach Inkblot Test）和主题统觉测验（Thematic Apperception Test，TAT），结构性较差的有词语联想（Word Association，比如给研究对象一个词语表，要求他们说出印象中的第一个词），以及语句完成（Sentence Completion，要求研究对象用自己的词语完成一个句子）等。

投射方法可以对人们的信仰、价值观和性格等提供更加丰富的认知，但需要对具体方法进行培训（Donoghue，2010）。

10.4　访谈方法的潜在问题

虽然很多访谈被证明是没有问题的，但仍可能出现一些潜在的困难、问题和陷阱。正如 Myers 和 Newman（2007）所列出的，部分潜在问题总结在表 10.2 中。

表 10.2 访谈方法的潜在困难、问题及陷阱

访谈中的人为因素	定性访谈需要对完全陌生的人进行询问，需要在有限的时间内让受访者给出意见。
信任缺失	由于访问者是一个完全陌生的人，因此，从受访者的角度来讲，访问者的可信任程度就值得考虑。这意味着受访者可能不会透露那些他们认为"敏感"的信息。如果这些信息对于研究来说可能比较重要的话，那么所收集到的资料就会不完整。
时间的匮乏	访谈中的时间匮乏意味着数据收集有可能是不完整的。但是，这也可能导致一个相反的结果——受访者可能会在时间压力下提出一些新的观点，而这些观点可能在开始时并没有得到强有力的支持。在这种情况下会获得更多的资料，但这些资料并不是完全可信的。
进入层级	在进入组织进行调研时，研究人员对于进入层级的选择是非常重要的[布坎南、博迪和麦卡尔曼（Buchanan、Boddy & McCalman，1988）]。例如，如果研究人员一开始进入的是一个较低的层级，之后要对高级管理人员进行采访就会比较困难。在一些组织中，与工会成员交谈可能会为你同管理层接触造成障碍，反之亦然。此外，门卫的阻止也可能成为研究人员接触更广范围受访者的阻碍因素。
高层偏见	研究人员可能会仅仅对那些地位较高的人，即关键受访对象进行访谈，这样有可能会影响到问题的全面理解。迈尔斯和休伯曼（Miles & Huberman，1994）通过对组织中的"明星人物"们进行访谈，介绍了在定性研究中所出现的这种偏见。
霍桑效应	定性访谈是一种侵入性活动，并且很有可能会潜在地改变背景情境。访问者并不是隐形的，也不是完全中立的，恰恰相反，访问者是他们自己试图去研究的交互活动的一部分，并且很有可能会影响到这些交互活动（Fontana & Frey，2000）。
知识构建	幼稚的研究人员会觉得他们自己就像是海绵一样，仅仅吸收那些已经存在的资料就好了。他们可能没有意识到，在收集资料的同时，他们也在积极地进行知识构建（Fontana & Frey，2000）。为了回应访问者的提问，受访者会对那些原本从未认真思考过的问题进行深思熟虑之后再予以阐述。为了表现得知识渊博而富有理性，受访者会尽可能阐述得合乎逻辑并且前后一致。
语意歧义	访问者的话语经常会出现歧义，受访者并不总能完全理解所提问的问题。Fontana 与 Frey（2000：645）称，"提问并获得答案总是要比开始想象中的困难多。无论我们如何仔细地对问题进行措辞，或无论多认真地记录、编译受访者的回答，口头或书面上的语言总会残留一些模棱两可的含义。"
访谈事故	访谈可能会出现恐慌、问题和陷阱。访谈者有可能会冒犯或者不经意地侮辱到受访者。这种情况下，访谈可能会被彻底废止[赫尔曼斯（Hermanns，2004）]。

资料来源：改编自 Myers & Newman，2007。

10.5 一个访谈模型：戏剧论模型

为了克服表 10.2 中所列的潜在困难和问题，一些定性研究人员建议在访谈时运用戏剧论模型[古布里厄姆和霍尔斯泰恩（Gubrium & Holstein，2002）；Hermanns，2004；Holstein & Gubrium，1995；Myers & Newman，2007）]。戏剧论模型（Dramaturgical Model）将每次访谈视作一幕戏剧。

戏剧（访谈）由舞台、道具、演员、观众、剧本、入场和退场几个环节组成。表演的质量影响到受访者披露重要信息的程度，这又进一步影响到所收集数据的质量（Myers & Newman，2007）。应用于定性访谈的各个戏剧论概念总结如表 10.3 所示。

表 10.3　作为戏剧的定性访谈

概念	描述
戏剧	访谈就是一幕由舞台、道具、演员、观众、剧本以及表演所组成的戏剧
舞台	舞台是各种各样的组织背景与社会情境，在商业环境中它通常是一间办公室。各类道具（如笔、记事本、录音机等）都可能会用到
演员	访问者与受访者均可视为演员。研究人员必须扮演好一个有兴趣的访问者的角色，而受访者则扮演组织中有深刻见解的人
观众	访问者与受访者均可视作观众。研究人员在访问时必须专心听取受访者的意见，受访者需要认真倾听问题并给出合适的答案。推而广之，根据研究结果所撰写成论文的读者也可被看作是访谈这一幕戏剧的观众
剧本	访问者或多或少都有一个部分成熟的剧本，这个剧本是由那些用来向受访者提问从而引导谈话的问题所组成的。受访者通常没有剧本，需要即兴创作
入场	印象管理是非常重要的，特别是第一印象。依据具体情况选择不同的着装模式（盛装出席还是简单着装），这也是很重要的
退场	离开舞台，可能要准备即将开始的下一场表演（像滚雪球一样寻找其他演员），或准备晚些时候再开始的另一场表演
表演效果	上述所有要素共同构成了一场或好或差的表演。表演的效果影响到所披露信息的质量，而这些信息的质量又会影响到所收集的数据的质量

资料来源：Myers & Newman，2007。

（1）戏剧。整个定性访谈可被视作一幕戏剧。在这幕戏剧中，访问者需要给出舞台指导并注意舞台管理。这意味着访问者需要明确地解释访问的目的以及他们希望实现的目标。但是，考虑到某些受访者需要一定的即兴发挥，访问者必须注意不要对表演进行过度指导（Myers & Newman，2007）。在半结构化访谈或非结构化访谈中尤其如此，这两种访谈形式的主旨在于允许受访者在提问过程中自由地表达他们关于主题的看法。作为舞台指导，访问者必须熟悉如何对待受访者的各种行为：

　　受访者可能会炫耀自己，夸大他们对于你或其所隶属企业的重要性；另一方面他们又可能是害羞的——仅用一两个词回答访问者的提问，或是畏怯的，比如他们可能因感到与研究人员有巨大的社会地位差距而不敢发言。受访者可能会将访谈当成是一次忏悔或是发泄的过程，某些受访者会揭示一些关于他们自身或企业的敏感而可信的信息。另一方面，受访者可能会感到厌烦，对于他们不感兴趣的话题，很难获知其想法；他们也可能会感到疲倦，尤其是过于深入的研究话题。最后，受访者可能会试图与访问者进行角色互换并向访问者问及组织中其他人的信息（Myers & Newman，2007：12-13）。

　　这里的核心在于，访问者是舞台指导，他们应该尝试在合理的程度范围内对整个访谈进程予以掌控。

（2）舞台。舞台就是访谈进行的地点。舞台可以是各种各样的组织背景与社会情境，在工商管理领域的定性研究中，舞台通常就是一间办公室。

首先需要对舞台进行布置。当你在组织访谈时，十分重要的一点是你要明确访谈的预期目标，希望从访谈对象身上获取什么信息。舞台布置通常包括办公室的物理布局以及其他舞台道具的配置（如办公家具）。

让舞台自身创造出一种富有成效的气氛非常重要。通常情况下，一个非正式的、安静的环境是最好的。同时，你也应该意识到"台前"与"幕后"的区别：

> "幕后"是指所有在访问前或访问后的非正式谈话，比如采用录音方式时，非正式谈话通常不进行录音。一旦访谈开始，磁带转动，双方就都进入"台前"了。其技巧在于保证一旦开始录音后，所有事先进行的"幕后"行为能够帮助双方顺利进入稳定的表演状态（Myers & Newman，2007：13）。

如果受访者问访谈人员是否需要喝些咖啡或茶水什么的，通常访谈人员应当接受他们的好意。因为这样就已经为访谈定下了一个更为轻松的基调。同时，这也是考虑到在访谈正式开始之前，有更多非正式互动情况的发生。

（3）演员。访问者与受访者都可以被视作演员。研究人员需要扮演一个有兴趣的访问者的角色；受访者扮演的则是对相关主题有深刻见解的人。让受访者认真对待访谈非常重要，研究人员可以通过选择合适着装、事先对组织有所了解以及以一种专业的态度来进行访谈等方法来解决这个问题（Myers & Newman，2007）。

在访谈中，对于作为演员的访问者而言，表现出对受访者的同情、理解以及尊重是非常重要的。访问者也必须为受访者留出足够的空间，这是因为访谈的主旨就是要受访者用他们自己的语言来描述他们的世界。一个在交谈中说得过多的访问者有可能会使受访者感到窒息并且对访谈的真实目的产生怀疑。

（4）观众。访问者与受访者都可被看作是观众，这取决于当时的表演者是谁。研究人员在访谈时应该专心地倾听；受访者需要听清问题并适当地回答问题（Myers & Newman，2007）。

从更广的角度来说，学术群体以及研究论文的读者均可被视作观众，即使实际上学术群体的成员可能只会看到从每个访谈中所引用的很短的一段话（如已发表文章中的一段引用）。

（5）剧本。依据访谈的形式，访问者有一个全部或是部分成熟的由准备提问的问题所构成的剧本。如果访问者使用非结构化访谈，那么就要求他们进行更多的即兴发挥，以确保访谈进行得更为自由，并且在谈话中没有较长的停顿。受访者通常没有剧本，他们在访谈中始终都需要即兴发挥。

无论你运用的是哪种类型的访谈，你至少应该准备开场白（介绍自己）、访谈简介（解释访谈的目的）以及一些关键性的问题。伊斯特伯格（Esterberg，2002：95）认为一名定性研究人员应当能够合理地就如下问题对受访者进行询问：

① 他们的经历或行为；

② 他们的看法与价值观；

③ 他们的感受；

④ 他们的实践知识；

⑤ 他们的感官体验；

⑥ 他们的个人背景。

然而，你不应对剧本进行过度准备，因为定性研究的访谈者在通常情况下应当具备开放性和灵活性。除非你采取的是结构化访谈方法，否则你就应当随时准备抓住恰当的时机对你感兴趣的关键点进行深入探索（Myers & Newman，2007）。

（6）入场。舞台入场也是非常重要的。第一印象会对下一步的访谈产生或正面或负面的重大影响，就具体情况而言，盛装打扮或是朴素着装的选择也会是比较重要的。其关键是要尽快使受访者感到舒适，并使社会地位差距的影响降到最低。如果受访者感到不自在，他们就很可能对你产生不信任感。

（7）退场。退场包括离开舞台和结束访谈。这时，研究人员通常会对受访者说事后将会给予反馈。如果有必要的话，这时候也是询问能否获得进一步访谈许可的好机会。这种做法（有时也被称为"滚雪球法"）是非常有用的，它可以使对一个人的访谈引至对另一个人的访谈。这种滚雪球的方法可以帮助研究人员获得接触其他受访者的机会，进而获得更多的重要访谈资料（Myers & Newman，2007）。

（8）表演效果。所有戏剧中的元素综合在一起就是一场或好或坏的表演。表演的效果会影响到受访者所披露信息的质量，而这些信息的质量反过来又会影响到所收集资料的质量。

（9）戏剧论模型的局限性。虽然笔者相信访谈的戏剧论模型对研究人员而言是非常有帮助的，尤其是对那些刚开始进行定性研究以及定性访谈的人来说。但这个模型确实还存在一些自身的缺陷。

戏剧论模型可能会潜在地助长基于自身目的的操控和冷嘲热讽的行为。曼宁（Manning，1992）认为戏剧论模型将世界视作这样一个环境，在这种环境中，"无论是个体还是群体都会在对他人的讽刺与漠视中追逐自己的目的"，个体可被视为"一系列遮蔽着操控欲与讽刺性自我的面具"（Manning，1992：44）。访问者可能会成为唯一一个目的在于操纵受访者去公开重要信息的演员。

笔者认可上述观点，如果以极端的观点来看，戏剧论模型会导致不道德行为的发生。因此，作者认为本章应与研究相关的道德准则为内容的第 5 章结合起来进行阅读。将访谈视作一幕戏剧是一个很实用的比喻，但它不能被过度使用。

确保良好的访谈效果

有两个最重要的访谈技巧，那就是引导和倾听。我们之所以用"引导"这个词而不用"提问"，是因为问题仅仅是一个提示符，通常情况下最好避免直接提问［克扎诺夫斯卡（Chrzanowska，2002）］。

1. 引导的技巧

所有访问者都应当对开放式问题与封闭式问题非常熟悉。通常来说，你应当在访谈中试着使用开放性问题。开放性问题采用"谁""什么""为什么""哪里""何时""怎么样"这类提问模式，通常得到的是开放性的、描述性的答案。

封闭式问题经常得到"是或否"的答案，并迅速结束谈话。这类问题通常以"是不是""有没有""做没做"的形式来提问。

例如，假设我问你以下问题："你会踢足球吗？"这是一个封闭式问题，你的答案可能仅仅是"会"或"不会"。你也许会多回答一句，但这也是可有可无的。反过来，假如我问你："你为什么踢足球？"这是一个开放性问题，得到的答案通常是开放式、描述性的。

因此，如果你使用开放式问题提问，你将获得更多的定性资料。但是，封闭式问题在确认事实信息以及结束访谈方面很有用。

2. 倾听的技巧

倾听远比你一开始所认为的要困难得多，成为一个好的倾听者需要付出很多努力并掌握很多技巧。Chrzanowska（2002：112）对此评价如下：

> 访问者需要紧跟受访者所说的内容，理解话语背后的含义，并将这些巧妙地引入到谈话中。访问者要对受访者的回答给予反应或反馈，这样受访者方能确定、否认或是对相应内容进行进一步阐述。这种方式容易使双方产生共鸣，使谈话内容更为深入，并保证受访者话语的含义能够被准确理解。

10.6 访谈方法的实践操作建议

在将戏剧论模型应用到访谈中的同时，笔者对访谈还有一些其他的实用性建议：

10.6.1 **访谈对象的选择**

在定性研究中，最好尝试寻找持不同观点的各类人群并对其进行访谈。寻找不同的受访者被称作"受访者三角形"法则（Rubin et al.，2005：67），目的是为了获得更广泛的意见，并非所有的受访者均持有相同的想法。受访者三角形法则是 Miles 和 Huberman 所提出的避免高层偏见观点的扩展（Miles & Huberman，1994）。

10.6.2 **访谈提纲**

构建一个访谈提纲是很有帮助的，它可以使访问者更好地与受访者进行交谈。即使你想运用非结构化访谈方法，你也应当事先做好准备。表 10.4 列出了由四个部分组成的一个简单版本的访谈提纲。迪玛安思（DeMarrais，2004）在设计访谈问题方面提出了三条指导性的建议：

（1）问题要简短、清晰，这样受访者更容易做出详细的回答；

（2）问题要让受访者回忆起事件或经历的详细情况，这样有助于得到更全面的叙述；

（3）要有一些开放性的宽泛型问题，这会比一长串的封闭性问题效果更好。

表 10.4　一个简单的访谈提纲框架

组成部分	内容
准备	你应当通过收集关于受访对象及其组织的背景信息等手段来对访谈进行组织和准备。可以考虑先在网上搜索相关信息。提前准备好主要问题，有时需要与你的导师一起检查这些问题是否恰当合适。而且，还要考虑你的着装——确保你的着装是得体的
介绍	第一印象极为重要。当你进入舞台时，首先需要自我介绍，并开始建立信任和友好的关系。通常是通过一些闲聊来实现破冰。接下来，就需要介绍访谈的目的，你要表现出你是真诚的、可信的，你的研究项目是很有意义的。这意味着你要能够清晰、自信、热情地解释你的项目
会谈	这其实是一个单边谈话（你希望如此），是受访者回答你所有的问题。你的问题应当简明扼要，使人们愿意回答。确保绝大多数问题都是开放性的，尽可能使用"谁""什么""为什么""哪里""何时""怎么样"这类提问模式。你应当认真倾听、反应敏捷，并表现出对受访者的足够尊重。在会谈时还应注意可能会产生新的问题
结束	在结束时，你通常要对受访者表示感谢并问他们是否还有一些其他问题。在你离开舞台时，你可以询问他们能否推荐其他人参与访谈

10.6.3　"再现"方法

通常而言，在定性访谈中运用"再现"是个非常好的方法。"再现"方法包括运用受访者说过的话来进行下一步的提问或予以评论。这种方法能让你关注到受访者的世界和他们的语言，而非将你自己的世界和语言强加给他们（Myers & Newman，2007）。

10.6.4　灵活性

你应当具有灵活性和开放性，积极听取新的想法和建议。这通常也是访谈这一数据收集方法所能够提供的额外价值所在。当然，如果你运用的是结构化访谈，那么就不存在这一问题。

10.6.5　录音问题

一般而言，对访谈进行录音是一个好主意。录音的主要好处是你能够获得一份受访者陈述内容的准确记录。有了这份准确的记录，你就可以在你的毕业论文或文章中直接引用受访者所说过的话。与转述他人的发言相比，一段准确的引用更为可信。

但是，录音访谈同时也可能会有两方面的不足。一方面，将录音转制成文字会花费很多时间——笔者的经验是，将 1 小时的访谈录音转成文字，绝大多数人平均需要 8 个小时的时间。如果你能得到研究经费支持，用支付费用的方式让他人进行转录的话，这种情况会有所缓解。笔者建议所有从事定性研究的人员都应该对自己的录音做一定的转录工作，这样做的主要目的是为了获得相应的工作经验。另一方面，如果主题是高度敏感的，你所访问的人就可能不愿在录音中谈论这些问题。如果你对访谈进行录音，你可能还没获得什么有价值的定性资料就不得不草草结束访谈。换句话说，如果你不对访谈进行录音，受访者可能会敞开心扉并自由而坦率地针对主题进行讨论。

　　无论出于什么原因，如果你决定不对访谈进行录音，那么在获得受访者同意的前提下，要对访谈进行简要记录，并在访谈结束后立即把整个访谈内容尽可能补全，这是非常必要的。如果不进行录音，你就应当一回到办公室马上就将访谈内容整理成文，你不应让任何其他事情打扰你的整理工作。如果你立刻撰写访谈记录，用你的简要记录作为指导，你会发现你能回忆起包括很多细节在内的绝大部分谈话内容。但是，如果你推迟了撰写访谈记录的时间，甚至只耽搁了几个小时，你都会很惊讶地发现你已经很快地忘记了一些细节问题。推迟的时间越长，你所能记清的内容就越少。你应该始终遵循的一个原则是，必须在访谈结束的当天整理完访谈记录，最迟到这一天结束为止。如果你把整理工作留到第二天，访谈是否还存在价值就很值得怀疑了。

　　即使对访谈进行了录音，你也会发现将访谈的简要总结写到一页纸上也是很有价值的。这是因为在进行了多场访谈后，可能部分访谈没有及时转录，或你没有足够的经费全部转录，在这些情况下，一个简短的总结会帮助你回忆起每一份录音的内容。

10.7　访谈方法应用范例

10.7.1　维基百科自我管理模式调查

　　福特、拉尔科和布罗克曼（Forte、Larco & Bruckman，2009）针对维基百科自我管理模式的流程进行了调研，并对 20 名受访者进行了深度访谈。在各影响因素如何导致社会建构的产生并对其进行规制方面，他们获得了丰富的材料。虽然业界有时称维基百科缺乏监管，但该研究的结果显示维基百科有着高度精练的政策、动作准则和技术架构，并确保了共识机制的形成。

　　作者的主要资料收集手段是访谈。对于受访者的选择是战略性的，专门寻找那些对特定专栏可以提供深刻见解的人员。受访者筛选程序采取一种分层模式，开始阶段是先选择维基百科社区的资深和核心成员开展了 5 次访谈，研究人员从中获得了有关这些受访者个人所经历的关于维基百科长期以来所遵循的标准、政策、社会规则以及相关软件更替情况的素材。依据初始阶段访谈中所获取的显性材料，作者进而招募到更多的受访者。他们又开展了 11 次访谈，从更广阔的视角获得了关于维基百科治理的材料。一年后，他们再次专门针对一个名为 WikiProject（维基计划）的维基项目开展了 8 次访谈，进而获得了更为具体的资料。作者总共针对 19 名受访者进行了电话访谈，1 名受访者采用了电子邮件方式。

　　作者选择使用访谈方法进行数据收集的原因在于，他们相信这一方法适合于"理解特定社会群体中的人对其生活的感触和诠释"（Forte、Larco & Bruckman，2009：53）。从受访者身上所获得的资料，作者将其诠释为维基百科分散型的治理模式——"自由的，主要依赖参与者自身的反馈，只要有可能就介绍其自己在该领域的相关知识"（Forte、Larco & Bruckman，2009：54）。

　　从这些访谈中所获取的这些见解，使作者得出了有关在线社区运作的社会准则和相关政策，正是这些准则和政策确保了在线维基百科社区得以长期健康地运作下去。

10.7.2　影响供应链信息整合的障碍因素

哈兰、考德威尔、鲍威尔和郑（Harland、Caldwell、Powell & Zheng，2007）运用多种访谈设计来考察影响供应链信息整合的障碍因素问题。

首先，他们针对四条供应链的经理人进行了探索性、非结构化的访谈，以获知影响供应链信息整合的主要因素。然后，他们组合运用访谈结果和文献资料，针对具体的案例研究设计了半结构化的访谈表格。接下来，他们开展了半结构化访谈，以考察他们所确定的那些可能的潜在影响因素在供应链内部或供应链之间的区别。三年后，他们还进行了一轮后续电话访谈，针对供应链信息整合问题提供了时间维度上的依据。

作者的研究结论之一是，供应链信息整合需要采取架构型和权变型的方法。他们认为，如果供应链没有一个核心领导、供应链成员间没有实现联盟合作，以供应链各流程分块管理的传统型运营管理会导致供应链整合的失败。

练习和习题

1. 每两人组成一个小组，每人轮流对对方进行访谈，每次访谈持续十分钟左右。当你是访问者时，对另一个人针对他的兴趣爱好进行访谈，向你的同伴提问并找出他们的兴趣爱好（例如：汽车、运动、电影、狗、织毛衣等），找出他们拥有这种兴趣爱好的具体原因。

2. 在条件允许的情况下，让第三人在上述访谈中充当不发言的观察者。在访谈结束时，该观察者需要对访谈过程（不是访谈内容）的效果予以评论。例如，对开放性问题/封闭性问题和"再现"方法的应用情况。

3. 与非结构化访谈相比，结构化访谈方法有什么优点与缺点？

4. 请讨论对访谈进行录音的优点与缺点。

5. 针对一个你感兴趣的主题，撰写一个访谈提纲（剧本），在你的一个朋友身上对该剧本进行试验。你能找到改进剧本的具体方式吗？

6. 在你开展第5个问题所描述的访谈之后，立即撰写访谈提要。你还能记得多少访谈内容？你是否会感觉如果刚才对访谈进行录音的话会更好？

7. 在你所在的研究机构找到一两名从事定性研究的学者，请教他们是如何进行访谈的。例如，他们通常对访谈进行录音吗？

扩展阅读材料

1. 文章

Fontana 和 Frey（2005）的文章提供了一个对不同类型访谈的概述，并且提供了一些有关访谈方法的历史背景介绍。Hermanns（2004）给出了一些有关访谈现场的指导意见。Myers 和 Newman（2007）在更深层次上讨论了访谈的戏剧论模型。

2. 图书

对定性访谈更为详细的处理方式的相关内容可以在克沃勒（Kvale，1996）和鲁宾等（Rubin

et al.，2005）的著作中找到。

如果你准备开展一项定性市场调查，那么 Sage 出版社的七卷本经典系列丛书——《定性市场研究：原理与实践》（*Qualitative Market Research: Principle and Practice*）会非常有用。此系列图书中有一卷专门针对焦点小组访谈和个人访谈提供了很多实践层面的建议（Chrzanowska，2002）。

3. 网站资源

有一些关于定性访谈的很有用的网站资源：

● 亚利桑那州立大学有一个名为"何为定性研究"（What is Qualitative Interviewing?）的网站，见 http://www.public.asu.edu/~ifmls/artinculturalcontextsfolder/qualintermeth.html。

● 佛罗里达大学有一个名为"定性访谈"（Qualitative Interviewing）的网站：见 http://web.clas.ufl.edu/users/ardelt/Aging/QualInt.htm。

第 11 章　参与式观察与田野调查

本章学习目标

通过本章的学习，你将能够实现以下学习目标：

- 明白参与式观察与田野调查的目的。
- 了解田野调查的不同概念。
- 分清田野调查的主要类型。
- 熟悉田野调查的优缺点。
- 在进行田野调查时更加自信。
- 了解田野调查方法在工商管理领域的应用情况。

11.1　导言

11.1.1　田野调查的定义

田野调查（Fieldwork）是除访谈以外另一种用于收集定性数据的方法。休斯（Hughes，2005：3）对田野调查的定义如下：

> 田野调查是对相应情境下的人所进行的观察，在其生活或工作的地方找到他们，以一种他们可接受的角色与他们一起生活、工作，近距离对他们的某些行为进行观察，并将观察结果以一种有利于社会科学发展同时不损害被观察群体的方式进行报道。

沃尔科特（Wolcott，2005a：44）在这一定义的基础上又做了以下补充：

> 田野调查是一种调查方式，在这种模式下研究人员出于研究目的，将其个人沉浸于某些个体或是群体正在进行的社会活动之中。田野调查以个人参与为特征，其目标是在一定程度上理解并分享他人的想法。

基于研究人员的学科背景与研究目的，田野调查有时也被称作参与式观察（Participant Observation）。在本章中，我们将参与式观察和田野调查当作同义词来对待——这两个术语都是描述同一种定性数据收集的技术或是具体途径的。因此，本书此后将主要运用"田野调查"

这个词。当然，田野调查有着不同的类型，我们也将对其进行简短描述，但无论运用哪个术语，其总体目标都是一样的——通过与人们的相互交流以及在其原来的"自然"情境下对他们进行观察，收集有关社会世界的定性数据。

11.1.2　田野调查与访谈的区别

通过参与式观察和田野调查方式获得的资料通常是很有价值的，它们能够给你提供一个额外的视角，从而对问题产生更加深刻的认识，而这通常无法单独通过访谈方法来获得。田野调查与访谈的一些主要不同之处总结如下：

（1）访谈需要提前预订时间和地点来对受访者进行提问，而田野调查并没有这方面的要求，谈话与观察可以发生在田野调查的任何时间和任何地点。

（2）受访者参与访谈的时间相对较短，至多几个小时；在田野调查中，所研究的群体或组织通常需要更长时间的持续参与。

（3）访谈通常是在一个相对正式的场合进行的，受访者需要进行有效的舞台表演；在田野调查中，研究人员通常可以与受访者开展很多次非正式的交谈。

（4）在访谈中，受访者通常告诉你的是他们认为你想要听到的事情——"官方"故事；在田野调查中，研究人员可以听到"非官方"的故事，观察到他们实际上在做什么。

鉴于访谈与田野调查的上述差异，二者在具体的资料收集技术上也是存在很大区别的，因此需要分成独立的两章来分别对它们进行介绍。

11.1.3　观察与参与式观察

虽然笔者将"参与式观察"与"田野调查"视作同义词，但是"观察"与"参与式观察"之间仍有所不同，它们之间的区别可以解释如下。

> 观察（Observation）是指你从外部（局外人）的角度来察看其他人的行为。举例来说，你在参加一个公司的年会时，可能只是作为一个观察者来观看整个年会，但是你并没有参与年会的任何一项活动——从本质上讲你就是一个观众。即便你与作为研究对象的人群有所交流，这也是微不足道的。
>
> 参与式观察（Participant Observation）是指你不仅要观察人们正在做的事情，还要在一定程度上参与到这些活动中去。参与式观察的主旨在于你要通过与他们的交谈和互动中，尝试去从内部（内部人）理解他们的观念和行为。举例来说，人类学家经常需要前往所研究人群居住的社区或村庄并生活在那里，其主旨在于通过将其自身融入所研究的社会文化中的这种方式，达到更好地理解这种文化的目标——他们将开始从被研究者的角度来看事情。另一个例子，笔者的一个学生正在对一家医院的信息系统开发问题进行人种学研究，他在这家医院找了一份兼职工作，他这样做的目的是可以作为一名员工来参与到医院的生活中来。

当然，这两个概念并不是完全不同，一名定性研究人员在某些情况下可能仅仅作为一个观察者，而在其他情况下却与人们进行互动交流。甚至当你参与并尝试从内部去观察人们的活动的时候，你仍可能被他们认为是个外来者（局外人）。无论你付出多少努力去尝试"本土化"并成为他们中的一员，你仍然仅仅是一名研究人员。因此，这种分类更像是不同内部化程度的区别，而并非是硬性、严格意义上的界定。

但是，基于其定性的属性，绝大多数田野调查倾向于采用"参与式观察"而非"观察"。因为定性研究人员的兴趣大多在于对具体活动含义的理解，没有任何社会互动交流的观察并不能提供实质性的帮助。只有与人们进行交谈，你才能发现在这一文化中具体事件/行为的内涵和重要性。因此，本章重点关注参与式观察与田野调查，并不对观察做详细介绍。

除非你做的研究是自我民族志或某些类似的主题（这种情况下你是在一个熟悉的环境中进行田野调查），绝大多数田野调查会涉及很多陌生领域的内容。田野调查通常要对不同文化或不同亚文化的人群进行观察。在传统的人类学中，田野调查需要进入到一个完全不同的文化中，比如你是一名欧洲人却要到一个非洲村庄中去，或你是一名美国人却要到一个爱斯基摩村庄中去。那样，你就需要尝试去学习当地的语言，并了解当地人的文化信仰和现实生活。但是，即使你对自己家乡的一个银行开展田野调查，并且你们说的是相同的语言，你仍有可能会感到处在一个陌生的领域，你也可能需要学习许多新的词汇（如银行业界的行话）。因此，所有的田野调查通常都需要一段适应期，一段使你成为另一种文化或是亚文化成员的学习时间。这个过程所需的时间长短取决于你的原有文化与对方文化的差异程度以及你本身的适应能力。

11.2　田野调查中的基本概念

如果你要在一个社会情境下进行田野调查，有一些重要概念是你必须要熟知的，我们接下来将对这些概念逐一进行介绍。

11.2.1　地点、参与人及活动

斯普拉德利（Spradley，1980）认为，所有的参与式观察都发生在某个特定的社会情境下，而每个社会情境都能够通过三个基本要素来进行界定：地点、参与人和活动。作为一个参与式观察者，"你将把自己置于某一地点；你将察看各式各样的参与人，并逐渐融入他们之中；你将观察某项活动并参与到活动当中"（Spradley，1980：39-40）。

（1）地点：地点是指人们参加社会活动时所处的物理环境。例如：大街、办公室或是村庄都可以被看作是地点。

（2）参与人：当人们在特定情境下扮演某一角色时就成为参与人。例如：公共汽车上有乘客与司机两类参与人。很显然的是，同样的人在不同的地点参加不同的活动时，他们有可能扮演不同的角色。

（3）活动：活动是人们所从事的可识别的行为模式。例如，人们在公共汽车上选择座位或是回复电子邮件，这些都是活动的具体表现。

因此，Spradley（1980）认为，一名参与式观察人员会对在特定地点的参与人的活动进行观察和记录。

11.2.2　客体、行动、事件、时间、目标、感受

除地点、参与人和活动以外，Spradley（1980）认为所有的社会情境还存在其他九个维度，他对所有的这九个维度描述如下：

（1）地点：物理位置；

（2）参与人：所涉及的人员；

（3）活动：人们所做的相关行动；

（4）客体：所展现的客观事实；

（5）行动：人们所做出的单一行动；

（6）事件：人们所从事的相关系列活动；

（7）时间：随时间而发生的先后次序；

（8）目标：人们所试图完成的事情；

（9）感受：人们所感受到的及表达出的情感（Spradley，1980：78）。

人们可能会将客体运用在一项行为的表现中。例如：在一场婚礼的某个具体环节中交换戒指，戒指是客体，而交换戒指就是行为的具体表现。系列活动连在一起就构成了事件，婚礼这样的场合就是事件。在婚礼上，某些特定的行为会被按顺序安排到一起以达到一个特定的目标。比如：新郎被"允许"，可能用被"要求"更合适，去亲吻新娘，但这个行为发生在交换婚礼誓言之后。在婚礼上，人们会感受到并表达出他们的感受。

Spradley 建议将这九个维度作为参与式观察人员的指导。你可以针对这些维度进行提问，例如：你能够告诉我关于参与人、活动、事件以及其他一些事项的情况吗？这些维度有助于参与式观察人员做全面的笔记并记录下事情的细节（Spradley，1980）。

11.2.3　进入许可

在进行田野调查时，定性研究人员本身就是研究工具，进入的层级对所收集的数据的质量和性质有着重要影响。如果你仅有非常有限的机会参加一些会议，跟与会人员取得紧密联系的机会也很难，那么你所收集到的定性数据将会很贫乏。反过来，如果你能够不受任何约束地观察你所想要观察的任何事情，只要你在恰当的时间位于恰当的地点，那么你所获得的数据就会很丰富。

但是，定性研究人员的最大问题之一是获得所研究地点的进入许可，你必须越过守门人的阻拦对目标对象进行研究。在这里，守门人可能是高级经理、秘书或高管的私人助理等。即使你能够与一家公司的经理在电话里进行交谈，但这并不意味着你可以成功地对这家公司进行田野调查。如果你对他说："我希望对贵公司的人员进行为期四个月的观察，了解公司的运作情况，并在这之后整理成文出版。"笔者会很怀疑你的研究是否能够如期进行。大多数经理会说他们工作太忙，无法安排人员在如此长的时间内接待你，他们也会担忧这可能影响到他们的正常工作，而且也可能会担心你将撰写的内容。他们又怎么知道你是不是会写些对其公司的批评性意见呢？他们最不想在报纸的头条上看到有关公司的负面报道。

因此，从笔者的经验来看，制定一份关于如何顺利进入研究场所的清晰计划是非常必要的，下面我们将列举出一些实用性的建议。

首先，你应该事先尽可能地获悉潜在研究场所的相关信息。当你第一次与人们接触时，你不能表现出你对他们一无所知，你要让他们知道，你已经做了很多准备，你能够跟他们进行较深层次的交谈。当然，你并不需要知道所有的事情。正如杰克逊（Jackson，1987：23）所指出的，"比你的受访者知道得少一些通常是可以接受的——如果对于所讨论的所有事情你都知道得比他们还多，他们会显得多余——但是完全无知是绝对不可以的"。因而，你应当事先尽可能地多了解关于他们的信息，你可以从互联网、报纸、杂志以及相关期刊论文和图书中获取这些信息。

其次，如果你是一个博士生，之前并没有跟这家机构联系过的话，笔者建议你首先让你的导师同该机构进行接触。这样做的目的是让这家机构知道你的研究项目有大学背景，学校讲师或教授的一个电话或是一封信会更容易取得对方的信任，这样做的效果远超过研究生自己给对方打电话。因此，笔者自己通常都努力确保与学生一起，到对方单位参加与其高级经理的第一次会谈。在作者所从事的信息系统领域，这位经理通常是首席信息官或相应职位的人，这个人有权批准或否决所提议的研究项目。在你自己所从事的研究领域，这个人有可能是营销经理或是首席财务官。通过参加第一次会议，你的导师就证明了你的研究项目是你所属机构的官方研究项目。相对于拒绝一名学生而言，人们对一位讲师或是一位教授说"不"会更难一些。

再次，笔者发现，在第一次会谈时，很有必要给对方提供一个关于研究项目属性和研究结果使用的说明。这个说明应当清楚地阐述研究结果将会在什么情形下出版或发表，比如，其中可能需要标明在文章投稿前先提交给该机构的代表审阅，或在必要的情况下对受访者使用假名来保护他们的隐私。在这个说明中，有时也需要标明研究结束后将会给管理层提交一份 20 页左右的研究总结报告。笔者认为最重要的一点是要强调这家机构如何从这项研究中获益，否则，人家凭什么允许你前来研究？

最后，依照惯例，如果学校与这家公司/组织之间已有一些前期的联系，你将会更容易获得研究的进入许可。比如，这家公司可能是商学院的赞助商，可能为研究生设立了某项奖学金，或者一个或是几个高级经理是该校的校友。在上述情况下，该公司可能更易于接受研究项目的提议。这个项目可以描述成一种该公司对学校以及新知识的发展做出贡献的方式。笔者的所有学生在选取此类公司作为研究对象时，获得研究许可的成功率相当高。在这类情况下，如果公司有高级经理是学校的毕业生，他们可能会觉得有义务提供帮助。如果你的研究主题与公司直接相关的话，例如，你的研究对象是处于起步阶段的小企业，而且你的研究主题是小企业所面临的挑战问题，那么你的研究项目获得该类企业进入许可的机会当然就会更大一些。

11.2.4　获得认同

即使你已经设法越过了"守门人"，也并不能保证这家机构的其他成员会有兴趣与你交谈。所以，获得研究许可之后接踵而来的一项挑战就是与这家机构中的人员建立密切的、相互信任的合作关系。显而易见，你需要获得与研究项目相关的所有重要会议的邀请，你也希望他们同你分享其知识与经验。那么，如何才能达成这一目标呢？

建立信任的一个方法是要保证对所分享的私人信息守口如瓶。如果有人发现你向他人泄露了敏感信息，那么他们就不大可能再告诉你任何信息了。

另一个建立信任的方法是将你的某些重要发现同这家企业的人分享，只要你所分享的发现在一个较高的水平上，那么这种信任关系就不会被打破。当然，你必须确保没有泄露上一段中所提及的任何敏感信息。

同时，你也要有自信，当你第一次开展田野调查时，通常人们都把你当作陌生人，你不了解企业的文化、规章制度或行话。但是，随着时间的推移，你会对这家机构和运作模式有更多的了解。随着你知道得越来越多，人们可能开始向你寻求建议，如果你能够为他们提供好的建议，那么他们对你的信任度就会提升。他们对你越信任，与你的隔阂就越小。Wolcott（2005b）表示，从事田野调查的研究人员需要同时具备遇事果断与处事自信的特质。

11.2.5　礼尚往来

保持良好人际关系的一个重要准则就是要礼尚往来，如果一个朋友送给了我们一份圣诞礼物，我们大多数人都会认为必须进行回赠以保持良好的关系，失去朋友的最快方式就是只收礼物而从不回馈。

因此，研究人员有责任提供一些东西作为回赠，因为你占用了受访者的时间并从他们身上获得了知识。但是，如同 Wolcott 所指出的，赠礼也是有艺术的："田野调查是一种微妙的交换方式，这种方式包括了跨文化的赠礼，在这种不同文化下交易的比率可能是模糊的，研究人员可能会为如何针对对方的招待或对方所讲述的人生经历予以回礼而感到头疼"（Wolcott，2005b：106）。

关于"什么是一个合适的礼物"这样一个问题没有简单的答案，重要的是要注意礼尚往来的要求。礼物本身要依当时的情境而定，比如，如果你正在研究某个发达国家的一家公司，你所能提供的最有价值的东西可能就是一份关于调查结果的高水平的报告。对于企业而言，另一个礼物可以是咨询建议。

11.2.6　主要调查对象

同守门人一样，主要调查对象也是很重要的。Payne 和 Payne（2004：134）对主要调查对象进行了如下描述：

> 主要调查对象是指在研究设定中，那些由于社会地位的关系而比其他人具有更多专业知识的人，对事情和过程了解更详细、更具体、更具有优先权的人，以及能够给研究人员提供有价值信息的人，这并不仅限于项目的初期阶段。

在开展田野调查时，人种学家通常是通过主要调查对象来理解当地文化的，这些主要调查对象通常是该社会的重要政治领袖，他们能够使人种学家尽快了解和掌握当地的情况。

因此，在研究项目中尽早确定主要调查对象是非常重要的。他们不仅可以提供许多有价值的信息，也可以对你在特定情境下的注意事项提出建设性意见。

11.2.7　田野调查的时间

人种学的观点认为，人种学家应该花费大量时间进行田野调查，理论上至少要进行 12 个月（Wolcott，2005a）。通常，他们会进行一到两次的回访。这段时间是用来了解那些文化中被认为是想当然的、难以言传的特性。如果需要进行语言学习的话，所需要的时间会更长。

然而，在工商管理领域中，田野调查的时间一般相对较短，研究者一般并不需要学习一种全新的语言，文化也可能是很类似的（例如研究美国公司的美国人）。同样的，所研究的主题也可能是研究人员很熟悉的。例如，如果运营管理领域的研究人员对一家公司进行田野调查的话，那么他们通常也主要是从公司运营的角度对公司进行考察。因此，在此类情况下，可能根本不需要长达一年的田野调查。就笔者的经验而言，大多数工商管理领域的田野调查在四到八个月的时间。

在都市环境下进行田野调查，研究人员居住在调查地点通常是不可行的。多数研究人员仅是在公司的正常上班时间，朝九晚五地进行田野调查。当然，如果你可以在下班后参与一项非正式的社交聚会，那么这样的行为是非常可取的。同样，如果你研究的是其他主题，如研究主题是医院或运动队，那么你每天的日程安排可能会有所不同。

什么时候你就可以结束田野调查了呢？一般来讲，当你对刚开始感到奇怪的事情认为是理所当然的时候，你的田野调查阶段就可以结束了。当你发现几乎已经明白所有正在发生的事情，但并没有找出任何新见解的时候，可能就需要考虑离开了。

伊斯特伯格（Esterberg，2002）给出了类似的建议：

> 理想状况下，当你觉得花费更长的时间进行观察也很难再获得更多资料的时候，你就应该离开了。这时，田野调查笔记可能会一直在重复说同样的事情，或者新增加的观察对象所告诉你的也是同样的事情……或者你可能感觉到已经了解到了你所能了解的所有信息，至少在当时是这样的。如果是这种情况，可能这就是需要离开的时候了。

但是，在你离开之前，笔者需要指出的是，你需要确定你已经拥有足够的资料来回答你最初的拟解决问题。在某些情况下，你可能会因为其他原因被迫离开，例如，你的研究经费已经用完了，或是项目已经接近截止时间。

11.2.8　设备

大多数进行田野调查的研究人员都会用到一些音像设备——照相机、带摄像功能的照相机、磁带录音机或数字录音设备。你运用这些设备所收集到的数据会极大地丰富你的研究内容。当然，某些研究主题可能需要使用一些专业设备，如录像机。

无论你使用哪种音像设备，你应当时刻牢记下述重要原则。

（1）熟悉设备的使用方法。你应当对设备很熟悉，了解它的工作方式，知道如何正确使用。你应该经常对设备进行检查，确保照相机在各种环境下都能拍摄到清晰的照片，录音设备能够清晰地对谈话进行录音。如果事后才发现录音质量很差，连录音内容都听不清楚，这就实在太糟糕了。我们将在后续内容详细讨论录制设备的使用问题。

（2）减少设备数量。你应当只准备所需要的设备，事实上通常最好尝试着尽可能少地携带设备。这是因为你的设备会分散你的注意力，你进行田野调查的真正目的在于倾听和观察，太多的设备会成为障碍因素。如果你太过忙碌于设置、调试设备，或许会错过对某些重要事件或活动的观察。

（3）隐藏设备。你应当尽量隐藏你的设备，你的设备越隐蔽、越不引人注目，你获得的数据质量就会越好。田野调查的基本思想是去考察人们在自然状态下的情况，如果你的设备非常引人注目，会对人们形成干扰，你所研究的自然状态就变得不再自然，你所获得的数据质量很可能会受到影响。

（4）获得设备使用许可。你应该保证你在照相或是运用录音设备时事先得到了许可，田野调查以及定性调查的普适性伦理规范已经在本书第5章进行了详细讨论。

11.2.9　田野调查笔记

你不仅要使用各种音像设备，还应当做田野调查笔记。事实上，即使你在录音时，也应当尽可能多地做书面记录。这是因为你的田野调查笔记实际上是另一种数据源——它们是对当时正在发生的事情的一个评论。如同日记一样，田野调查笔记可以记录下你的所想所感，这些笔记可能会成为日后深刻见解的来源，尤其是随着时间的推移，你的理解有所变化的时候，这些笔记的重要性就愈加明显。有专家认为，田野调查笔记是所有民族志记录的主要部分（Spradley，1980），但笔者认为这取决于研究主题和所从事研究的类型。

你应当及时给录音、录像材料加上标签或标识，标明时间、地点以及事件的某些细节。这种基础信息是绝对必要的，你以后会运用这些基础信息对所有数据进行分类、建立索引，便于你在需要时对信息进行查找和检索。

通常的要求是，你应当在每一天结束前撰写田野调查记录，如果你拖得太久你会很快忘掉当天发生事件的很多重要细节。

Spradley（1980：67-68）强调，参与式观察人员必须逐字记录下人们所说的话：

> 原始用词必须逐字记录，如果一开始不这样做，遵循自己的方式去考察另一文化，会导致我们错误地相信自己已经了解了这一文化。我们甚至可能永远不会发现我们的理解是严重歪曲的、不完整的。

Payne 和 Payne（2004：168-169）认为，一名定性研究人员应当在田野调查笔记上记录尽可能多的东西，因为当时我们无法知晓什么内容可能与之后的研究相关。他们还认为，田野调查笔记应该包括研究人员自身的反应：

> 感觉、第一印象、不成熟的想法、可能的结果，甚至研究策略失误的承认，以及当天遗漏的事项，都应当包括在内。田野调查是一种反身性过程，研究人员自身参与到真实的生活情境中，与现实进行接触（反身性[①]）。研究人员本身就是研究的组成部分之一，他们自己的反应是参与中的一个重要元素。

但是，调查笔记不应仅停留在意识流动的层次，而应当进行系统的组织和索引（Payne & Payne，2004）。

11.3　田野调查的类型

虽然田野调查有很多类型，但其中最主要的两个类型是英国人种学传统学派和芝加哥社会学传统学派，接下来我们将对这两个类型分别进行介绍。

11.3.1　英国人种学传统学派

同本书第 8 章所提到的一样，马林诺夫斯基（Malinowski）是二十世纪初期运用人种学

---

① 社会学家威廉姆·托马斯（William Thomas）提出反身性理论，他认为参入者的思维与参入的情景之间是相互联系与影响的，彼此无法独立，认知与参入者处于永远的变化过程之中。参入者的偏向以及认知的不完备性造成了均衡点遥不可及，其趋势也只是不断朝着目标移动，参入者的思维直接影响参入的情景，往往造成诸多的不确定性。

研究方法的首批人种学家之一。他同其他英国人种学家［如拉德克利夫—布朗（Radcliffe-Brown）和 Evans-Pritchard)］一起，成为田野调查方法的先驱者。他们认为，人种学家需要在一个完全不同的文化或社会（如一个非洲部落或一个波利尼西亚村庄）中生活很长一段时间。研究人员应当去学习当地的语言，参与并观察人们的活动，做大量的田野笔记，尽可能对人们的生活方式、信仰和文化实践进行完整的描述。他们认为田野调查是详细收集这种实证资料的唯一方法。

举例来讲，雷蒙德·弗思（Raymond Firth）是伦敦经济学院的一名人种学专家，他出版了关于皮亚岛（Tikopia）居民的社会结构、文化实践和信仰问题的大量文献（Firth, 1983）。Tikopia 是南太平洋上波利尼西亚群岛上的一个小岛。Firth 认为，之所以出版如此详细的文献，原因之一是在古代文化迅速变化且不断被破坏的情况下尽可能地保护这种文化。

英国人种学家所开展的早期田野调查，大多数带有实证倾向，他们认为自己是在为西方读者记录一个单一、相对稳定的现实。然而，现在的人种学家所运用的田野调查方法是多种多样的，最常用的方法是诠释性的，有时也会采取一些批判性方法。

11.3.2　芝加哥社会学传统学派

不同于人种学家研究他们所不熟悉的以及"奇异"的非城市文化，芝加哥大学的社会学家通常研究的是已经有所了解的城市文化（Manning, 1987）。对于研究人员而言，城市就相当于一个社会性的实验室，他们研究芝加哥这个城市中的人及其社会行为［伯吉斯（Burgess, 2005)］。由于某些观察人员本身就是所研究社会群体中的成员或是之前的成员，他们仍然生活在自己的家中，所谓的挑战与其说是去适应所处的环境，倒不如说是要保持他们自身的"边缘化"状态（Manning, 1987）。Manning（1987：16）对这种行为进行了如下描述：

> 对于进行田野调查的社会学家而言，较为合适的状态是将其个人当作组织中的一个"边缘化的人"，也就是说研究人员应当是对所研究的群体有所认知和认同，但仍持有不同观点的那些人。这就要求对某些事保持"双面视角"，这样做的最终目标是对所研究群体的文化生活本质形成完全的认可和理解，田野调查关注的是其中的一个细分群体，研究人员在整个研究过程中要始终保持一个角色——或者是一个完全的参与者，或者是一个完全的观察者。

芝加哥大学的社会学教师们所开展的大多数早期田野调查活动几乎都是实证性的，"坚定地保持着现实主义的传统"［普赖塞尔和格兰特（Preissle & Grant, 2004：169)］。但是，现代社会学中的田野调查方法已经变得越来越多样化了。

11.4　如何进行田野调查

潘趣（Punch, 1986）称"沉浸"是田野调查中的一个核心技能，尤其表现在田野调查需要较长时间沉浸于一个群体、社区或是组织生活的时候。田野调查"要求同时具有对目标持之以恒的韧性和对一系列社交技巧的运用能力"（Punch, 1986：16）。

Wolcott（2005b）认为田野调查人员应当更多地参与到相关活动中去，并尽可能不要以一个冷漠的观察者的角色出现。他建议研究人员在研究人类行为时不要将自己想象成一个穿着实验室白大褂、拿着记录板的那种形象，恰恰相反，一名田野调查人员应当真诚地参与并融入所研究的人群之中。

Jackson（1987）认为田野调查由三个阶段构成：计划、收集以及分析阶段，这三个阶段是相互联系的，这三个阶段的总结如表 11.1。

表 11.1　田野调查的三个阶段

阶段	内容
计划	决定要做的内容、为什么要做这件事、需要什么资源，以及同一主题的现有研究有哪些
收集	收集信息，对信息本身、信息的特性和信息收集过程进行记录和观察
分析	对田野调查过程中所收集的信息和资料进行索引存档，进行总结并撰写总结报告

资料来源：改编自 Jackson，1987。

11.4.1　计划阶段

计划阶段包括设定调查目标、确定所需资源（资金、设备），还要对你的工具进行准备。例如：如果你计划使用录像设备，那么你事先需要清楚地知道如何使用摄像机。在运用设备时表现得过于业余是不可容忍的，Jackson（1987：24）对此解释如下：

> 在为相机换胶卷或聚焦时笨手笨脚，或是在操作录音机时翻来覆去，这些都会使你在这些机器上耗费过多的注意力，这是你最不想见到的事。大多数人，特别是那些自己操作机器设备的人，并未考虑到你花了过多时间对设备弄来弄去并发牢骚时受访者的感受。设想一下，你在看牙医时，医生不停拿起放下电钻，并开来关去，然后说"别着急，我马上就把它弄好了"，这时你会有何感想。

因此，一个良好的计划应包括事先检查你的设备，并确保你十分熟悉它的操作方法。

11.4.2　收集阶段

收集阶段是指你要专注于观察、倾听和提问。你需要找到合适的调查对象并尽可能多地进行记录。最后你可能会收集到很多类型的资料，包括照片、视频、录音带或是数字格式的录音、文档，以及你自己的田野调查记录等。

11.4.3　分析阶段

分析包括对所收集的所有田野调查材料进行分类以及建立索引的过程。因为你最终收集到的资料就算没有上千份至少也会有几百份，为了便于后期检索，建立一个经常进行总结分类的好习惯非常有必要。如果你觉得"反正所有材料都已经录音了"而认为没必要进行总结的话，那就大错特错了，其问题在于当你撰写研究报告或毕业论文的时候，你可能无法确切地回忆起当时所发生的具体事项或某个人所说的原话，并且你可能没有时间去翻听所有的录音。因此，在资料收集工作完成之后，你需要尽快对田野调查资料进行总结和整理，养成这个习惯会使你受益终生。

关于参与式观察和田野调查的准备工作总结如表 11.2 所示。

表 11.2 如何准备参与式观察和田野调查工作

组成部分	描述
目标	确保你已明确田野调查的目标，并与你的导师进行确认。你要能够清晰地对项目进行解释
信息收集	你应当收集有关田野现场的背景信息，对田野调查工作进行有效组织和准备。在网上尽可能多地查找与调查现场人员和地点有关的信息
主要调查对象	如果可能的话，最好在开展田野调查前就确定几个主要调查对象，这些人员必须是研究现场地位较高的
适应	适应是对组织及其文化逐步熟悉的过程。你需要获得人们的信任，并与他们友好相处。即使在你开始田野调查之前，你也可以提前学习其语言（在需要的情况下），并考察你的穿着（确保你的穿着是合适的）
进入许可	你需要经过看守人员许可方可进入研究现场。借鉴本章前面内容中所提及的获得进入许可的相关建议。关键是你要能够接触到的这一组织的人员的级别要合适，通常最好是高级管理层。在第一次会谈时，对伦理问题的关注也是很重要的，例如你将如何保证访谈人员的匿名问题，以及你将如何出版或发表你的研究结果
设备	正如之前已经讨论过的，确保你已经对设备非常熟悉

11.5 田野调查的优缺点

田野调查的主要优点在于，它可以使研究人员深入地理解作为研究对象的社会群体或组织的态度、信仰、价值观、标准和实践活动，这是从"内部人"角度获得对一种社会情境认知的最好方式。

田野调查的局限性之一在于研究人员一次仅能对一个小群体或是一家组织进行研究，研究的领域比较有限，研究主题比较狭窄（Manning，1987）。田野调查的另一个局限性体现在田野调查主要是纯描述性的，理论贡献不足（Manning，1987）。此外，田野调查还要求定性研究人员拥有非常优秀的社交技巧，并不是所有人都适合开展田野调查。

11.6 工商管理领域中应用田野调查的案例

11.6.1 面向青少年的社会性广告问题

里特森和埃利奥特（Ritson & Elliott，1999）运用田野调查及访谈的方法对面向青少年消费者的社会性广告问题进行了研究。他们认为，营销领域的消费者研究通常只关注单一的对象，而忽略了它在社会环境下的群体互动作用。他们的文章从社会视角考察了青少年广告问题，并描述了他们的消费行为所基于的背景和社会文化情境。

作者在六所学校中进行了超过六个月的田野调查工作。他们决定将青少年作为研究对象的原因在于这一群体在使用各类不同形式的流行媒体方面表现得尤其活跃，从某种意义上他们也是"广告专家"。

为了获得进入许可，该论文的第一作者作为志愿者针对位于英国西北部的六所学校讲授一门全国性要求的、为期六周的媒体研究课程，以此来获得对其进行田野调查的机会。所有的学校均同意了该研究计划，并被纳入了研究范围。

该媒体课程每天只需要一个小时，在剩余的时间里，研究人员参与到各种活动中。实际上，研究人员运用教师这一角色作为进入学校其他场所的通行证。

他们的文章揭示了广告如何成为广义视角下各种社交互动的基础。在他们的研究中，青少年将单纯的广告词用于社交活动，广告已经脱离了其原有的产品促销功能（Ritson & Elliott，1999）。

11.6.2　信息技术与工作控制

Orlikowski（1991）考察了一家大型跨国软件咨询公司，研究信息技术对控制形式和组织形式的影响问题。她对该公司进行了为期八个月的研究，通过参与式观察、访谈以及文档研究等方法收集数据。她研究了五个不同的软件应用开发项目，在每个项目上平均耗费了四周的时间。她对项目小组成员的日常开发工作和相互之间的互动进行了观察和访谈，她也参加了一些会议并确定了其他的主要调查对象。

她的文章揭示了这家企业所使用的信息技术如何强化现有的组织形式，以及如何推进控制机制的集约化和融合。这一发现令人感到有些意外，因为软件顾问通常被认为是专业人士并且具有一定的行业自主权。她的研究结果还显示，当信息技术成为工作流程的媒介时，它就创造了一个信息环境。在这一环境下，信息技术可以推进企业运营的整合性和灵活性，它同时也形成了一个知识与权利的学科基质[①]（Orlikowski，1991）。

11.6.3　"美国女孩"（American Girl）及其社会文化品牌推广

黛蒙德、谢里、穆尼兹、麦格拉斯、克里奈特和博尔吉尼（Diamond、Sherry、Muniz、MzGrath、Kozinets & Borghini，2009：121，131）从各种利益相关者群体的视角对"美国女孩"的品牌推广问题进行了一项定性研究。"美国女孩"这一品牌主要涉及玩偶、玩偶服装和饰品，此外还有图书以及相关零售和分类广告等。

作者在芝加哥地区针对商店和对品牌有影响的地方进行了田野调查，有内部调查，也有外部调查。"共超过三年时间，团队成员——通常是成对，有时候是单独——对商店的环境和收藏有该品牌物品的儿童玩耍的地方进行了田野调查。"此外，一些团队成员还对纽约的商店进行了田野调查。研究团队成员通过阅读与"美国女孩"相关的媒体文章以及与每一玩偶相对应的历史叙事材料等沉浸于这一品牌故事中。研究人员还对年轻的玩偶主人及其母亲、祖母进行了访谈。受访对象是在公共汽车上、火车上、旅馆或商店中寻找到的，他们在现场以宾馆房间、商店等场所接受访谈。而且，他们还在商店内进行了密集式观察。作者称"开展了几小时的隐蔽的店内观察"。研究人员运用照片和视频作为其田野笔记的补充。

作者的研究总结是，一个品牌是一个持续深化的过程，是一个渐变的现象，最好从整体的角度对其进行研究。"在美国女孩这一案例中，每一个玩偶内蕴着一个故事，每本书内含着社会结构和自传型梦想，品牌商店中旗舰商品的每一个方面均代表着一种新的性别角色扮演以及各种不同家庭历史的展示和重现。"他们认为，人种学田野调查非常适合于研究经历性"经

---

① 学科基质，即范式，指常规科学所赖以运作的理论基础和实践规范，是从事某一科学的研究者群体所共同遵从的世界观和行为方式（Kunn，1962）。

济"和经历性"文化"，这些也已经成为市场营销领域的重要话题（Diamond et al.，2009）。

练习和习题

1. 以 Spradley（1980）所提出的九个维度为指导，对你能够参加但平常相对不易接触到的一项社会活动（如一项体育赛事）进行记录。

2. 如果你们当中有两人或是更多人参与了同一项活动，在活动结束后将你们的记录进行比较。看看你们记录的是否是相同的事情？

3. 一旦你做完田野调查笔记，试着对其进行分析。你能从中找出重要的分类或主题吗？

4. 假设你打算到当地机场进行田野调查，你正处于计划阶段。你可能会需要什么资源？你如何得到研究许可？在获得许可的过程中你都可能会遇到什么困难？

扩展阅读材料

1. 图书

Jackson（1987）的著作虽然主要讨论在民间风俗领域如何做田野调查的问题，但这本书还是有不少内容与工商管理领域的定性研究人员相关。

2. 网站资源

关于田野调查的一些很实用的网站资源如下所示：

● 与田野调查有关的一个文献目录，见 http://coombs.anu.edu.au/Biblio/biblio_fieldwork 1.html。

● 虽然主要面向民间风俗，但下述网站也对田野调查进行了很有意义的介绍，见 http://www.loc.gov/folklife/fieldwork/。

第 12 章　使用文档方法

本章学习目标

通过本章的学习，你将能够实现以下学习目标：

- 理解使用文档的目的。
- 识别文档的不同类型。
- 学会如何查找文档。
- 了解如何使用文档。
- 熟悉文档研究的优缺点。

12.1　导言

与运用访谈和田野调查方法一样，通过文档来收集资料也是可行的。文档包括电子邮件、博客、网页、企业存档文件、报纸，以及记录某人语言或所发生事件的相片或录音等。相比仅仅通过访谈和田野调查所收集的数据，这些文档资料可以帮助你勾勒出一幅内容更为丰富的画面。事实上，与特定问题相关的实证性资料在某些时候可能仅存在于一个或几个文档中。例如，你没有办法对某些已经去世的人进行访谈，但是你也许能够通过阅读他们写过的某些东西（如日记）来获取相关资料。文档及记录是"人们留下的所有书面材料"（Esterberg，2002：121）。

然而，文档并不仅仅是单纯描述某些人的思想或行为的历史记录，在某些情形下，它们也可以被看作是参与者[普赖尔（Prior，2003）]。例如，两家公司签订的合同可以经法院要求强制实施（即使在原始签名者已经离开公司的情况下，合同仍然是有效的）；又如，当事人去世后，其生前所立的遗嘱仍具有法律效力（事实上，遗嘱也仅在当事人死后才生效）。在类似情形下，文档都可以被看作是其自身权利的参与者，独立于包含在文档中的人或是文档的原始作者。当然，在法庭上人们可能会对作者撰写档案的"真实意图"提出质疑，但是最终法官或是陪审团会针对这些文档的含义给出最终解释。当然，在某些时候，法院的裁决会被认为是违背了作者的原始意图。我们的重点在于，在社会活动中文档与语言具有同等的重要性（Prior，2003）。

阿什德（Altheide，1996）认为文档研究的目的是为了理解文化。他指出，大部分的文化是由文档组成的。他将文档定义为"可被记录和检索分析的符号形式"（Altheide，1996：2）。在今天，由于信息技术的进步，运用文档分析来研究文化变得更加便利（Altheide，1996）。

本书中，笔者将文档定义为"所有能作为计算机中的一个数字化文件进行储存的材料"，这并不意味着这些材料必须被储存在电脑上（如文档可能仅是保存的复印件或存储在录像带上），但原则上来说该材料应当可以存储在计算机上。如今，每种数据形式的文件（文本、音频、图像或视频等）均能够实现以数字格式储存。

与书面材料一样，文档有很多不同的种类，如图片、图表、照片、视频、电视节目、交互式网站以及软件等均可视为文档。在本章中，笔者认为所有这些不同形式的材料均属于文档范畴。文档可以是静态的，也可以是动态的，如每天更新的博客。

文档有作者和读者，作者是文档的生产者，而读者是文档的消费者（使用者），正如普赖尔（Prior，2003）所指出的一样，这种生产者与消费者之间的关系是非常具有戏剧性的。阅读文档的过程并非是被动的而是主动的。他认为"一个网页或者任何屏幕上的可视性文档的读者，可以很便捷地对这些文本进行剪切、粘贴、编辑以及重新编辑来使之适合于使用者的目的"（Prior，2003：16）。例如，学生写论文时通常采取复制粘贴网页信息的方式（希望最好能够予以适当的引注和致谢）。对文本的诠释方式是另外一个过程，这个问题我们将在本书的第 14 章中予以进一步讨论。

Payne 和 Payne（2004：60）认为，文档方法用于"对实体资源的分类、调查、诠释和确定，绝大多数常见的书面文档均是如此，无论是在私人领域还是公共领域，这些书面文档包括个人论文、商业记录、国家档案、外交记录以及法律文件等"。

12.2　文档的类型

一个简单的文档分类方式是通过计算机上的文档类型来进行划分的，例如：

（1）主要包含文本内容的文档通常是以 text 或 Word 格式储存的；

（2）图片或图像文档通常是以 jpeg 格式储存的；

（3）视频文档通常是以 DVD 格式或 Windows 音频/媒体格式储存的；

（4）音乐或音频文档通常是以 MP3 等音频格式储存的。

12.2.1　个人文档、私人文档及公共文档

Payne 和 Payne（2004：61）建议可以将文档分为三个主要类型：个人文档、私人文档和公共文档。"分类依据是原作者是谁，而非其所有权归属或是对于大多数群体而言的可获得性"。

个人文档是指个人所撰写的信件、日记、笔记、草稿、文件以及书籍等。

私人文档是指那些由私人组织基于内部组织目的而制作的档案，如会议记录、人事记录、预算和备忘录等。

公共文档是指那些为了公共使用目的而编制的文件，如年鉴、媒体信息或报刊文章等（Payne & Payne，2004）。

斯科特（Scott，1990：59）认为，由政府及私人机构撰写的管理类文章是"社会研究中文档资料来源的一个重要的单独门类"。

12.2.2　书面文档和记录

林肯和古巴（Lincoln & Guba，1985）对书面文档和记录进行了区分。他们认为记录是一些正式事件的证明，包括结婚证书、驾驶执照、银行资产记录等。与此相反的是，文档是基于个人目的而非官方原因准备的，包括日记、备忘录、信件等。在本章中，我们只是简单地将二者视作文档的两种不同类型。

12.2.3　历史性文档

戈特沙尔克（Gottschalk，2006）对历史学家使用的各类文档类型进行了讨论。

（1）同期记录是指那些旨在传达关于一些事件或是包含在事件中的人的记忆的文档资料。同期记录包括法庭记录、商业和法律文件以及个人持有的笔记和备忘录。

（2）保密性报告通常在事件发生后才会被撰写，而且一般是基于加深印象而非防止遗忘而撰写的。保密性报告的例子有军事或外交电讯，以及专业日记或日志等（如医生的日志）。

（3）公共报告是那些希望获得尽可能多的受众群体的报告，其包括报纸新闻、回忆录、自传以及官方历史文件。

（4）调查问卷是那些已经用于收集信息及观点的文件档案。

（5）政府文件包括不应当归属于第一类同期记录的法律和规章制度类文件。

（6）观点表述类文档包括社论、随笔、演讲以及宣传册。

（7）小说、歌曲、诗歌以及民间风俗为历史学家提供了对于某些地域特色和区域环境的理解，这些有助于作者形成相应的观点。

12.2.4　相片、影片和视频

与文本档案一样，人种学家经常为所研究人群拍摄相片、影片或视频。Marshall 和 Rossman（1989：85）对此进行了如下解释：

　　　　传统上是要通过影片和相片来获得所研究群体日常生活情况的资料，影片提供了自然事件经过的可视化记录，并且对于作为永久的科学研究资源来说是非常有用的。

因此，如果你正在撰写一个案例研究或是组织民族志方面的研究报告，几张相片或是一段视频能够使你的故事变得更为生动。鲍尔和史密斯（Ball & Smith，1992）对作为定性数据类型之一的相片的运用问题进行了讨论。

在某些方面，通过相片以及视频获得的定性数据可被认为是客观的。通过相片获取的图像可被认为是对于研究对象在一个特定时间点的一项客观记录。照相机是不会撒谎的，除非后来对相片或视频进行过编辑。

然而，从另一个角度来看，相片和视频同样也可被视作是主观的，摄影者决定了拍摄对象、拍摄角度以及拍摄时间。某些人比其他人能够拍摄出更好的相片，这是一个常识。在数码相机以及相关软件的支持下，将原有的图片修饰得十分出色，并且删除那些被认为是不合适的相片已经变得非常简单。而且，最终的书面报告也仅会使用一部分相片而非全部，因此，运用图像来进行定性研究的研究人员积极地参与到了选择并编辑可视记录的活动中来。图像既可被认为是客观的，又可被看作是主观的［哈珀（Harper，2004）］。

将图像定义为"可视性的记录"还是"可视性的日志"，海塞-比伯和利维（Hesse-Biber & Leavy，2006）对此提出了一个很有用的界定。如果你将一组相片看作可视性记录的集合，那么这些相片会具有权威性，你将会把它们看作是一份对社会世界的记录。但是，如果你将同一组相片看作是一份可视性日志的话，你所关注的将不仅是其内容，还会对这一载体方式的客观性予以考虑。你会考虑其制作和编辑过程以及拍摄相片的人，并将其视作是备忘录（Hesse-Biber & Leavy，2006）。

与你亲自进行拍照和录像一样，你也可以找到由其他人记录的与你的研究主题相关的相片、视频或电视节目。事实上，你的研究主题很有可能与一位经常出现在媒体上的名人或是知名组织相关。这类相片或视频可能会为一些过去发生的特别事件提供某些重要的见解。在社会和文化研究领域，关于如何使用图片和摄像的文献越来越多（Denzin，2004）。笔者也认为此类载体对于工商管理领域的研究人员同样是非常有用的。

登青（Denzin，2004：240）指出：

> 一部影片或是一张相片提供了一个或是一组诠释现实的影像。现实（或者说我们所发现的是现实的冰山一角）是永远不能够重现的，它们所代表的东西只会出现一次。可视性文档就是对那些过去出现的事件的记录（Barthes，1981）。

Denzin 提出了一套用于分析可视性档案的指导框架，包括"观看并感受"这些材料，叙述待解决问题，运用"结构化微量分析"方法（如一个场景一个场景地分析）来分析影片、文本或是图像，以及"模式搜索"等（Denzin，2004）。

12.2.5 电子文档

越来越多的文档以数据格式储存在计算机或云服务器中，而不再以复印件的形式进行储存。事实上，某些文档只能是数据格式的。例如，如果你正在对一个大型组织进行研究，多数与顾客的交流可能是通过该组织的网站或是电子邮件形式完成的，这些电子邮件并未被打印出来。同样，现今的所有组织（至少是在发达国家）均使用软件对商务流程进行调控。例如，某组织可能会运用一个客户关系管理（CRM）的软件包，这个 CRM 软件包通常能够生成关于客户及客户与该组织关系的所有类型的报告。同样，一所大学的学生记录管理系统也能够给出关于学生以及学生与该大学关系的许多报告。

你很有可能得到这些与你研究目的相关的电子文档的获取许可，如果该组织愿意提供给你用户名和密码，你就能够找到很多有用的资料，例如该组织软件系统所导出的电子邮件或报告。

电子文档的一个潜在优势在于它们通常包含时间记录及其他细节。例如，一封电子邮件包含发件人和收件人的邮件地址以及收件时间。但是，你不应该过于关注数字文档的时间记录，因为如果有特殊软件的话，改变时间记录是非常容易的。此外，时间记录通常记录的是文档在某台特定机器上创建的时间。因此，如果原始文档是在一台不同的机器上创建的并且你将相同的文档复制到一台新的电脑上，那么后一台电脑上显示的文档创建时间是该文档复制进来时的时间。这样一来，时间记录就会产生误导。

12.2.6　网络资源

虽然许多电子文档（如电子邮件）具有私人性质，如果想要查阅通常需要特别的许可，但互联网上还是有很多免费的电子信息，它是一个巨大的电子化档案库。截止到本书写作时，互联网上可通过各搜索引擎检索到超过 300 亿个网页。这些网页包含很多数据资料。在过去的十多年中，互联网上的文档数量以几何级数的方式飞速增长。

你可以在 Internet 上搜索相关材料、政府文件，以及与研究主题相关的其他资料。Internet 可以被视为同图书馆与档案馆一样的一个巨大的文件库。

但是，与其他文档一样，你需要去弄清作者以及可信性这些基本问题。这个网页是可靠的吗？许多互联网文档的有效性和可靠性都是值得怀疑的。网页的另一个问题是它们会频繁地变更甚至彻底消失，这就是许多期刊让作者在参考文献中注明"获取日期"的原因。如果你倾向于依靠一个特定的网页来获取定性数据，笔者建议你将网页保存到你自己的电脑中。如果你运用 Internet 浏览器的话，选择"全部网页"的选项，这样就会同时将网页中的图表与图像保存下来。当然，你应当检查一下复制相关网页用于学术研究是否有特殊的限定，如果有的话，在复制网页前你需要得到许可。

12.3　如何查找文档

在工商管理领域，可以从很多渠道查找到可供从事定性研究人员使用的文档。这些文档包括公司的年度报告、新闻报道、会议记录、企业使命、公司政策及规章制度、网站，以及电子邮件等，这些文档资料可以用作访谈和田野调查等方式所获取资料的补充。文档资料通常提供了许多有用的背景信息，这些信息可能会对你设计访谈问题的提纲和设计田野调查方案等提供帮助。

在查找文档资料时，你的首要考虑是互联网。随着时间的推移，越来越多的文档被放到网上，包括以往仅放置于某一特定物理场所的文档。通过 Google（谷歌）或 Bing（必应）等搜索引擎，你可以在互联网上找到许多相关文档。通常你只需输入几个关键词，便会立即找到你想寻找的文档。然而，对于一名研究人员而言，我建议你多花费一点儿时间来查找"正确的"文档。实现这一目标的关键在于使用更为具体的搜索标准。我认为提升搜索效率最简单的方法就是在谷歌中输入谷歌搜索帮助的字样，参考相关文档所提供的建议来进行搜索。通过使用相关建议中的几条，你会显著提升搜索的准确性和有效性。

查找文档的第二个选择是你所在大学的图书馆。绝大多数大学的图书馆均购买了各种数据库，这些数据库可能会有一些重要的文档资料。与检索学术文献一样，如 ABI/Inform、Scopus 或 Web of Science 等数据库，你所在大学的图书馆也会购买一些关于特定领域的数据库。例如，Kompass 数据库是一个全球性的商务目录，它包含有企业总经理、财务、分支机构、所在位置、产品和服务明细，以及所属行业和品牌等信息，该数据库涵盖 60 多个国家，所涉及的企业有生产商、制造商、进口商、出口商、配送商以及大的批发商等。另一个例子是 Proquest Historical Newspaper 数据库，其包含了《纽约时报》（*The New York Times*）、《华盛顿邮报》（*Washington Post*）、《芝加哥论坛报》（*Chicago Tribune*）、《洛杉矶时报》（*Los Angeles Times*）、

《卫报》（*Guardian*）、《观察家报》（*Observer*），以及《亚特兰大宪法报》（*Atlanta Constitution*）这几家全球知名报纸的全部文本档案。该数据库可以提供每一份报纸从开始发行以来的所有资料，并提供全文本检索。每一份报纸的每一期、每一页均可在这一数据库中查到，可以实现整页（包括文章、图像）PDF 下载。唯一的不足之处是该数据库不收录最近三年的报纸。

假设你正在针对亚特兰大的一家企业开展一个定性研究项目，如太阳信托银行（SunTrust Bank Inc.）。如果仅仅键入"SunTrust"作为唯一的关键词，在搜索结果显示的第一个页面，我们可以发现分别由三家报纸所做的关于 SunTrust 银行的报道信息。第一个是《洛杉矶时报》于 1984 年 7 月 3 日的报道，该文描述了该银行是如何成立的，并包含了有关这家新成立银行的规模等重要信息（财务规模和员工数量规模）。此外，该报道还引用了 SunTrust 银行新总裁的话，以及佛罗里达政府官员对于前两家企业（其中一家位于佛罗里达）合并成立 SunTrust 银行的前景展望。第二个是《纽约时报》同一天的报道，对 SunTrust 银行成立事件从一个略微不同的视角进行了描述，称银行业并购可能会成为一个发展趋势。该报道称，依据银行业职业经理人和分析师的观点，这一并购行为可能会推动其他西南部地区的银行达成类似的区域性协定。与此类似的一些有趣的细节可能会使你将阐述的故事情节变得更加形象生动。这个技巧不会需要太多的文档，绝大多数文档可能与你的研究主旨并不相关。

在这一例子中，如果你存在相反的问题——你无法找到与研究项目相关的任何资料，那么我建议你选择第三个渠道——寻求图书馆员的帮助。在比较大型的研究型大学中，例如笔者所在的奥克兰大学，专业的图书馆员是非常优秀的。他们喜欢帮助解决资料查找方面的困难，在如何寻找关于特定主题或特定类型的信息，以及在特定学科寻求哪些专家提供建议等方面，他们都可以给予帮助和建议。如果你的电子文献检索能力有限的话，与图书馆员讨论可能会是你的首要选择。

第四个文档来源渠道是作为你的研究对象的组织或人员。许多文档，如会议纪要、项目进展报告等通常并不是任何人都可以获得的。获得这些资料最理想的方式就是取得可以进入该组织内部网的一个用户名和密码。尤其是你在研究项目之外还为该组织做一些其他工作的情况下，这是完全可能的。我的许多研究生都是在做硕士论文或博士论文的同时也在这家企业从事兼职工作。获得上述文档的另外一种方式就是专门索要这些文档的电子版或复印件。在我最近参与的一个研究项目中，企业信息系统经理的助理复制了许多文档，并统一拷贝到一张 CD 盘中送给我们，这些文档包括会议日程、会议记录、合同安排等。这些文档为我们提供了许多思路，在接下来的访谈中我们有了许多收获。

第五个文档来源可能是档案馆，尤其是在你的项目涉及很多历史性资料的情况下。如果你计划将档案研究作为你定性研究项目的一部分，希尔（Hill，1993）认为你首先需要撰写一份文献综述。通过文献综述可以列出一个书目，从而用于指导档案材料的收集工作。接下来，你应当再列一个"大师名录"。"这个名录用于进行档案检索时采取姓名检索的模式。在一定程度上，你的这个姓名列表可视作一个尚未开演的档案剧本的演员表。一个比较全面的列表应当包括预备演员和主要演员"（Hill，1993：32）。该列表还可以包括个人、企业，以及政府组织、社会组织或专业组织的名称。比较好的做法是把这个列表保存成一个电子表格或数据库文件。进而，你就可以依据这一"大师名录"去查找相关文档资料。

Hill 建议，如果你计划前往一家距离比较远的档案馆，一定要在定好行程前与该馆的工作人员取得联系。这样做可以避免出现一些潜在的问题，比如你可能需要提前取得查阅相关文档的权限和许可等（Hill，1993）。当你到达档案馆时，通常第一步需要与档案馆的工作人员进行谈话，该谈话一定要成功，这样才能获得查阅相关文档资料的许可——"研究人员如果蹩脚地把谈话搞砸，可能会严重影响到他们的研究项目"（Hill，1993：41）。反过来，如果谈话进展得很顺利，档案保管员可能会在查找相关档案资料的所在位置时提供很大的帮助。

档案研究的乐趣

……访问档案馆可谓是一次稀有的款待，它可以让人们将那些关于人类历史的无价的、不可替代的文档牢牢地抓在自己的手里。每一个新的档案盒都代表了一次发现的机会，同时它也代表了你要对你所开展的社会经济研究的主题秉持一种坦率的、具有理论复杂性和公平竞争意识的态度。每一次档案研究的旅程都是一段在未知领域中探索的旅途，这个领域以挑战性的难题以及意料之外的启示作为对访问者的奖励（Hill，1993：7）。

12.4　如何使用文档

在如何评估社会科学研究素材资料（如文档）的质量方面，斯科特（Scott，1990：19-35）提出了四个标准，分别是真实性、可信性、代表性以及意义明确性。他对这四个标准的定义如下：

（1）真实性：这些资料是否真实，其来源是否可靠？

（2）可信性：这些论据是否准确无误，并且含义未被曲解？

（3）代表性：这些素材是否是所属类型中的典型代表，如果不是的话，那么其非典型性是否为人所知晓？

（4）意义明确性：这些论据是否意义明确并易于理解？

Payne 和 Payne（2004：63）对这四个标准做出以下评论：

"真实性"表明事物本身就是它所声称的那样，知名的伪作"希特勒日记"揭示了学术研究人员是如何被误导的。"可信性"指的是作者距离被信任还有多远的距离，作者是事件的直接目击者还是通过二手资料获取的信息？作者记录下的是精确的，还是错误的，抑或是出于服务个人的目的而描述的事件版本？

"代表性"指的是子样本（如一封信）能够被视为某类文档代表的程度。"意义明确性"指的是文档应当被如何诠释和理解。

普拉特（Platt，2005）提出了八条标准用以判断文档是否是真实的，文档的真实性在如下情况下应当予以质疑：

①文档没有实际意义或是其中存在错误；

②针对同一个原始文档存在多个不同的版本；

③文档有内在的不一致性；

④文档被许多复制者转换成多个版本；

⑤文档被某些对所获得的版本有着既得利益的人将其转换成唯一正确的版本；

⑥可获得的版本来源于不可靠的二手数据；

⑦文档的内容形式在某些方面与该类文档中其他实例不一致；

⑧文档在标准体例或是书面格式上过于整齐。

普赖尔（Prior，2003）认为，与分析文档的意义相比，从引注的角度对文档进行分析更为合适，有哪些实体或组织出现在这个文档中？他认为，对于文档中涉及的实体所构成的网络，应当对其进行检查看其是否前后一致，这是非常有意义的。对于文本语义的分析，我们将在本书第五篇展开更为详细的讨论。

12.5　使用文档方法的优缺点

相对而言，文档方法成本较低且易于获取（Payne & Payne，2004）。从文档中获取资料通常比从访谈或是田野调查中获取资料更为容易。然而，就笔者自身的经历而言，我更倾向于只是将其作为一个附加的数据来源，作为对访谈和田野调查的补充，而并不是仅仅依靠文档来源的资料。笔者发现，文档在提供事件的重要细节方面是无价的（如某个项目被批准的确切时间），并且它能够与其他渠道来源的数据进行核对。你可能也会发现档案馆中的某些文件是独一无二的，它们不可能在其他任何地方获得（Hill，1993）。

文档使事件变得可视并且可追溯（Prior，2003）。例如，英国大学科研评估系统（the Research Assessment Exercise，RAE）所报告的文档，各大学及其下属院、系的研究绩效都可以被政府以及其他感兴趣的组织所看到；一份描述某公司营销计划的文件表明了公司在某特定时间点上对于市场以及公司定位的思考。如果针对一个相似的主题有着很多文档的话，就可以对它们进行三角验证，并随着时间的推移考察其发展变化情况。

运用档案研究的一个弊端在于，获取某些类型的文档是很有难度的，例如电子邮件或是位于很远地方的一家档案馆的馆藏文献。而且，对文档的真实性、可信性、代表性以及意义明确性的评估也并不都是很容易的，尤其是在你无法接触到原作者的情况下。

12.6　运用文档方法的研究范例

12.6.1　安然事件后的会计行业描述问题

卡内基和内皮尔（Carnegie & Napier，2010：360，374）考察了安然（Enron）事件之后会计这一行业的形象变化问题。他们认为"未曾预料的安然公司破产以及后续安达信（Arthur Andersen）会计师事务所令人疑惑的倒闭事件，在全球范围内对会计这一行业产生了重创"。与安然公司破产案件有关的最受质疑的是会计和审计行为，这大大削弱了公司财务报告和审计工作的公信力。媒体上如何描述会计这一行业显然会对会计行业立法产生一些影响。

为了回答他们关于会计师行业模式转变的这一拟解决问题，作者分析了 2002 年到 2006 年期间出版的关于安然公司成功和失败的知名图书。同时，他们还阅读了关于安达信会计师事务所失败和公司治理方面的图书。在运用主要在线图书销售商的网站资源基础上，作者将这些图书分为四个类别：内部、媒体、学者反应和机会主义（这些书在标题上或推广材料上提到安然公司，却很少或根本不对安然公司进行评价）。

这项研究的一个有趣之处在于作者仅仅依赖于二手资料，即前面所提到的已出版的图书。作者讲述了一个引人入胜的故事，阐述了会计师沉闷但"率真、独立和受尊重的"这一传统形象是如何让位于一个新形象模式的。安然事件之后的图书将会计师描述为取悦客户的商场人士，但这"导致了对会计行业诚实性和能力的严重担忧"。作者认为会计行业后来几年内最大的挑战将是如何维持其行业现状（Carnegie & Napier，2010）。

12.6.2　商业精英的视觉肖像问题

戴维森（Davison，2010）认为商业精英的视觉肖像传递了关于领导力和相关智力型、象征型和社会型的无形资产。然而，对无形资产的计量目前还并不是很完善。

作者运用布迪厄（Bourdieu）关于智力型资产、象征型资产和社会型资产的相关概念，基于艺术理论构建了一个框架，并对作为商业精英及其相关的可视性/不可视性的有形资产或无形资产的肖像问题进行了诠释。跟上一个范例一样，这项研究仅仅依赖于文档这一数据资料来源。作者分析了来自年度报告或其他媒体的图像，并将此作为其研究的基础资料。Davison 还运用了市场和广告专业人士的一些主动披露的信息来对这些图像进行了深入的分析。

Davison 这一研究工作的贡献在于她通过物理、穿着、人际、空间编码对视觉肖像进行了考察，从而提供了一个可以系统性分析有形资产或无形资产的视觉修辞模型。她认为有效的文化性人工产物（诸如组织成员的视觉肖像等）应当在会计体系中予以全面考虑。

12.6.3　对电子邮件信息的使用和再次使用

在如何使用和再次使用文档进行研究方面，以下系列文章提供了一个很有趣的研究范例。

这个故事源于马库斯（Markus）的研究，她对 HCP 有限公司（一家虚构的公司）开展了案例研究，考察工作中电子邮件的使用情况。她以访谈、调查以及文档研究的方式来获取数据，文档是指她从 HCP 公司的雇员中所收集的电子邮件样本。非常幸运的是，包括一位高层管理人员在内的一小部分雇员同意给她一些他们的电子邮件资料。Markus 开展该项研究的一个重要目的在于批判信息丰富度理论，她的发现发表在两篇期刊论文上（Markus，1994a，1994b）。

随后，Lee（1994）对相同的电子邮件资料进行了重新分析，以阐述信息丰富性的产生过程，他的另一个研究目的是展示信息系统研究中解释性维度的价值。

几年后，Ngwenyama 和 Lee（1997）再次对相同的资料进行重新分析，这次他们运用了 Habermas 的批判性社会理论。他们的研究目的是阐述批判性的观点是如何对信息丰富性的实证性和诠释性理解增加另一个维度的（Ngwenyama & Lee，1997）。

这一系列文章的有趣之处在于，虽然 Markus 进行了多次访谈以及一次调查，但是随后的文章大多关注的是电子邮件信息的意义。上述四篇文章都发表在高质量的期刊上。

12.6.4　在线社区的口碑营销问题

克里奈特、德·法尔克、沃吉尼克奇和威尔纳（Kozinets、de Valck、Wojnicki、Wilner，2010）称，在企业有意地对消费者和消费者之间的沟通产生越来越多影响的背景下，口碑营销（Word-of-Mouth，WOM）正在逐步成为一种重要的营销手段。他们所从事的这一研究的贡献一方面是给营销人员建议应当如何对口碑营销进行计划、定位并发挥其杠杆作用，另一方面的贡献是给学者们建议应当如何理解在线社区的口碑营销问题。他们认为营销管理层刚刚开始适应作为营销信息副产品的网络化新时代。

作者考察了在北美六个城市举办的基于博客的活动。他们历经 6 个月的时间观察了 83 个博客，但从未发帖。他们所下载的资料总计超过 4300 页（单倍行距）、6700 多个帖子，同时还有大量的可视材料和视听材料。然而，最后只有 220 个帖子与营销活动有关。虽然他们的文章侧重于博客内容的分析，但作者同时也开展了网络人种学研究，这是一种专门用于在线社区的人种学研究类型。

这一案例表明，来源于互联网（如博客）的文档使用方法对于定性研究人员而言将变得越来越重要。通过这种方法，定性研究人员可以在一个较短的时间段内获得大量的数据资料。然而，由于最终只有很小一部分的资料会是有用的，问题的关键挑战则变成了如何用一种有意义的方法对这些资料进行分类和筛选。

练习和习题

1. 假设你正在为一本名为"我生活中的一天"的在线杂志撰写一篇翔实的文章，你可能会用到的文档资料有哪些？试想一下，每一份文档都可能为你一天的生活提供某些文档论据，例如你所读过的报纸、收到或是发出的电子邮件、浏览过的网站、看过的电视节目，以及自动取款机的收据。你能够把每一份文档都列出来吗？

2. 在你所居住的城市或是乡镇照一张街景相片，讨论一下这张相片在何种程度上可被视作是社会世界的一份客观的可视性记录。

3. 在互联网上搜索到的网站可能会成为优质的定性数据来源。例如，针对一家特定的知名公司，你能在互联网上查找到多少篇文章（官方的或非官方的均可）？

4. 在图书馆中找出一个为报纸和杂志进行索引的数据库，看看你能否找出与前一个问题中你所研究的公司相关的文章。是不是所有的文章都不能够在互联网上找到？

5. 运用 Google 学术对你所选定的与研究主题相关的文献进行检索，都出现了什么类型的文献？有没有明显缺失的文献？

6. 在你的研究单位或是学术会议上找到一位或是几位从事定性研究的老师或学者，询问他们在研究中是如何使用文档资料的。

扩展阅读材料

1. 文章

最近，《组织和管理中的定性研究》（*Qualitative Research in Organizations and Management*）期刊有一个专刊是关于拓展组织和管理中的可视性资料的。该专刊有关于该主题的一个简介以及针对不同具体问题的 6 篇文章。具体请参阅戴维森、麦克莱恩和沃伦（Davidson、McLean、Warren，2012）。

2. 图书

普赖尔（Prior，2003）所著的名为《运用文档进行社会科学研究》（*Using Documents in Social Research*）一书是在定性研究中关于文档使用方面介绍得最为全面的书籍之一。

第五篇　定性数据分析
（Analysing Qualitative Data）

在第五篇中，我们将对定性数据的分析和诠释问题进行讨论，如图 V.1 所示。本篇共四章，第 13 章是对定性数据的各种分析和诠释方法的一个概述。接下来的三章将对定性数据分析技术方法进行更为详尽的讨论。第 14 章介绍诠释学的应用，第 15 章讨论符号学的应用，第 16 章关注叙事分析的应用。这四章均提供了相关方法在工商管理领域研究中应用的范例。

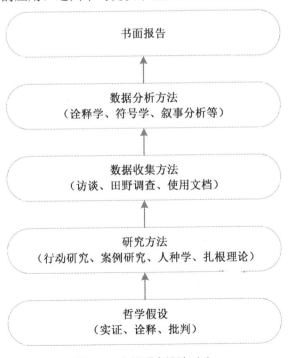

图 V.1　定性研究设计（4）

第 13 章　定性数据分析概述

本章学习目标

通过本章的学习，你将能够实现以下学习目标：

- 明白定性数据分析和诠释的目的。
- 熟悉分析和诠释定性数据的各种技术方法。
- 知晓使用何种定性数据分析技术方法。
- 决定是否使用定性数据分析软件。

13.1　导言

虽然数据收集和数据分析二者在定量研究中有着明显的界定，但许多定性研究人员对这样的界定存有疑问。例如，从诠释学的角度，研究人员的假设会影响到数据的收集，向被调查者提出的问题在很大程度上决定了你所要获得的答案。分析过程会影响到数据，数据也会对分析过程产生重要影响。将数据分析阶段看作是完全独立于数据收集阶段就有点过于简单化了。通常而言，在定性研究项目的各个阶段经常会存在一定的迭代和反复过程（Myers，1997c）。无论如何，从逻辑上来讲，将数据分析看作是数据收集的后续阶段是很有必要的，绝大多数分析和诠释数据的工作往往处于研究项目的最后阶段。因此，这就是为什么我们在本书的第五篇中要对第四篇已经讨论过的一些数据收集的定性技术继续进行讨论的原因。

我们需要重视定性数据分析和诠释的原因之一是，定性研究人员在研究结束时几乎总是拥有了大量的数据资料。研究人员必须找到如何处理这些数据的方法。例如，如果你对一个人开展了一小时的访谈，当访谈结束时，你的访谈记录可能会有约 15 页的文本或者 7000 字的资料。你只需对 10 个人进行访谈，你的访谈记录就会达到 70000 字！如果你认为除了从访谈中获得的资料外，你还极有可能需要收集额外的资料，那么很显然你不可能在一篇论文或一本著作中囊括所有的数据，实际上你的读者可能也并不想阅读所有的数据资料。因此，你需要以某种方式减少数据的总量，或将数据编辑成某种易于处理的格式。定性数据分析技术则能够帮助你做到这一点，这些分析技术能够使你专注于数据最重要的一些方面。

我们需要重视定性数据分析的另外一个原因就是你需要将你所收集的数据转换成对你

和你的目标读者有意义的东西。减少数据资料的数量并不容易，这种做法也并不可取，重要的是要提出一些见解来帮助你和其他人理解或诠释现有的问题，这就要求你要用一种有意义的方法来解释你的数据资料。这也再一次表明定性数据分析技术是非常有用的，这些技术方法能够帮助你回答以下问题：我所收集的数据有什么意义？数据的主旨体现在哪里？数据如何在我的研究领域发挥作用？

定性数据分析技术方法的种类相当之多，本章只对在工商管理领域最常使用的一些分析技术予以概述。不过，在本章概述的基础上，接下来的三章将对定性数据分析常用的三种方法进行更为详细的讨论。第 14 章讨论诠释学，第 15 章讨论符号学，第 16 章关注于叙事方法。可能有人认为扎根理论也是一种数据分析技术，但是由于我们在之前的章节中已经对此讨论过了，因此第五篇中将不再对其进行单独讨论，但扎根理论所使用的一些基本原则会在本章中涉及，这是因为扎根理论的一些原则同样可以应用于其他定性数据分析技术中。

尽管本书将在本章及接下来的三章中对每一种定性数据分析技术分别进行讨论，但如果将其中几种方法结合起来进行讨论将会更加有意义。例如，可以将诠释学（Hermeneutics）和叙事分析（Narrative Analysis）结合起来，也可以将一些叙事分析的形式与话语分析（Discourse Analysis）或隐喻分析（Metaphor Analysis）结合起来。在这里，我们需要注意两个问题：一是确保你所收集的数据支持特定数据分析技术的应用；二是确保以一种合理持续的方式使用这些技术方法。不过，我们也完全可以接受只使用一种定性数据分析技术的做法。显然，这一点更容易做到。

13.2 定性数据分析方法

正如刚刚所提到过的，分析和诠释定性数据有许多不同的方法。在相关方法选择方面，有以下几个方面需要注意。

（1）你将采取"从上到下"的方式还是"从下到上"的方式来分析数据？"从上到下"的方式意味着你用以分析数据的理论和概念来源于研究文献。"从下到上"的方式意味着你将通过对所收集到的数据资料进行分析而得出一些新的理论和概念。如果你的定性研究项目在本质属性上更多的是探索性、理论构建型的，那么最好采取"从下到上"的研究模式。如果你的定性研究项目是理论验证性的，那么你估计需要采取"从上到下"的研究模式。当然，一些定性分析方法建议二者之间进行迭代和反复，而且在某种程度上"从上到下"和"从下到上"两个模式之间的界定可被认为是两个极端之间的连续统一体。然而，我认为所有的定性研究人员都需要考虑好其研究起点以及他们将把绝大多数时间花费在哪些方面。

（2）你更关注于数据分析的深度还是数据资料的广度？在数据收集的多寡（如数据资料来源的数量）和数据资料分析的深度之间有一个不可避免的权衡问题。数据资料来源越广、你拥有的资料就会越多，结果就是你将愈加难以深入分析这些数据。我的许多博士研究生最后都面临一个问题，那就是他们收集了太多资料，以至于无法深入分析下去。不过，如果你希望更加谨慎以防出错，我的建议是相对于你所需要的总量而言收集相对更多的数据资料。这样做的原因之一是接下来的工作你只需要关注数据资料的哪些部分相对而言，更为重要。

这样做的另外一个原因在于，当你准备发表相关研究结论时，许多评阅专家经常会要求你提供更多的数据资料。评阅专家通常会认为 20 次访谈优于 10 次访谈，或 10 次访谈优于 5 次访谈。在我看来这种反对意见是没有意义的，正如我之前所说过的，我并不认为诸如访谈数量这样的问题有一个理想化的值。无论如何，提前预料评阅专家的反应是我们不得不重视的问题。

接下来，我们将对工商管理领域中最基本的定性数据分析技术方法予以介绍。

从下到上地分析数据

在针对台湾地区的一个知识管理系统的研究中，杨、郭和麦尔斯（Young、Kuo & Myers，2012）解释了他们如何以从下到上的方式来分析数据。首先，他们分析了访谈笔录，以确定初步概念，其中一个笔录节选例子如下所述。

> 在我阅读语调、写作手法和事件描述的内容时，很容易确定是谁发的帖子。姓名并不需要写下来……事实上，社区内相互联系如此紧密，保持匿名是很难的……（Young et al.，2012）。

通过这一节录，研究人员可以提出三个初步概念或编码：很容易确定是谁做了什么、紧密社区和匿名。文本分析后总计有100个初步概念得以确认。

其次，作者将这些概念进行编组和分类。前期确认的三个初步概念被编入名为"可视的眼睛"这一主题。最后，作者提出了三个主要的主题类别和八个二级主题类别。

再次，他们构建了一个综合的主题，通过对各个主题内和不同主题之间的材料进行重复检查和比较，进而将各种不同的主题整合在一起。这一综合的主题命名为"共享或不共享"，这一主题最后成为文章的标题。

最后一个步骤是将研究发现与学术文献关联起来。他们将关于"共享或不共享"的发现与福科特（Foucaut）提出的"凝视"（Gaze）概念以及中国文化中的"脸面"（Face）关联起来。他们认为，虽然一个基于网络的知识管理系统能够实现知识共享，但软件中固有的监管体系严重限制了共享的实现。他们建议，在中国的集体主义文化中，这一文化要求知识管理系统需要考虑个人和群体脸面保护以及知识共享实践行为准则。

13.2.1　编码（Coding）

定性数据分析最简单的一种方法就是对数据资料进行某种形式的编码。一个代码可以是一个词语，用来描述或总结一句话、一个段落或是一整篇文章，如一份访谈记录。

Miles 和 Huberman（1994：56）认为，"代码就是对研究中所整理的描述性或推论性信息资料根据其内涵和意义分类后给每个单元的资料所分配的标签或符号。代码相对应的资料规模可大可小，可以是一个词语、短语、句子或整个段落，可以与具体的情境相关联，也可以不予关联"。

一旦你开始对一个文本进行编码，这就表明你已经开始对它进行分析了，编码就是分析。你需要对一类文本资料分配标签，并将其划分为某一特定类别。编码有助于减少你的数据规模，至少在你的脑中会这样认为。编码对于检索和组织数据非常有用，而且会加快数据分析速度（Miles & Huberman，1994）。

赖安和伯纳德（Ryan & Bernard，2000）提出了与编码有关的六项基本任务，这些任务分别是确定样本、确定主题、建立编码簿、文本标注、构建模型（代码之间的关系），以及利用经验数据验证这些模型，具体内容如下：

（1）确定样本——确定要分析的文本，以及这些文本中的基本分析单元。

（2）确定主题——研究人员需要从文本本身归纳出相应主题，不过主题也可以是来自文献。

（3）建立编码簿——将代码整理成代码表（通常是建立层级），并予以定义。

（4）文本标注——对文本的单元分配代码。

（5）构建模型——确定主题、概念、信念和行为相互之间的联系。

（6）模型验证——运用不同的数据或更多的数据验证前述第五步骤中所构建的模型。

代码有很多种类型，包括描述性代码（开放代码）、诠释性代码（轴向或选择性代码）、理论性代码、模型代码等。由于这些代码在第 9 章中已讨论过了，本章将不再赘述。

13.2.2　备忘录（Memos）

和编码工作一样，当你开始分析数据时，备忘录也是一个有用的技术方法。备忘录实际上是你自己对研究项目中所发生的事情或你正在做的事情的一个评述和注解。它们记录着某个特定时间你正在思考、感受或正在做的事情。

Esterberg（2002）指出，备忘录主要有两种类型：程序性备忘录（Procedural Memos）和分析性备忘录（Analytic Memos）。程序性备忘录关注的是研究过程，它总结你做了什么以及是如何做到的，这有助于记录你已经做了哪些事情。分析性备忘录更多的是关注所研究的问题，它关注的重点是数据以及包含在这些数据内涵中的预感和想法（Esterberg，2002）。在从你的数据中形成概念和主题的过程中，编写备忘录是第一步。

13.2.3　分析归纳（Analytic Induction）

定性数据分析的另一种技术方法是运用分析归纳。分析归纳是对一个或多个案例中出现的现象形成因果解释的一种方法。Ryan 和 Bernard（2000：787）描述了分析归纳方法的使用步骤，如下所示：

首先，定义一个需要解释的现象，并提出一种解释。接下来，研究一个案例，看看这一解释是否适用。如果适用，则接着研究另一案例。只要没有新的案例能够证明这一解释是错误的，那么这个解释就是可以接受的。当发现一个案例不适用时，分析归纳方法的原则要求要么选择改变解释（这样你可以将新的案例包含进来），要么选择对现象进行重新定义（这样你可以排除滋扰的案例）。理想的情况是，这个过程会一直持续下去，直到最后获得一个适用于某一类现象所有已知情况的普适性解释为止。

在工商管理领域中，Markus 的文章就是应用分析归纳法的一个很好的例子（Markus，1983）。Markus 从一个深度案例研究中，验证了三个管理信息系统实施障碍的理论。第一种理论认为，障碍来源于人——障碍是由人决定的。第二个理论认为，障碍来源于技术——障碍是由系统决定的。第三种理论认为，障碍来源于人与系统之间的交互作用。这项案例研究数据也阐述了交互理论（Interaction Theory）的优越性（Markus，1983）。

13.2.4　事件序列（Series of Events）

定性数据分析的另一种方法是列出一个事件的序列，按照时间顺序组织的事件清单就是一个事件序列。

研究人员可以对事件进行分类排序，有些事件发生在其他事件之前且存在相互关联的关系。这些事件就可以用叙事的形式描述出来，并以表格或流程图的形式予以概述和总结（Miles & Huberman，1994）。

表 13.1 是一个以表格形式列出的一个事件序列的例子，这个表格最初出现在一篇讨论公司战略及其与企业资源计划系统（ERP）实施关系的文章中。该表格总结了该公司在过去的十年时间里发生的一些重大事件（这些事件与高层管理者及企业经营策略有关）。我们从表13.1 中可以看出，这些事件是按照时间顺序排列的，每一行都概括了所发生的事件。Lee 和Myers（2004）的这篇文章对这些事件进行了更为具体的叙述。

表 13.1　事件序列

日期	事件
1990 年	SEKTOR 集团公司成立，Billy Wilson 为 CEO
1991—1993 年	CamCo、MaxCo 和 Xenon 作为独立的事业部进行管理 所有的事业部均被视为 SEKTOR 集团的生产分支机构
1993 年	CamCo、MaxCo 和 Xenon 合并成为 Stark 公司 David Callon 任 Stark 公司的总经理 Stark 公司开始开发和塑造独立的企业形象
1993—1998 年中期	Stark 公司成为 SEKTOR 集团的营销部门
1994 年	战略信息技术项目启动
1995 年	ERP 项目启动
1998 年	ERP 系统正式启用
1998 年	Gene Romm 成为 Stark 公司的总经理 开始关注业务的清晰界定，即对企业进行分解
1999 年至今	Stark 公司成为 SEKTOR 集团的生产部门

资料来源：改编自 Lee 和 Myers，2004。

13.2.5　关键事件（Critical Incidents）

关键事件方法要求人们重点讨论研究人员认为极其重要的且与研究项目最为相关的事件（Miles & Huberman，1994）。关键事件方法实际上是"事件序列"方法的简单形式。关键事件方法"提供了一个系统的方法来收集与重要事件相关的材料、分析新兴模式，并基于目标读者的考虑得出初步结论"[凯恩（Kain, 2004: 85）]。通常情况下，接下来需要对这些关键事件一起进行分析，看它们之间是否具有共同点。尽管关键事件方法具有很强的实证属性，但它也能够应用于诠释性研究（Kain, 2004）。

关键事件的确定取决于实际情况。例如，在某区域销售情况下滑时，销售经理可能会变得警觉起来，这也可能会被研究人员看作是一起关键事件。

13.2.6 诠释学（Hermeneutics）

运用诠释学方法对数据进行分析也是定性数据分析技术之一。诠释学不仅是一个潜在的哲学基础，同时也是定性数据分析的一个特定技术方法[布莱谢尔（Bleicher, 1980）]。我们接下来将讨论如何应用诠释学方法对定性数据进行分析。

诠释学提出了一种理解文本数据资料的方法，它主要关注的是文本或类文本的含义（对类文本的理解可参照下述例子：研究人员通过文字或图片来了解的组织即是一个类文本）。诠释学的基本问题是：这段文本的含义是什么？[莱德尼斯基（Radnitzky, 1970: 20）]在文本显得比较混乱或自相矛盾时，诠释学方法的作用尤为突出。

泰勒（Taylor, 1976: 153）说过：

> 从诠释学角度而言，诠释就是尝试弄清研究对象的内容并使其内涵和意义表现出来。因此，该研究对象必须是一个文本或类文本，它们在一定程度上有所混杂、信息并不完全、比较模糊、看似矛盾，即在一定层次上具有不明确性。诠释旨在将其内在的连贯性和意义揭示出来。

诠释学的核心概念之一是诠释学循环（Hermeneutic Circle）的思想。诠释学循环指的是对文本作为一个整体的理解和对其组成部分的诠释之间所具有的辩证关系，基于诠释学循环对事件的描述就会被预期的诠释所引导（Gadamer, 1976a）。诠释学循环的核心在于对文本的诠释需要经常性地从整体转至各组成部分，并从部分转至总体。例如，如果你阅读一本书，你通常会先看标题和作者。如果作者是约翰·葛里逊（John Grisham），那么你即使不打开封面就已经猜测到这本书的主要内容了。你估计在想或猜测这本书应当会是关于犯罪的小说或一本法律恐怖小说。你一旦开始阅读这本书时，你的预想就会被证实。但是，如果你在某个阶段感到困扰了，你或许会回去再从整体上看一下，如查看书的目录等。诠释学建议你要经常性地从整体到部分、再从部分到整体地进行分析，通常你甚至会无意识地这样做。伽达默尔（Gadamer, 1976a: 117）认为"这是一个循环关系……对整体的预期诠释取决于对部分的诠释是否明确，而对部分的诠释又取决于对整体的诠释"。

利科（Ricoeur, 1974）认为，"诠释……是思想层次的工作，它需要解读隐藏在字面意思背后的含义、破译隐藏在字面意思中的不同层次的内涵"。

如果要在工商管理领域进行诠释学分析，诠释工作的目标就在于尝试将一家企业变成一个类文本。在一家企业中，不同的利益相关者对许多问题可能都存在着困惑、了解得并不完全，甚至存在矛盾的看法。诠释学分析的目的就是试图弄清楚企业整体的内涵以及个体与企业之间的关系。本书将在第14章对诠释学的使用做进一步的详细讨论。

诠释学和消费者故事

在市场营销领域，汤普森（Thompson，1997）运用诠释学将见解融入到消费者的故事中去。他诠释了消费者所讲述的关于产品、服务、品牌形象和购物的故事。他认为诠释学可以将消费者的故事融入到日常生活中，揭示其自我认同和生活情境的丰富韵味。比如，他展现了某个人的个人历史如何对他的消费产生影响。在一个例子中，一位母亲决定不买某款车，即使这款车非常便宜，其原因在于这款车在开车门时难以实现同时照顾孩子的需要。这一特性在她的消费者叙事中占据了主导地位。

13.2.7　符号学（Semiotics）

符号学主要对标识、符号及其内涵和意义进行分析。一个标识或符号能够代表其他的东西，艾柯（Eco，1976：9）称"符号学与所有能被看作是符号的东西有关"。这一广义的定义意味着，只要语言、图像以及物体以某种方式（如文字或影像的方式）被记录下来，那么它们都可以作为符号来研究。

符号学有许多不同的类型，但是只有两种主要的传统符号学派。欧洲传统学派是建立在索绪尔（Saussure）的工作之上，而美国传统学派主要是建立在皮尔斯（Peirce）的工作之上。Saussure 关注的是符号作为社会生活的一部分而发挥作用，而 Peirce 对于一种更加抽象的"形式主义的标识"更感兴趣。

钱德勒（Chandler，2008）提出：

> 当前的符号学专家们并不是孤立地研究符号，而是将它作为符号学的"标识系统"（如一种载体或一种范式）来研究。他们研究的是这些内涵和意义是如何形成的，例如，这些意义不仅与沟通有关，而且还与现实世界的构建和维护有关。

在工商管理领域，符号学主要应用在营销、消费者行为以及信息系统等方面。这是由于在营销传播方面符号具有一定的普遍性（如品牌名称、公司标识和广告），而"信息"在信息系统领域非常重要。

我们将在本书的第 15 章对符号学的应用进行详细讨论。

13.2.8　内容分析（Content Analysis）

Payne（2004：51）认为内容分析"力图阐明书面或视觉材料（如报纸和广告）的含义，通过对其内容系统性地分配预先设定的、具体的类别，来量化和诠释这些结果"。

克里彭多夫（Krippendorff）将内容分析定义为"一种研究手段，它能够对数据资料及其语境进行可重复、有效解读"（1980）。研究人员在文本中寻找结构和规律，并在这些规律的基础上进行解读。

为了做到这一点，研究人员首先应该开发一种单词和段落的分类集合，而后将代码运用到文本的各个单元。一旦对这些文本进行了编码，那么就可以使用很多种统计学工具了。因此，内容分析实际上是一种定性数据资料（文档、图片和影像资料）内容的定量分析方法。

麦克纳布（McNabb，2002：414）指出：

> 内容分析方法的主要优点是：它给研究人员提供了一个结构化的方法，用以量化一个定性的或者诠释性文本的内容，并且是以一种简单、清晰、易于重复的形式来量化。内容分析方法的主要缺点是：内容分析方法的内在缺陷之一是将信息本身从其语境中隔离出来。因此，语境含义经常会丢失，或者至少是有问题的。

因而，当文章的含义相对简单和明显时，内容分析法是最有用的（McNabb，2002）。它有助于观察词语的使用频率，以及随着时间变化词语的变化频率。它能够帮助分析历史趋势，例如过去十年内营销杂志中提到互联网的次数；它也有助于分析访谈记录，例如某品牌名称使用的次数。

13.2.9　会话分析（Conversation Analysis）

会话分析将人们对语言的使用看作是一种行动类型，或者作为能力较强的行动者的一个熟练技巧。会话分析的一个关键概念是话语次序，言语中的话轮转换（Turn-Taking）原则被称为所有会话的一个普遍性原则。

和书面文档不同，口头交流往往是非正式的、半结构化的、不合文法的。谈话的主题经常会突然改变，脱离先前悬而未决或者尚未完成的主题。会话分析有助于分析口头交流过程中可能出现的含义变化情况。

因此，内容分析往往假定词语的意思相对明确，而会话分析并未假定词汇和习语的含义是固定的。恰恰相反，它假定词汇和习语的含义是在交流过程中形成的。为了理解和解释这些含义，研究人员不得不使自己融入先前已经录制好的口头交流互动过程中[克莱因和特鲁克斯（Klein & Truex，1995）]。

13.2.10　话语分析（Discourse Analysis）

话语分析关注的是文本的构建方式，以及该文本所处的社会情境。"话语"这个词指的是来回往复的交流，就像争论或辩论一样。所有的语言都可以看作是一个社会互动过程（总是有一个发言者/作者和听众/读者），但是话语分析主要关注的是所使用的语言——在发言或者书面文字中通常所使用的语言。因此，话语分析主要用以分析交流过程中使用语言的实际例子。

约翰斯顿（Johnstone，2002：8）指出：

> 一个话语分析专家提出的基本问题是：为什么这个文本的形式是这个样子的？为什么它不是另外一种形式？为什么这些特定的词语是这样一个特殊的顺序？

尽管话语分析有很多不同的形式，但是许多研究人员使用话语分析方法时倾向于关注"语言游戏"。语言游戏指的是存在相互影响的言语的各单元按照不同顺序组合会形成不同的含义，以及隐喻和寓言的使用等都会对语言的内涵形成影响。话语分析方法要求我们对文本进行多次阅读和解释（Klein & Truex，1995）。

吉尔（Gill，2000）指出话语分析有三大传统。第一个传统是话语分析受到批判性语言学、社会符号学或批判性语言研究理论方法的影响。第二个传统是话语分析受到言语行为理论（Speech-Act Theory）、民族方法学（Ethnomethodology）和会话分析等理论方法的影响。第三个传统与后结构主义（Post-Structuralism）有关，米歇尔·福柯（Michel Foucault）的著作可能是这方面最著名的文献。

13.2.11　叙事分析（Narrative Analysis）

在《简明牛津英语字典》中，"叙事"一词被定义为"系列事件的口头或书面描述；通常表现为一个故事"（Soanes & Stevenson，2004）。传统上，一个故事要求有情节和一定的连贯性。它拥有一个线性结构，有开始、正文和结尾。叙事分析（Narrative Analysis）是一种从定性角度来诠释和分析定性数据的方法。

叙事分析方法有很多种类型。例如，在一个口头叙事中，叙事就是某个人（叙述者）所认为的重要事件的记录。其他的叙事分析方法主要是描述组织生活中的重要事件。哈佛案例研究适合于这种分类，因为每个案例都有一个或多或少的有明显结局的情节，人们期望商学院的学生能够理解这个故事的寓意。另一个极端类型是后现代主义的"前叙事（Ante-Narratives）"。前叙事分析通常并不将"宏大叙事（Grand Narratives）"作为唯一的来源，相反它关注的重点是许多故事的不同片段。博耶（Boje，2001）对后现代叙事分析方法的不同种类及其在组织和管理领域定性研究中的应用进行了详细的讨论。

13.2.12　隐喻分析（Metaphor Analysis）

隐喻是给一个物体或行动赋予一个名称或者描述性的词或者短语，而所赋予的名称或词/短语并不是其字面含义（如 Windows Vista 中的 Window）。隐喻并不会单独出现，而是其广义意义结构中的一部分。

隐喻分析"涉及一个隐喻的系统反射，我们通过这个反射来感知、讲话、思考和行动"[施米特（Schmitt，2005：369）]。

施米特（Schmitt，2005：384）认为隐喻分析的第一步是确定文本中所包含的各种隐喻。当出现下列情况时，我们可以确定一个隐喻：

1. 严格来说，从文本所处语境分析超出了其字面含义的词或短语；
2. 字面含义来源于个人经历或文化背景的词或短语；
3. 在情境背景下，这些词或短语被转换成另一种形式，通常是予以抽象化。

第二个步骤需要对隐喻性习语用更少量的概念予以排序和分类。

科勒（Koller，2004）讨论了运用隐喻分析方法来研究商业媒体的问题，他的研究涉及《金融时报》（*Financial Times*）和《商业周刊》（*Business Week*）两家媒体。Koller 在四个样本文本中观察隐喻使用的频率，然后观察使用隐喻时所处的场景，她接下来还描述了文本中的隐喻关系链，这个隐喻链详细阐述并拓展了隐喻方法的使用。

13.3　使用哪种定性数据分析方法

可用于定性数据分析的相关技术方法如此之多，定性研究的初学者可能会感到非常困惑。所有这些技术方法都和定性数据有关，如文档、图片或影音资料，但是每种方法所关注的重点却有一些细微的不同之处。有些技术方法非常相似，而有些技术方法却完全不同，甚至它们潜在的假设都是相反的。

笔者的观点是，并不存在这样的一种情况，即某种技术方法会比其他所有方法都好，事实上，每一种方法都有其优势和不足之处。因此，在选择某种具体技术方法用以定性数据分析时，笔者建议你重点考虑以下几个方面。

（1）你对这个技术感兴趣吗？

（2）这个技术和你所认为的针对相关知识和现实情况的哲学假设存在一致性吗？

（3）这个技术和你所使用的研究方法一致吗？

（4）你是否已经收集到了对于该定性数据分析技术所需要的合适数量和质量的数据？

（5）你是否有一个导师或者其他老师可以给你提供一些针对你所选择的技术方法的建议和指导？

第一条考虑可能是最为重要的——你对所选择的定性数据分析技术是否有兴趣？如果你发现这个技术方法非常无聊，那么你通常很难做好定性数据分析工作。你需要选择一个能够刺激你思考的技术方法。

第二条考虑建议，如果你是一名实证性研究人员，诸如内容分析或分析归纳等方法就可能会与你的哲学假设相一致。如果你是一名诠释性研究人员，那么像诠释学、符号学或者叙事分析那样的方法可能会更适合你。一名批判性研究人员可能会选择话语分析法或者是某种形式的前叙事分析。

第三条考虑要求你检查一下你的定性数据分析方法和你的研究方法是否一致。例如，如果你使用扎根理论，那么你最好继续使用某种编码方法，而不是尝试使用诠释学或者话语分析之类的方法。

第四条考虑关注于你所收集的数据。如果你有磁带录制的谈话记录，那么会话分析就可能是一个很好的选择。相反，如果你没有任何谈话的录音，那么会话分析法显然就不予考虑了。

如果你正在撰写一篇硕士学位论文或博士学位论文，那么第五条考虑就非常重要了。在具体技术方法选择的合适性方面，你需要一些好的建议。这里所说的合适性是指你所从事的学科通常使用的技术方法。在论文的最后阶段，会有审查评阅专家根据本学科的传统做法，运用他们自己的经验来评估你的论文的可接受程度。针对本学科领域提出关于合适性和可接受程度的建议，是一位资深指导教师应当具备的能力，从而使你可以成功、顺利地通过审查过程。最坏的结果是，你的评审专家并非专业的适合审查你的工作的人员，例如，他们不具备你所使用的方法方面的专长或者经验，在这种情况下你就要承担失败的风险。事后再抱怨审查过程的不公平就来不及了。因此，早一点确保你有适当的指导会比较好。

13.4　使用定性数据分析软件

现在，绝大多数定性研究人员都使用许多电脑软件来帮助他们进行研究。这些软件有很多，至少是使用微软的 Word 文字处理软件（或者其他的文字处理软件）来记录笔记、将访谈录音转制成文字，以及撰写学位论文、学术文章和著作等。此外，很多人还使用文献编辑软件包如 EndNote 或 ProCite。如果你正在撰写一篇学位论文或者几篇期刊论文，这类软件能够帮你节省大量的文献管理时间（例如，针对不同的杂志风格自动调整参考文献的格式）。

与文字处理软件和文献编辑软件一样，大多数定性研究人员也会用到电子邮件、互联网的搜索引擎（如 Google），以及大学内部的图书馆数据库。以笔者为例，作为一些协会或者编辑委员会的成员，我仍然会收到许多期刊的纸质印刷版本，但是我发现几乎不再需要查阅纸质版文献了。在文献数据库（如 ABI/Inform）中获得期刊论文的电子版更加简便快捷，笔者所在的大学图书馆里可以很方便地使用这些电子资源。这些网上数据库的一个优点就是即使在家里或者在国外也能够使用这些数据库。在过去的几年里，我开始使用 Mendeley（一款文献管理软件，可以用于个人计算机、苹果电脑、平板电脑等）来将 PDF 格式的论文文献存储到我的个人平板电脑、计算机或云服务器中。

与上述提到的软件工具相比，定性数据分析（QDA）软件是另外一种不同类型的软件，这种软件有时被称为计算机辅助定性数据分析软件（Computer-Assisted Qualitative Data Analysis Software，AQDAS），它能够帮助我们分析定性数据。韦茨曼和迈尔斯（Weitzman & Miles，1995）指出，QDA 软件能够在以下几个方面对定性研究人员提供帮助。

① 在现场做笔记，撰写或转录田野调查笔记。

② 编辑：校正、扩展或修订田野调查笔记。

③ 备忘录：对于数据的某些特性撰写反身性评论。

④ 编码：给文本的各个部分加上关键词或者标签，以便以后查询。

⑤ 存储：将文本保存在一个事先设计好的数据库中。

⑥ 检索：对文本的部分内容或内容单元予以定位。

⑦ 数据"链接"：形成信息的类别、集群或网络。

⑧ 内容分析：计算词语和短语出现的频率、序列或位置。

⑨ 数据显示：以一种压缩的简化格式显示经筛选和精简后的数据。

⑩ 结论提取和验证：帮助诠释数据并检验结果。

⑪ 理论构建：对结果形成系统的诠释，进行假设检验。

⑫ 图表制作：创建能够描述结果或理论的图表。

⑬ 编制中期报告和最终报告。

尽管几乎所有的 QDA 软件都允许你进行编码、检索，但这些软件之间却有着非常明显的差异。一些软件允许你从微软办公软件中导入各种文件，而其他软件则只允许你导入纯文本文件。在一些软件中你可以使用多媒体文件，如视频、图片或者音乐文件，而其他一些软件可能只允许你使用文本文件。

在可用的大约 15 种软件中，NVivo 和 Atlas/ti 这两种软件最受欢迎。NVivo 是 QSR International 公司开发的软件，它以前的版本被称作 NUD*IST（Nonnumerical Unstructured Data，它通过索引、搜索和理论构建功能来形成并管理观点和想法）或者 N6，这些已经被人们所熟知。很多大学至少会有其中一种软件的在线使用许可权。巴里（Barry，1998）对这两款软件做了一个比较，但她的评论现在有点过时了，因为这两种软件在过去的十年里已经得到大幅改进。

如果你正在进行工商管理领域中的定性研究，那么你到底应不应该使用 QDA 软件呢？笔者的建议如下。

如果你使用的研究方法和 QDA 方法需要你进行编码、查找和检索文献，如扎根理论或内容分析法，那么我强烈建议你应该使用一个好的 QDA 软件包。这样的软件包将使这一过程变得更加快捷和简单。

相反，如果你使用的研究方法和 QDA 方法是一种更为全面的方法，如诠释学和叙事分析方法，那么你可能不喜欢使用 QDA 软件。这是因为，一个软件不可能使描述这些方法特性的分析变得机械化，定性研究人员使用这些方法主要是依靠他们分析数据时自己的直觉和判断。然而即使这样，我相信你可能也会发现使用 QDA 软件所能够给你带来的巨大便利。这是因为如果你不需要编码的话，你就可以不使用软件的编码功能，但你可以使用软件对文本特定部分进行注释或创建备忘录的功能。或者，你也可以使用 QDA 软件的编码功能，但是却将它作为建立标记、标注、索引或标签的替代功能来使用［埃罗（Ereaut，2002）］。也就是说，你完全可以按照自己的需要来使用 QDA 软件，并让它适合你自己的研究风格。

总而言之，笔者还是建议几乎所有的定性研究人员都应该考虑使用 QDA 软件。但是，如果你使用该软件的话，你就应该记住这只是一个工具。你还需要记住的一点是，如果仅仅是因为软件允许你进行下一步你就继续不停地深入做下去的话，你的分析会变得过度深入。笔者发现，这种情况尤其表现在那些经验相对缺乏的研究人员身上。这样做的危险在于你将陷入细节当中（例如编码），而忽略了全局和整体性。但是，如果你对于计划使用的分析方法事先有非常明确的想法，那么你通常就能够避免陷入这种困境，并有效驾驭这个软件。

13.5　定性数据分析研究范例

13.5.1　编码、主题和聚类

金德伦和斯皮拉（Gendron & Spira，2009：991）对安达信会计师事务所倒闭之前的员工开展了一系列半结构化的访谈，要求这些员工回顾有关安达信倒闭的问题。这项研究的目标在于提升我们对财务审计工作可控制边界结构的理解。

作者认为"如果要对控制这一问题在现今社会中的实践、实施、发挥作用、抵制的方式拥有更好的理解，进行微观层面的分析是很重要的"。作者对其数据的分析反映了他们对微观层面细节问题的关注。

首先，作者对访谈笔录进行了认真阅读。其次，他们对涉及控制和规则的每一个段落进行了系统编码。最后，针对每一份访谈笔录，编码过的部分都复制到一个基于访谈的主题矩阵中。每一个基于访谈的主题矩阵都进行了一个总结性的叙事说明。针对每一位访谈对象的主题矩阵可以实现以简洁、有序的形式对数据进行展示。通过这一流程，作者对主题矩阵进行多次对比以确保分析的连续性。

作为这一分析流程的结果，作者找到了关键的共同点。比如，他们发现几乎所有的受访者都相信通过组织或规则的控制，审计工作是具有可控性的。然而，他们的分析同时也认为会计师事务所内部的管理模式是有问题的（Gendron & Spira，2009）。

13.5.2　运用定性数据分析（QDA）软件分析博客

席尔瓦、戈埃尔和莫塞维丁（Silva、Goel & Mousavidin，2009）运用 NVivo 这一定性数据分析软件来帮助他们进行数据分析。他们的研究目的在于探索那些对社区博客提供连续性、起推动作用的社会进程和运作机制。他们所研究的社区博客的注册会员超过 3000 个，这些会员有权限发帖或对别人的帖子进行评论，这些帖子每天所面向的读者大约有 1.5 亿人。

鉴于数据资料的数量过于庞大，作者首先选择针对技术、政治、教育、娱乐和新闻的帖子作为样本。接下来，他们运用 NVivo 软件对这些帖子所包含的资料进行组织和编码。这个软件可以年复一年、月复一月地将资料串成线，从而使作者可以按照时间顺序来考察这些数据资料。他们建立了一个社区实践理论框架，并基于这一框架对资料进行编码。最后，作者运用 NVivo 软件对数据进行分析，旧文本被阅读和诠释后，新的主题就会跳出来。所有的数据分类录入 NVivo 软件后，作者就可以针对社区博客的运行机制和社会进程内涵的普适性模式予以确认。

作者的研究结果显示了某些特定的行为会推进社区博客的持续性发展。这些行为包括清晰的会员政策、版主在场、相关信息的可获得性、网络礼仪、帖子相关性识别的默认许可，以及针对纪律行为采用专门技术手段等（Silva Goel et al.，2009）。

13.5.3　话语分析：改变四大会计师事务所中的性别统治

科恩伯格、卡特和罗斯-史密斯（Kornberger、Carter & Ross-Smith，2010：779）在对一家四大会计师事务所有关提升性别平等问题的研究中运用了话语分析方法。作者在这家组织开展了田野调查工作，并通过对组织员工们的观察、参与式观察和访谈获取到相应的数据资料。

作者使用话语分析来考察语言中所展现的权力影响问题。通过对数据资料的连续多次阅读，他们发现了与性别有关的一些不协调和不一致问题，"我们的访谈对象频繁地表现出无法前后一致地表达他们对提升性别平等及其影响问题的看法。最终我们总结认为这种前后不一致性恰恰是我们数据中很有意思的一个特性"。

作者发现性别不平等只是与女性相关的一个问题，而并不是一个社会组织的产物。解决性别不平等问题的方法，与其说是去改变这一家四大会计师事务所的结构和运营惯例，还不如简单地作为一个数字游戏（计算一下多少女性得以提升）。作者的研究结论认为旨在提升性别平等的研究初衷，结果却导向仅仅是简单强化现状的反面效果（Kornberger et al.，2010）。

13.5.4　战略工作中的关键话语分析

曼泰雷和瓦萨拉（Mantere & Vaara，2008）运用关键话语分析方法来对他们的定性数据进行诠释。他们这一研究的目的在于更好地理解为什么组织中的战略流程经常会涉及参与性问题。他们希望发掘出来什么类型的话语阻止或促进了战略工作中的参与问题。作者在 12 家专业组织中开展了实证考察工作。

他们的数据分析工作包括四个阶段。第一，他们运用访谈数据分析和文档分析来描述每一家组织战略流程的关键特性。第二，他们分析了特定情形下的话语，重点是关注组织员工对战略流程的理解以及这些流程为组织员工分配了什么角色。第三，他们对访谈材料进行编码和分析，并对不同情形的模式进行检查。这样，他们就能够对每一情形下的六个话语进行话语描绘，并构建相互之间的联系。第四，作者主要关注六个话语，以深入确认并分析这六个范例。这使得作者可以更好地理解战略工作中特定概念及相关具体人员的角色是如何进行话语性构建并得到官方认可的。

作者总结认为，真正的广泛参与要求重新考虑我们看待和讨论战略的方式（Mantere & Vaara，2008：356）。

13.5.5　会计中的叙事分析

戴维（Davie，2005）考察了会计在斐济木材业财务重组中的作用。她讲述了最近斐济新成立的一家国有企业（斐济松木有限公司（Fiji Pine Limited，FPL））的情况。

她使用的研究方法是民族志，数据来源于斐济民族村庄的观察、参加会议、访谈和档案记录。她的民族志方法主要是基于"平权行动"（Affirmative-Action，是指防止对"肤色、宗教、性别或民族出身"等少数群体或弱势群体歧视的一种手段），研究制度化的种族歧视背景下会计的作用。

Davie 的研究主题主要是斐济木材业给予土著斐济人优先权的那些尝试和努力，松木业财务重组是斐济政府平权行动政策的一部分。

她的故事揭示了会计金融专业知识是如何使得高度敏感的、富有争议的土著居民优先权这样的政治问题，能够隐藏在可接受的财务体系的外衣下。她称自己的研究表明了会计是如何同种族歧视发展政策结合在一起的。在这一案例中表现为如何有利于斐济土著居民。她的研究结论是，会计本身不具有种族性，但可以通过其实施背景而具有种族主义性质（Davie，2005）。

练习和习题

1. 以下是一个简单的编码练习。

第一步，从一份报纸中选取一篇大约一页纸长的文章，或者也可以选择一份访谈记录。

第二步，阅读这篇文章并对其初步理解。

第三步，尝试将这篇文章分解成几个有意义的片段，创建一些代码来概括和标记这些内容，可能每个句子都需要一个代码。

第四步，针对文本内容撰写一些简要的备忘录。

最后，概述一下你从这篇文章中了解到什么，你有什么见解？

2. 如果你之前做过访谈（例如第 10 章的一个练习），那么请你用本章提到的一种或多种定性数据分析方法来分析这份访谈文本。

扩展阅读材料

1. 图书

● 约翰斯顿（Johnstone，2002）的著作对话语分析做了一个很好的概述，博耶（Boje，

2001）的著作对叙事分析同样做了一个很好的概述。

● 尽管韦茨曼和迈尔斯（Weitzman & Miles，1995）的著作现在来说已经有些陈旧，但是在评估定性数据分析软件的标准方面它仍然是最好的书籍之一。不过，尽管它在如何寻找合适的软件方面所提的建议非常有用，但我们并不需要阅读其关于各种软件包的分析和讨论，这是因为相关软件在过去的十几年里已经发生了巨大的变化。

2. 网站资源

这里有一些很有用的与定性数据分析有关的网站资源：

● 丹尼尔·钱德勒（Daniel Chandler）的《面向初学者的符号学》（"Semiotics for Beginners"），这篇文章对符号学的概念做了一个非常好的概述，见 http://www.aber.ac.uk/media/Documents/S4B/sem01.html。

● 斯黛夫·斯莱布克（Stef Slembrouck）的文章《何谓话语分析》（"What is Meant by Discourse Analysis"），对话语分析做了一个很好的概述，见 http://bank.ugent.be/da/da.htm。

● "叙事心理学"（Narrative Psychology）是叙事和相关领域的一个很好的资源，见 http://www.narrativepsych.com。

● 克里斯廷·巴里（Christine Barry）关于两种最受欢迎的定性数据分析软件的比较非常有用，不过现在来看稍有些过时，见 http://www.socresonline.org.uk/3/3/4.html。

第 14 章　诠释学

本章目标

通过本章的学习，你将能够实现以下学习目标：

- 明白运用诠释学分析的目的。
- 理解诠释学的一些基本概念。
- 清晰诠释学使用的各种不同类型。
- 运用诠释学方法时更加自信。
- 认识到使用诠释学方法的优缺点。
- 知晓如何在工商管理领域使用诠释学方法。

14.1　导言

正如前面章节所提到的，诠释学是分析和诠释定性数据的一种方法。本章将深入讨论诠释学方法，使读者能够理解诠释学的一些基本概念，并在研究工作中更加自信地使用诠释学方法。

诠释学主要关注定性数据的内涵，特别是文本性资料的含义。在案例研究或民族志这样的定性研究中，研究人员会收集到大量的文本资料，如案例研究笔记、访谈记录、文档，以及记录着一个组织中参与人员观点和描述具体事件的田野调查笔记等。这些数据被收集起来后，研究人员接下来的工作就是对其进行排序、解释和说明，并使这些资料的意义体现出来。

诠释学有一系列概念可以帮助定性研究人员分析他们的数据，这些概念有助于研究人员解释并理解单个或多个文本的含义。尤其是在对组织和事件存在矛盾的解释时，诠释学的相关概念就表现得非常有用，例如：为什么某个系统会失败？诠释学是一种方法，它有助于深入分析工商管理领域中的社会和组织情境。

使用诠释学方法的主要目的在于提升对人类的理解：理解人们说什么、做什么，以及为什么这样说、这样做，它的作用是尝试弄清楚研究对象的具体内涵，并使其意义表现出来。

诠释性哲学最初是对圣经和其他宗教文本的解释，然而，在 20 世纪，诠释学开始被社会哲学家们所使用，他们不只是将诠释学运用到书面文本中，还会将其运用到对语言和行动的解释上（Myers，2004）。如 Gadamer、Habermas 和 Ricoeur 等社会哲学家考察了诠释学解释方法如何在社会科学领域中予以应用的问题[米勒-沃尔默（Mueller-Vollmer，1988）；帕默（Palmer，1969）]。

诠释性哲学也被社会学家和文化人类学家们所使用[阿加（Agar，1986）；格尔茨（Geertz，1973）]，在这种情形下，文化被看作是一个需要人们解释和理解的文本[弗罗斯特、摩尔、路易斯、伦德伯格和马丁（Frost、Moore、Louis、Lundberg & Martin，1985）]。定性研究人员试图发掘行动或者语言在社会和组织情境中的含义[布里曼（Bryman，1989）；Myers，2004]。

人们已经将诠释学作为一种分析含义的方法用在诸如信息系统和市场营销等各种商业课程中来分析定性数据[阿诺德和费希尔（Arnold & Fischer，1994）；Lee，1994；Myers，2004]。例如，在信息系统领域的研究中，关于信息技术的组织话语（Organizational Discourse）问题已经发展成为一个重要的研究领域[温、惠特利、麦尔斯和德·格罗斯（Wynn、Whitley、Myers & De Gross，2002）]。诠释学也被用于帮助人们理解怎样解释信息以及如何使用信息系统等问题[博兰德（Boland，1991）]。此外，诠释学还被用于解释信息系统的发展过程（Boland & Day，1989），以及社会和组织背景下信息技术的影响等（Lee，1994；Myers，1994）。在市场营销领域，诠释学可应用于客户研究，用以考察广告对客户的影响（Ritson & Elliott，1999）。

> 使用诠释学方法的目的是帮助人们理解——它帮助工商管理领域的定性研究人员理解人们说了什么、做了什么，以及为什么这么说、这么做。

14.2　诠释学的定义

诠释学既是一种哲学方法，也是一种具体的分析方法（Bleicher，1980）。在人类如何从哲学角度进行理解这一层面，它为诠释主义提供了哲学基础（Klein & Myers，1999；Myers，1997b）；在分析方法角度，它是一种定性数据分析方法。本章主要是将诠释学作为一种分析和诠释定性数据的方法来进行介绍。在这种情况下，诠释学能够帮助定性研究人员理解和诠释文本或类文本（Text-Analogue）的含义。

泰勒（Taylor，1976：153）指出：

> 从诠释学角度而言，诠释就是尝试弄清研究对象的内容并使其含义和意义表现出来。因此，该研究对象必须是一个文本或类文本，它们在一定程度上有所混杂、信息并不完全、比较模糊、看似矛盾，即在一定层次上具有不明确性。诠释旨在将其内在连贯性和意义揭示出来。

"类文本"是指任何能够被看作是文本的事物，例如一个组织或一种文化。文本不仅仅包括书面文档，还包括谈话甚至非语言交流，如姿势或面部表情等[迪星（Diesing，1991）]。诠释学的任务在于理解一个特定文本的含义是什么。

举例来说，我们假设存在下述这样一个场景。市场营销研究人员萨莉（Sally）决定针对一家企业开展一项关于营销策略的案例研究。她尽可能多地收集了和企业营销策略相关的数据资料，包括公开的文件（如企业年报、公司 CEO 发表在报纸上的声明）以及一些企业内部文件。当 Sally 开始对企业员工进行访谈时，她发现企业并不像那些公开文件中所描述的那样，营销总监和财务总监对于企业的营销策略存有不同的看法。她和员工谈论得越多，得到关于公司营销策略的版本就越多。最终，在做了更为深入的研究以后，Sally 开始明白企业官方公布的年报以及其他文件中提到的营销策略和企业的实际做法相差甚远。例如，企业称顾客至上，但是顾客打电话至客服中心的平均等待时间长达 12 分钟。

在这种情境下，组织可以被看作是一个文本，它是混杂的、信息不完全、比较模糊、看似矛盾，即具有一定的不明确性（Taylor，1976：153）。在数据收集阶段结束时，Sally 收集到数百页的文本（包括图表、计算数据、访谈录音等）。从某种意义上说，可能共有数百个潜在的二级主题，如与特定人员的访谈等。现在 Sally 需要整理、分类和编辑所有的文本，而后才能开始撰写论文。诠释学能够帮助研究人员诠释文本，使其意义展现出来，它帮助研究人员编制一个具有可信性的故事。

14.3　诠释学相关概念

诠释学提供了一系列概念来帮助研究人员理解文本，接下来我们将介绍这些概念。

14.3.1　历史性（Historicity）

诠释性哲学的基本概念之一是历史性，瓦柯特豪瑟（Wachterhauser，1986：7）对历史性这一概念描述如下：

> "历史性"并不是指那些无可争辩的诸如我们生活在现实之中这样的事实，而是指"我们是谁"这样的历史性主题。这一概念指的是那些表述——我们作为人类和我们作为特定历史情境下的人类，二者之间的关系不是偶然的，而是必然的或是"本体论的（Ontological）"。这意味着"我们是什么"并不能消减成为一个本体论的、历史性的核心，诸如超验主体（Transcendental Ego）或更广义的所有历史环境下相同的人类属性。相反，"我们是谁"这一命题是对我们发现自己所处的历史环境和社区、我们所说的历史性语言、我们所沿用的历史性演变过来的习惯和实践，以及我们做出选择时的历史性条件的一种映射功能……总而言之，诠释学捍卫本体论，即人类本身就是其历史。

这意味着，我们对商业组织中的自身和他人的理解处于一个历史性的情境下，在这样的情境下，作为历史性存在的我们形成了对任何主题的诠释（Myers，2004）。认识一种现象意味着能够就其与社会中的其他人共同交谈（Wachterhauser，1986）。

为了说明这一概念的应用，让我们回到 Sally 关于营销策略的案例研究中。Sally 发现，在过去的 12 个月中，公司的收入和利润都出现了下降。同时她还发现，财务总监似乎比市场总监对 CEO 的影响更大。但在两三年之前，当销售收入和利润都在增长的时候，似乎是市场总监对 CEO 的影响更大。

现在看来，目前，策略和行动的不一致可能是历史性环境影响的结果。可能正如企业的正式文件中所描述的那样，营销策略在几年前得到了拓展。可能当时的营销策略正确地展现了高级管理层的意图。但是，随着经济衰退时代的到来，财务总监坚持缩减成本、精简人员，从而使公司能够保持一个比较良好的财务状况，这也是他的职责所在。

因而，历史性这一概念建议定性研究人员需要关注人们和所研究的现象所处的历史性环境。这个环境应当是清晰的，它有助于使故事具有意义。如果在数据收集阶段能够收集到一些时间序列型的数据，这种分析就会更容易些。

14.3.2　诠释学循环（Hermeneutic Circle）

诠释性哲学的另一个重要概念是诠释学循环。诠释学循环指的是对文本作为一个整体的理解和对其组成部分的诠释之间所具有的辩证关系，基于诠释学循环对事件的描述会被预期的诠释所引导。正如 Gadamer（1976a：117）所说的：

> 这是一个循环的关系……在这个关系中，对内涵的预期是针对整体的，对整体内涵的预判来源于对部分的理解，而对部分的理解又取决于对整体的理解，部分也决定了整体。

为了解释诠释学循环的概念，Klein 和 Myers（1999：71）使用了 Gadamer 关于"我们如何将一句话的含义翻译成外文"的例子。

> 作为一个正在讨论的例子，我们可以考虑这样一个句子——"他们正在踢足球"。为了理解这句话的各个单独部分（例如，足球是一个圆球、蛋形球还是根本就不是球），我们必须尝试着理解整个句子的含义。翻译的过程是从对各个部分的理解到对整体的把握，从对整个文本的全面理解再回到对各个部分更加深刻的理解，例如加深对每个词语意义的理解。作为整体的一句话而言，它同样是某个更大的文章段落中的组成部分。如果从这篇文章中我们能够很清楚地了解到根本就没有人从事体育活动，那么我们就能够得出这样的结论，即"他们正在踢足球"的意思肯定是一种隐喻。作为隐喻，人们需要将"足球"解释为一个有争议的问题，这反过来就涉及"踢"这一词语意义的新解释，将它理解为涉及某个抽象的"被人们扔过来踢过去的事情"。同样，"踢"也不再是指绿茵场上的肢体运动了。

因而，理解就是一个不断地从整体到部分、再从部分回到整体的过程。诠释学循环的概念不仅仅可以用于文本，也可以应用至任何类文本的分析中。

为了说明这一概念，让我们再回到 Sally 对一家组织的案例研究中。正如前面所提到的，组织本身可以作为一种文本来看待。Sally 首先从获得一些关于组织（作为整体）的基本常识开始，她可能会阅读一些年报、报纸报道，以及任何可获得的公开信息（作为部分）。做完这些工作以后，Sally 接下来可能会针对某些问题或事件在这家组织内对一些特定人员进行访谈。由于进行了更多的访谈并收集了众多的信息，Sally 从整体上对整个组织以及各个不同部分如何组合在一起有了更深入的理解。她对如何更好地将各个部分组合在一起以及为什么这样组合的理解变得更加透彻。理解的过程就是"不断地从整体到部分、再从部分到整体"。

但是，正如我们所看到的，Sally 的研究可能也揭示出一些明显的错误或矛盾。公司的营销策略是一回事，企业表现出的行动却是另外一回事。由于对组织不同部门和职能部门的员工进行的访谈越来越多，一些矛盾和分歧就出现了。对于某个事件发生的原因，人们会持有不同的看法，例如，为什么负责广告活动的广告公司被辞退了。在这种情况下，诠释学分析过程会一直持续下去，直到组织中那些明显的谬论、矛盾、异议不再出现，能够得到合理的解释时为止。从定性研究人员的角度来看，田野调查法在所有明显的矛盾被解决之前是不能结束的，至少在研究人员的理解中应当是这样（Myers，2004）。

我们可以看到，诠释学循环的概念表明我们对于记录过去所发生事件的文本的意义有一个预期。诠释学表明，我们对于一个复杂整体的理解是从对其部分的含义以及各部分之间相互关系的先入为主的理解开始的。

利科（Ricoeur，1974：13）将解释（Interpretation）定义为"发掘表面意义下所隐含的含义以及揭示字面意义所暗含的意义这两方面的思考工作"。

揭示内涵和意义层面的任务是诠释学的核心，解释的目标就是"形成对文本的一个解读，这个解读与信息的所有重要细节相吻合，并与前后语境连贯一致"（Diesing，1991：110）。

14.3.3 偏见（Prejudice）

诠释学的另一基本概念是"偏见"。诠释学指出，在我们的理解中，"偏见"、预先判断或者先验知识等发挥着重要的作用，也就是说，我们在试着理解一段文本时总会涉及一些先验知识或这段文本是关于什么的预期。实际上，除非我们已经对撰写该文本的语言有所了解，否则我们甚至无法正确地理解这个文本。要想理解一种语言，最起码应该包括对词汇、语法规则以及该说什么不该说什么的社会惯例等知识有所了解。因此，先验知识是理解的先决条件，虽然这些大部分可能是默会知识（Tacit Knowledge）或是广为接受的知识（Myers，2004）。

然而，在实证社会科学中，"偏见"或是预先判断常被看作是倾向或偏好的源泉，从而妨碍了真正知识的获得。按照实证主义的观点，如果社会科学家采用价值中立[①]（Value—Free）的态度，且不让偏见妨碍他们的研究，那么客观性是最容易获得的。相比之下，诠释学表明，理解总是包含着解释，即运用自己先前的理解使得研究对象的意义变得清晰（Gadamer，1975：358）。因此，理解不仅仅是一个重复的过程，更是一个创造性的过程，而且解释总是不断变化的（Myers，2004）。

因此，诠释学指出，偏见或者预知是我们理解的必要起始点。诠释学的准则是"没有预知就没有知识"（Diesing，1991：108）。因此，诠释学的关键任务就变成了分辨"我们的理解中的真正偏见和我们的误解中的错误偏见"（Gadamer，1976a：124）。当然，当我们开始理解一个文本或是类文本时，我们就不能存有偏见。但是，正如 Gadamer 指出的那样，这并不意味着我们只是简单地将偏见搁置。恰恰相反，这意味着作为研究人员，我们必须知道自己的历史性（Gadamer，1976a：125）。这是指我们需要意识到我们自己的观点和偏见在很大程度上是如何由我们的文化和个人经历所决定的。我们自己的思想和个人经历（教育、家庭情况、工作等）对自身世界观的形成产生了重要影响。当然，在很多科学实验中，了解研究工具是如何"被校准的"也很重要。诠释学强调的是，在几乎所有的社会研究中，研究工具就是研究人员自己。因此，了解研究人员如何进行研究就非常重要（Myers，2004）。

---

① 价值中立是指，社会科学家在研究时应当遵循他所研究的对象本身的规律和特点，而不应该以自己的价值判断为指导去研究（译者注）。

对于文本和诠释者之间交流的认识在当代诠释学中已经起到了积极的作用。像狄尔泰（Dilthey）这样的早期诠释哲学家忽视了文本和诠释者之间的这种交互关系，并尝试从文本本身来理解文本的意义。

让我们再次回到 Sally 的案例研究的故事中来，作为一名市场营销研究人员，Sally 相信人们应当认真对待公司的营销策略。该公司似乎已经放弃了原来的市场营销策略，虽然 Sally 能够理解该公司这样做的原因，但她仍然感到非常失望。她试着客观地撰写这一案例，但是在她的心里还是希望市场总监能够再次对 CEO 产生重要影响。她认为市场总监因为市场衰退而受到责备有一些不公平，毕竟这并不仅仅是由于市场总监的失职所致。

14.3.4　自主化（Autonomization）与距离化（Distanciation）

诠释学中有两个更为重要的概念，即自主化和距离化（Myers，2004）。利科（Ricoeur，1981）对口头语言和书面文本做出了重要的界定，他指出，作者的意图一旦写进文本中，它就有了自己的生命。这一自主化的过程发生在语言被撰写成文本的任何时候：该文本以一种确定的、有限的和外在的特征而出现。这意味着该文本已经是一个不依赖于原作者的、自主化的、"客观的"存在了，一旦一些事情被公布或公开，那么它实际上就是不可逆转、无法改变的。有一个很好的例子可以说明这一点，在很多情况下，政治家会对之前在接受记者采访时所说的某些事情感到"后悔"或者抱歉，但是这些话已经公开了、不可能收回了，因此很多政治家会由于无意识的一句话而被迫辞职。

和自主化紧密相关的一个概念是距离化（Lee，1994）。距离化一方面是指文本与其原作者在时间和空间上有着无法避免的距离，另一方面是指文本的读者（或观众）之间有着无法避免的距离。文本的一个基本特点就是它是"在距离中或通过距离"来进行交流的（Ricoeur，1991：76）。文本表示它已经形成了自我存在，它开始和原作者、最初的目标群体，甚至是它的最初意图相分离。尽管并不是所有的诠释哲学家都同意这一观点，但 Ricoeur 指出，诠释学的目标并不是"支持"文本，例如它并不是追求重建原作者或者是读者最初的想法，Ricoeur 说我们绝不可能成功做到这样。

例如，我们永远无法真正理解柏拉图在写他的哲学经典著作的时候他在想些什么。这是因为柏拉图和我们在时间和空间上有着不可逾越的距离，无论我们的想象力有多么丰富，我们也不能简简单单地抛弃我们的偏见、偏爱、文化以及个人经历（因为这些大多被我们看作是想当然的，它们是我们自身的一部分）。但是，诠释学的任务是让柏拉图的著作成为我们自己的思想，"文本是一个中介，我们通过它来理解我们自己"（Ricoeur，1991：87）。

但是，如果研究人员现在做的是定性研究，某些时候他们能够通过采访文献原始作者的方法获得相关知识，那么，Ricoeur 的观点就应该被重新考虑了。我们能够发现当时人们的想法，但笔者相信 Ricoeur 的主要观点仍然是正确的：一篇文献，即使原作者仍然活着，它仍然有其自身存在的意义。

回到 Sally 的研究中，自从开始进行实证研究到现在已经有 6 个月了，她现在正在撰写论文的最后一稿。她发现，和以前相比，她对财务总监更有好感。Sally 现在意识到，财务总监提出的削减成本的建议和措施对整个公司来说实际上是很有益的。当地报纸最近在商业版刊登的一篇文章赞扬了该公司对于经济衰退的快速反应，而该公司的竞争对手目前的财务状况则非常糟糕。Sally 决定给财务总监打个电话，看能否再进行最后一次访谈，不巧的是他已经离开了这家公司。Sally 给财务总监所处新公司的人事助理打过电话，但是人事助理说原财务总监太忙而没有时间接受访谈。Sally 试图说服这个人事助理，但是人事助理对 Sally 研究她老板之前的公司一点也不感兴趣。看来再进行一次访谈是不可能的了。

在 Sally 的案例中，由于她不能再对这位财务总监进行访谈，因此 Sally 不得不使用对财务总监原初的访谈记录进行处理。

14.3.5 挪用（Appropriation）和参与（Engagement）

诠释学的另外两个概念是挪用和参与。诠释学指出，我们只有在"挪用"文本的意义并转化成自己的理解后，我们才能够真正地理解它。这种挪用的行为对于理解的产生是必不可少的（Myers，2004）。Gadamer 指出，意义并不存在于"诠释者的主观感受"或"作者的意图"中，相反，意义存在于读者以及文本的"参与"中。当读者阅读文本时，读者的理解和文本（或者说是文本的意义）都发生了改变。这种对文本的"参与"过程是非常重要的。

现在，Sally 已经完成了她的学位论文，她认为自己已经能够更好地理解她所研究的公司里那些形形色色的人所处的困境了，她也明白了为什么某些人会有这样那样的反应。同样，她也能够更好地理解公司的市场营销策略以及它们是如何失败的了。她感到自己对原来所研究的市场营销理论有了更深层次的认识，在她开始这一研究之前，她认为所读过的一些市场营销教科书过于理论化了，她并没有跟她的导师说这个，但她觉得有些书实在是很枯燥并对其实用性产生怀疑。现在，她已经彻底完成了学位论文，也看到了营销理论的实用性。实际上，有一个理论与她产生了很大的共鸣，她对这一理论很有兴趣，并正在对此进行更进一步的深入研究。她相信这个理论有助于解释她的研究发现。她的导师说，这个关于企业市场营销策略失败的故事很有意义，应该让更多的人知道这个故事。因此，他们开始撰写准备投稿至同行评阅期刊的论文。

14.4 诠释学的类型

诠释学的类型有很多种，早期的诠释哲学家，例如 Dilthey 主张"纯粹诠释学"（Pure Hermeneutics），强调基于"内部"的情感理解和对人类行为的理解。这是诠释学最客观的形式，它将所研究的文本或对象看作是"就在那里"，且应该由科学家以一种近乎客观的方式对其进行研究（Bleicher，1982：52）。

布莱谢尔（Bleicher，1982）指出，Dilthey 没有考虑到双重诠释（Double Hermeneutic）的情况。Giddens（1976：146）是这样描述双重诠释学的：

> 和其他自然科学不同，社会学在它的"研究领域"代表了一种主体与主体之间的关系，而不是主体与客体之间的关系；它涉及先前已经被诠释过的世界；因此，社会理论的建立涉及其他学科并不涉及的双重诠释问题。

双重诠释认为定性研究人员并没有站在研究对象的外部来看待问题（虽然事实上如此），他们没有研究例如外界的岩石或森林等自然现象。相反，定性研究人员研究人的唯一方法是

"从内部"来研究。也就是说，他们必须与被研究群体说同样的语言（或者至少能够理解他们所述内容的解释或翻译）。双重诠释认识到社会研究人员是"主体"，而且对社会情境的诠释者和被研究的人一样多（Myers，2004）。

拉德尼茨基（Radnitzky）指出，像 Dithey 这样的哲学家所倡导的纯粹诠释学不具有批判价值，因为它是依据表面意思所做的陈述或所表现的意识形态（Radnitzky，1970）。他引用 Gadamer 的话说，"我们没有必要把自己想象成其他人；相反，我们必须要理解这些想法或句子想要表达的意思"（Radnitzky，1970：27）。

和纯粹诠释学相比，后现代诠释学（Post-Modern Hermeneutic）哲学家认为并不存在所谓文本的客观或"真实的"意义。现有文化背景的社会认可什么是"真相"，什么就是"真相"[麦迪逊（Madison，1990：191）]。后现代诠释哲学家认为，文本总是超越了作者自身，而且每一次阅读都是不同的，这种诠释学的形式最具有主观性。

处于这两者之间的是批判诠释学（Critical Hermeneutics）（Myers，2004）。批判诠释学是在 Habermas 和 Gadamer 辩论之后出现的[Gadamer，1976b；科格勒（Kogler，1996）；Ricoeur，1976；Thompson，1981]。批判诠释学的哲学家认为诠释行为是一种不可能结束的行为，因为总会存在另一种不同解释的可能（Taylor，1976）。在批判诠释学中，诠释者将上下文构建成另一种文本形式，这样就能够进行自我的批判分析。也就是说，诠释者仅仅是简单地在一个文本的基础上创造了另一个文本，这种创造可能是一个无限的循环。每构建一个意义，甚至通过非常具有建设性的行为寻求解构，就会出现一个新的诠释，文本解释产生的过程就是自我批判的反射（Ricoeur，1974）。

因此，批判诠释学注意到双重诠释问题和研究人员开展的反身性批判诠释，对文本和诠释者之间辩证关系的认识在现代诠释学中起到了积极作用，古典或"纯粹"诠释学忽略了这种辩证关系，而试图按照文本本身的意思对其进行理解。

但是，批判诠释学的哲学家并不认同后现代主义诠释学的一些版本，即假设所有的解释都是同样有效的（这是一种标准的说法）。事实上，一些解释比其他的更好。如果没有标准评判不同解释之间的有效性，那么，按照大卫·欧文（David Irving）的观点，即认为德国集中营毒气室内的犹太人并没有遭到蓄意谋杀，这一观点和一般公认的历史视角的大屠杀应当同样有效。批判诠释学的哲学家们反对这种观点，他们认为我们可以对不同的解释进行批判，即使这种批判并不一定总是正确的，而且可能还会发生变化。事实上，我们有时可能是错的，这一结论并不意味着我们应该全部停止运用我们的判断力。

批判诠释学的哲学家也认为，当人类在进行交流时也会受到社会经济和政治方面的限制。因此，这种诠释学形式试图调解"基于诠释学的理解"和"形成理解的客观环境"二者之间的矛盾（Bleicher，1982：150）。

"深层诠释学"（Depth Hermeneutics）是一种和批判诠释学非常类似但是又有些不同的一种诠释学。深层诠释学假设"文本"的字面含义隐含着同时也表达了深层次的内涵——"它假设作者的意识和错误的潜意识之间是一种持续的矛盾体，它在文本当中有所体现"（Diesing，1991：130）。这一诠释学的形式是一种怀疑诠释学（Klein & Myers，1999）。Ricoeur 认为在某种环境下，人们有可能会将意识看作是"错误的"意识，他用马克思和弗洛伊德（Marx

& Freud）批判性分析的例子来说明怀疑原则的使用问题（Ricoeur，1976）。

14.5　诠释学应用：一个例子

为了说明诠释学的一些应用情况，笔者将用我本人所从事的信息系统领域的一个例子予以说明（Myers，1994）。这项研究使用的是批判诠释学方法，它是关于新西兰教育部门集中化工资管理系统实施失败的例子，尽管这一系统达到了某些效果，但由于没有达到预计设想最终被废止了。

这一项目吸引笔者对其进行研究的原因主要有以下几方面。首先，这一项目在新西兰引起了广泛关注。国家电台、电视台针对这一新系统实施所产生的问题进行了报道，且登上了《新西兰先驱报》（*The New Zealand Herald*）的头版。由于这一新系统对全国公立学校的所有老师都会产生影响，因此引起了大家的广泛关注。其次，笔者的主要研究兴趣之一就是信息系统的实施，这一案例正好符合笔者的研究兴趣。最后，由于在早期的研究工作中，笔者已经使用过批判诠释学方法，因此，笔者非常想了解批判诠释学在信息系统研究领域中能否适用。笔者的观点是，批判诠释学是能够适用于信息系统的，因为这一系统的实施似乎会涉及很多的利益相关者。因此，基于上述原因，这一案例应该是一个很好的选择。

这项研究不像民族志研究那样是非常开放的、没有限制的，因此，笔者决定运用诠释性案例研究方法，主要是因为这一方法所需的时间相对较少。在这里，笔者只关注一个问题：为什么这一系统会失败？在笔者的职业生涯中，这一研究的实证部分实际上是最短的，但却是最有趣的一项研究。该案例研究的数据资料是从访谈、文档、报纸和杂志的报道中收集来的。

当笔者收集到所有数据后，接下来的任务就是详细描述这一项目。这是非常简单的，因为笔者已经对主要事件进行了简单叙述，接下来就是进行案例分析。从诠释学的角度出发，由于主要参加者的意见存在很大的分歧，有时甚至是矛盾的，从而使得这一案例显得非常有趣。这一项目的特征在于关于参与者之间分歧的解释，关于发生了什么、谁应当承担责任，以及这项工程的成功表现在什么地方等方面。例如，尽管该系统在媒体上遭到了非常差的报道，教师们认为它是失败的，但是"管理服务部门主管宣称，该系统在实施 4 个月后显示这一系统是成功的，现在的目标是满足其主要的财务目的，以节约政府数百万的利息支出"（Myers，1994：196）。尽管出现了这种所谓的"成功"，教师工会依然继续反对工资管理系统的实施，而且政府仅在几个月后就中止了这一项目。

笔者在分析阶段的目标是在考虑每个人的观点时如何使其显得都有道理。笔者将一些冲突性的解释和笔者对它们的分析并列在一起进行综合分析，以表明两个或更多的人对同一事件、现象持相反观点的情况是如何形成的。例如，工资管理系统本身就被看作"政府试图重建新西兰教育管理的方式之一"（Myers，1994：197）。教师工会和其他组织对这一系统却持相反的观点，他们认为这一系统（至少一部分）实际上只是政府关于新西兰重构教育系统决议的一个象征而已，很多人反对政府的这种做法。在最后的分析中，笔者认为在新西兰当时的社会和历史背景下，这一彻底性的变革本身是"有道理的"。相关分析还显示了新西兰政党之间的分歧以及他们想要达到的不同目标。笔者发现，这一明显荒谬的事情（如尽管该系统实际上运行良好，但是政府仍然决定废弃它）只能够在更广义的社会和历史环境下得到解释。

除了这一案例分析，该研究也试图在信息系统实施的理论方面做出贡献。研究成果表明，大部分现有信息系统的实现方式有些狭隘和机械化，而且新西兰教育部门工资管理系统的实施只有在更宽泛的社会和历史条件下才能够被理解。笔者认为，"成功与否"只是一个如何诠释的问题。

上述的例子也呈现了工商管理领域使用诠释学的一些实际问题（Myers，2004）。第一，当对同一现象、事件观点不一致或存有相反的解释时，使用诠释学会更加有意义，这相当于是给研究人员提出一些需要解释的问题。第二，基于诠释学的偏见问题是建立在这一理论基础之上的，是无法避免的。笔者先前的背景和经历以及现在的研究兴趣都对该项目的研究提供了支撑。在诠释学的研究中，我们不需要强调客观性缺失的问题。实际上，这个研究项目和笔者先前的经历、先验经验和兴趣非常吻合。但是，这并不能说明我已经知道系统为何会失败的原因。这是一个开放性的问题，需要进行更深层次的实证研究。第三，没有必要深入讨论每一篇论文或期刊文章中的所有诠释学概念，这是因为，会议论文、期刊文章都非常简短。在本研究中，笔者只关注一个诠释学概念，即诠释学循环。笔者相信这个概念相对较好，可以重点分析与该案例特别相关的问题，而不是试图涵盖所有的事情。尽管如此，笔者还是建议研究人员要对诠释学方法的绝大多数重要概念都比较熟悉，即使并不会全部用到每一篇论文。此外，这里存在一个风险，即诠释学可能会使用得不恰当或者过于简单化。第四，从这一案例研究或田野调查中将研究内容归纳总结成理论非常重要（Klein & Myers，1999）。诠释学有时是一种必需的工具，而且研究需要使用这一方法。这是因为诠释学研究人员通常从许多理论框架出发，这些理论框架是他们想要在公司或特定情况的背景下进行探索的。

14.6 诠释学方法评价

在分析和解释定性数据时，使用诠释学最主要的优点在于，它能够在商业组织环境中更深刻地理解人们，它要求研究人员从不同利益相关者的视角和诸多不同的层面来观察组织。诠释学使定性研究人员能够描述组织的复杂性，并从不同的角度（如从社会、文化和政治的角度）来进行观察。

应用诠释学方法的另外一个优点是，诠释学可以相对更加普适性地应用于哲学和社会科学中。这也意味着对于那些还不太熟悉这一方法的研究人员而言，相对比较容易确定使用诠释学方法的适合性。

诠释学的一个潜在缺点是，人们很难知道什么时候应该来结束一项研究。因为诠释学的解释仅是简单地在一个文本的基础上创造另一个文本，而这种循环创造的过程是无限的，那么这一解释过程什么时候才能停止呢？这个问题不能简单地来回答。但是，对于工商管理领域的定性研究人员来说，笔者建议当你（和你的导师）相信自己已经令人满意地解释了绝大部分"谜题"或故事中存在的明显矛盾时，你就可以停止了。当之前可能是令人困惑的或不清楚的文本变得明确了（至少对你来说是这样的），你就可以开始撰写论文了。

诠释学另一个潜在的不足之处在于，许多原始文本难以理解。它们难以理解的原因不仅因为研究对象内在的哲学属性，也有可能是因为许多文本是由其他语言（德语或法语）翻译过来的。虽然日常的法语或德语很容易翻译，但一些复杂的哲学概念的翻译却是非常困难的。参加几节哲学课程可能会有助于你克服这些困难，而且，如果你打算使用诠释学方法作为定性数据分析的主要手段的话，这样做是很有必要的。

14.7　诠释学方法应用范例

14.7.1　电子邮件交流的丰富性

Lee（1994）用诠释学来批判信息丰富性理论（Information Richness Theory）。信息丰富性理论根据处理丰富信息的能力对交流媒介进行了分类。依据这一理论，由于不同媒介的及时反馈能力、所使用线索和渠道的数量、个性化以及语言的多样性程度不同，不同媒介的信息丰富性水平也是各不相同的。该理论假设面对面的交流是信息最为丰富的媒介，而文本（如一封电子邮件）则是信息相当贫乏的媒介。丰富性或贫乏性被概念化为媒介本身一个不变的、客观的属性（Lee，1994）。

在对诠释主义和实证主义之间的区别给出了一个绝妙的解释后，Lee 利用 Ricoeur（1981）的诠释学理论说明丰富性或贫乏性不是电子邮件媒介的固有特性，而是电子邮件媒介和它所处的组织背景之间的交互作用下的一种新兴属性。

Lee 并没有使用他自己的定性数据，而是使用了林恩·马库斯（Lynne Markus）先前公开发表的一项研究中的数据。他使用了一家公司内部经理之间互相往来电子邮件中的部分副本作为样本，来分析这一媒介方式中信息丰富性的产生。这些副本和公司内的一起特定事件有关，该事件后来被证明是政治敏感且不易于管理的。

通过分析和这一事件有关的一系列往来电子邮件，Lee 发现如果结合电子邮件交流背后更广泛的社会和政治背景一并考虑的话，那么电子邮件媒介从信息丰富性角度看就是丰富的。他还指出，经理接收邮件并不仅仅是被动地接收这些数据，同时还是主动信息的生产者。Lee的诠释学分析表明，电子邮件交流是其所内嵌的社会和政治交互的复杂背景下的企业整体的一个组成部分（Lee，1994）。

14.7.2　广告的社会化应用

里特森和埃利奥特（Ritson & Elliott，1999）认为，市场营销中针对消费者的研究并没有成功地将社会文化背景融入消费行为的分析中去。在广告理论的一个案例中，他们认为研究人员倾向于忽略广告的社会维度。因此，他们的这项研究重点是讨论广告的社会性这一方面的问题。

作者使用人种学方法来研究广告对于社会环境下青少年的意义。他们决定研究青少年的原因在于，这一群体对于众多社会媒体而言表现得尤为活跃。他们本身即是"广告专家"，从某种意义上说，他们有能力基于社会互动这一目的而使用广告。

其中一位作者用了六个月的时间从六个地点（如学校）收集了大量数据，他使用的定性数据收集方法包括观察、田野调查和小组访谈。他对所有的访谈都进行了录音，并予以抄录整理，最终汇集成 500 多页的访谈资料。

尽管只有第一作者进行了数据收集工作，但是另外两位作者都对文本数据（访谈转录文本、田野调查笔记等）进行了分析。两位作者在对数据进行分析时运用了诠释学的迭代方法，结果发现两人的两种不同解释都很有意义。两位作者之间进行对话交流，并重新对数据进行了分析，最终形成了更有支持力、更有意义的结果。其中一个结论表明，青少年能够根据自己的需要而挪用广告词，而这与广告本身所推广的产品并无关系。

14.7.3　英国年轻人的"酒文化"

斯米金等（Szmigin et al.，2011）考察了政府机构所设计的用于约束英国目前年轻人中已经成为一种文化的喝酒问题的一些社会营销活动。他们运用语境分析方法批判性地评价了这些营销活动，探讨年轻人如何看待其以往的喝酒行为。

作者们的数据收集手段包括最近的酒业广告、焦点小组、观察，以及与八位年轻人的访谈。他们的田野调查工作包括在三个不同的地点对年轻人群体所进行的 16 次非正式讨论。

作者运用诠释学方法对其数据进行分析。他们称，在对所有数据笔录单独分析后，五位研究人员对数据资料的内涵进行了集中讨论，进而进一步验证和拓展了数据资料所展现的主题和模式。

他们的诠释学分析显示，在所有的营销活动和年轻人对其个人醉酒行为的理解之间，在一些关键信息上存在一个基本性的冲突。比如，所有的营销活动强调的是个体责任和义务，但年轻人自己认为这个说法忽视了喝酒的一个基本属性，即在本质上喝酒是一项社会活动——"喝酒的意义在于获得快乐、友情和社会认同感"，这正是绝大多数酒业广告和营销活动所强调的，但这在实际上恰恰被政府资助的这些营销活动所忽视（Szmigin et al.，2011：775）。

作者的诠释学分析表明，政府旨在约束年轻人过度喝酒行为的这些营销活动在很大程度上是无效的。他们建议政府应当在当前的营销活动中修改一些关键信息，以成为一种更加有成效的战略。而且，政府也应当对支持"酒文化"的商业营销活动予以慎重审查。

练习和习题

1. 在报纸中找出一个有相当大分歧并持多种反对观点的问题，在你的处理过程中只使用其文本资料，使用两三个诠释学的概念来解释该文本。你能够从更多的角度来理解该文本的意义吗？

2. 运用头脑风暴法提出三四个可能的研究主题，针对每个主题提出一两个拟解决问题。

3. 针对前述主题，你能想出如何使用诠释学方法对其中部分主题进行研究吗？你能够使用什么样的数据？

4. 运用 Google Scholar 或者其他文献数据库做一个简单的文献搜索，看看在你选定的研究领域中有没有文章使用诠释学方法。这些文章都涉及哪些主题？

扩展阅读材料

1. 图书

● 如果你想要学习更多关于诠释学的知识，笔者建议你参考一本或几本与此相关的一般性介绍书籍。Palmer（1969）收录了系列诠释学文献所形成的著作是一本非常优秀的图书，作者是狄尔泰、海德格和伽达默尔（Dilthey、Heidegger & Gadamer），书名为《诠释学：施莱尔马赫的解释理论》（*Hermeneutics: Interpretation Theory in Schleiermacher*）。由米勒-沃尔斯（Mueller-Vollmer，1988）编纂的《诠释学读者》（*The Hermeneutic Reader*）一书也是一部一流的著作。这两本书中都包含了著名的诠释学专家的作品。

● 你可能也需要读一读 Gadamer（1975）的著作《真理与方法》（*Truth and Method*），这本书被视为该领域的经典著作。Gadamer 主要关心的是诠释的精确性。基于我们无法摆脱事先理解和情境的影响，我们又该如何避免纯粹的相对性呢？Gadamer 的解决方法是建议让我们的成见和偏见能够接受批判性的审视。

● 伯恩斯坦（Bernstein，1983）的著作《超越客观主义和相对主义》（*Beyond Objectivism and Relativism*）是社会哲学的一座重要里程碑。他指出，对于所有的科学（包括自然科学）来说都有一个重要的诠释学维度。Bernstein 的著作对托马斯·库恩（Thomas Kuhn）产生了重要影响（Kuhn，1996）。

● 介绍批判性诠释学非常好的一部著作是汤普森（Thompson，1981）的《批判诠释学：保罗·利科和尤尔根·哈贝马斯的思想研究》（*Critical Hermeneutics: A Study in the Thought of Paul Ricoeur and Jurgen Habermas*）。Thompson 还编辑和翻译了 Ricoeur（1991）的一部论文集。这一论文集全面呈现了 Ricoeur 的批判诠释学观点，并从社会科学的角度看待其诠释性哲学的影响。Ricoeur 最著名的贡献在于"怀疑诠释学"的提出。他认为，在特定环境下人们有可能将意识看作是"错误"的意识。

2. 文章

● Klein 和 Myers（1999）在一篇标题为《信息系统领域开展和评价诠释性研究的系列准则》（"A Set of Principles for Conducting and Evaluating Interpretive Field Studies in Information Systems"）的文章中给出了一套信息系统领域进行诠释研究的评价准则。由于这些准则主要源于人类学、现象学和诠释学，因此，笔者相信除了信息系统之外，它们也完全可以适用于其他的商科领域。

3. 网站资源

这里有一些与诠释学有关的非常有用的网站：

● 维基百科对诠释学提供了很好的介绍，见 http://en.wikipedia.org/wiki/Hermeneutic。

● 国际诠释学研究所（The International Institute of Hermeneutics），见 http://www.chass.utoronto.ca/iih/。

● ISWorld 定性研究分部（The ISWorld Section on Qualitative Research）提供了很多有用的参考资料，见 http://www.qual.auckland.ac.nz/。

第15章 符号学

本章学习目标

通过本章的学习，你将能够实现以下学习目标：

- 明白使用符号学方法的潜在价值。
- 掌握符号学方法的一些基本概念。
- 了解使用符号学方法的优缺点。
- 熟悉如何在工商管理领域使用符号学方法。

15.1 导言

正如在本书第 13 章中所提到的，符号学是分析和解释定性数据的一种方法。本章将进一步讨论符号学，这样你就能够理解使用符号学的潜在价值，并掌握符号学方法的一些重要概念。

符号学主要关注的是符号和标识的分析及其含义。符号和标识不仅可用于语言（包括书面和口头形式）领域的研究，也适用于宗教仪式、文化、图像及艺术等领域的研究。实际上，任何事物都可以作为文本进行"阅读"。

目前有许多关于符号学的定义，但是所有的这些定义都只是主要分析符号含义的某一方面。根据艾柯（Eco，1976：7）的观点，"符号学是和任何可以被看作是符号的事物有关的"。这一广义的定义表明，只要文字、图像、行为以及物体等以某种方式记录下来且能够用于研究（如以文字或视频的形式），那么它们就可以被作为符号来研究。

诺斯（Nöth，1990）将符号学描述为"含义的科学"（Science of Meaning）。莫里斯（Morris，1985：178）称：

> 符号学的目标是形成一个普适性的关于符号的理论，包括符号的所有形态和表现形式，无论是关于动物的还是人类的，无论是正常的还是病态的，无论是用语言表达的还是不用语言表达的，无论是个体的还是社会的。符号学就是这样一个跨学科的集合体。

在二十世纪早期，一位法国语言学教授弗迪南·德·索绪尔（Ferdinand de Saussure）说过，人类之间所有的交流都是通过符号的含义来实现的。自 Saussure 开始，符号学专家们已经逐步将他的语言学理论应用到任何可以被视作是符号或标识的事物上。因此，和语言学一样，符号学也可以应用到图像、视频、物体、神话和文化中。例如，一面旗帜（一块经过专门设计的布）可以代表像美国一样的国家，美国也可以由一两个词语来表示，如 the United States 或 Uncle Sam。如同语言文字有自己的使用规则一样，其他的符号和标识也有自己的使用规则。旗帜的使用就有很多不同的规则和社会惯例。例如，国旗降半旗可能表示一位重要人物如总统或首相去世了。

符号学研究人员并不是孤立地进行研究，恰恰相反，他们要研究信号和符号系统使用惯例的管理和规则制定问题。他们试着去理解符号或标识之间如何实现彼此之间的关联。对于研究人员而言，他们通常认为最重要的是在社会、文化和历史背景下研究符号和标识的意义（McNabb，2002）。这正如哈克利（Hackley，2003：162）所描述的：

> 符号的含义具有任意性。原则上，任何事物都可以代表其他事物。正是文化背景构建了符号的解释并赋予它们特殊的含义。

这就是说，一个符号可以在一种文化背景下代表一个事物，但在另外一种文化背景下却可能代表另外一种完全不同的事物。例如，在大多数西方文化中，在访谈中直视别人被看作是正常的和有礼貌的，但在大部分波利尼西亚文化中，直视某个身份地位比你高的人的脸则被看作是粗鲁无礼的。因此，波利尼西亚人认为，在访谈中应当把目光转向别处而不是盯着其他人的脸，这种做法是正常和有礼貌的。不幸的是，这种行为经常会被西方的访谈人员误解为是一种无礼的或者"诡诈的"行为。因而，符号（在这个例子中是一种姿势或体位）的含义会因不同的文化背景而发生变化。

符号的含义在不同时代也会发生改变。Hackley 比较了英国 20 世纪 60 年代和 90 年代的啤酒广告后发现，两个时期，男性或女性广告模特有着巨大的不同。考虑到社会风俗和文化的改变，Hackley 指出，20 世纪 60 年代广告中的男性或女性模特"在今天看来是无法想象的"（Hackley，2003）。

符号学有许多不同的形式，但主要有两种符号传统。欧洲的传统是建立在 Saussure 的著作之上，而美国的传统主要是建立在 Peirce 的著作之上。Saussure 关心的是符号作为社会生活一部分的作用，而 Peirce 对于一种更加抽象的"形式主义的标识"更感兴趣。

钱德勒（Chandler，2008）指出：

> 现代的符号学者们并不是孤立地研究符号，而是将它作为符号学的"符号系统"（例如一种方式或一种类型）来研究。他们研究这些意义是如何形成的，例如，这些意义不仅和沟通有关，而且还同现实的建设和维护有关。

很多学科领域已经运用符号学方法进行定性数据分析，例如文学批判领域（Scholes，1982）和社会学领域。符号学最著名的倡导者应当是法国的人类学家克劳德·列维-施特劳斯（Claude Lévi-Strauss），他运用 Saussure 的理论来分析文化系统（Lévi-Strauss，1996）。Lévi-Strauss 认为，文化现象的表象（例如神话或宗教仪式）实际上是深层次的、潜在的文化结构的反映。这些深层次的结构深深地根植于人类的思想，而且非常普遍。因而，在符号学的分支学科"结构人类学（Structural Anthropology）"方面，Lévi-Strauss 是最重要的倡导者。结构人类学的主要思想之一是人们不能孤立地理解个人的概念或信念；相反，人们必须依据整个文化系统来理解它。

Lévi-Strauss 探讨了神话的性质以及神话在人类思想中的作用。他认为，尽管每一个神话看似都是独一无二的，但全世界的神话实际上都是相似的。神话通常是由一些要素组成的，这些要素之间是相反或对立的，而其他的要素则是"调解"或解决这些对立要素的。他指出，如果神话的思想遵循了普遍性法则，那么，所有的人类思想也应该遵循普遍性法则。Lévi-Strauss 认为，所有的文化都反映了人类思想中这些深层次的矛盾，例如，善和恶、神圣和亵渎、洁净和肮脏等之间的矛盾和对立[德赛（Desai，2002）]。

在工商管理领域，特别是在信息系统、管理、市场营销和组织等研究领域中，符号学方法都得到了广泛应用。市场营销学科的研究人员已经在广告、品牌形象和营销沟通等领域应用符号学方法进行研究（Hackley，2003）。Desai（2002）说过，符号学，特别是 Lévi-Strauss 的思想已经证明，对于理解顾客文化和"品牌神话"来说，符号学是非常有用的，这些问题在很多案例中似乎是由文化的对立构成的。在信息系统领域中，研究人员主要考虑在组织环境下信息的意义，以及它如何同信息系统的设计和发展相关联[赫姆奎斯特，安德森，克莱因和波斯纳（Holmqvist，Andersen，Klein & Posner，1996）；利伯瑙和巴克豪斯（Liebenau & Backhouse，1990）]。在管理学领域，符号学主要用于研究组织沟通和组织文化问题[巴里（Barley，1983）]。符号学是一种潜在的非常有用的定性数据分析方法，它在任何研究中都致力于发掘"人类理解中具有建构性、任意性和文化性媒介属性的见解"（Hackley，2003：171）。

15.2 符号学相关概念

符号学理论提供了一系列概念用于帮助研究人员去理解一个符号或标识，我们接下来将介绍这些概念。

15.2.1 意符（Signifier）和意指（Signified）

Saussure 认为，符号的诠释过程涉及两个事物之间的关系，它们分别是意符和意指。一个符号必须包含意符和意指两部分，进行交流时也同时需要这两者。意符是能够代表其他事物的符号或标识。根据定义可知，所有的词语都是意符，因为它们总是代表着某些东西（如一种想法、一种感觉或一个事物）。意符是人们在想要交流时使用的。意指是符号或标识所代表的事物 —在交流中信息接收者对其理解为什么。显然，对于信息的接收者来说，为了正确地理解信息发送者所使用的符号或标识的含义，他们都需要使用同一个符号系统。因而，Saussure 强调了符号系统的重要性以及符号在社会生活中所起的作用。

15.2.2 符号（Sign）、客体（Object）和解释项（Interpretant）

Peirce 认为符号解释的过程涉及三个事物而不是两个事物之间的关联，这三个事物分别是符号、客体和解释项。解释项是诠释者（通常是一个人）所完成的对符号的解释。因而，就存在三个事物：符号、符号所对应的客体、对符号的解释。Peirce 的观点明确注意到同一个符号由于环境的不同含义会有所不同。

15.2.3　图像符号（Icon）、指引符号（Index）和象征符号（Symbol）

在提出符号解释过程的同时，Peirce 也提出了一个相对简单的符号分类方法。他将符号分成三种基本类型：图像符号、指引符号和象征符号。

图像符号是一种符号，它通过自身的特性来表达其意义，它和它要代表的事物具有相似性。例如，苹果电脑和装有 Windows 系统的电脑上的回收站的图像符号，看上去就像一个垃圾桶；计算机上的扬声器图像符号看上去就像一个实际的扬声器，它用于控制声音的音量。

一个符号也可看作是一种指引符号。

> 一个指引符号指向或暗示其他事物。例如，公路上的波浪线可能"表示"在前方几百码的地方道路会变弯。一个门上男子剪影的图像可能"表示"或者暗示这扇门后是男卫生间（Hackley，2003：167）。

象征符号是指代表或者象征其他事物的东西。举例来说，一件带有银色蕨类植物修饰的黑色 T 恤衫代表了 All Blacks 队（新西兰的国家橄榄球队）。当萨奇广告公司接受新西兰橄榄球联盟的委托来开发一项市场营销计划时，其正式为 All Blacks 队确立了十个品牌价值的"集合"，其中三个核心价值是"卓越""尊重"和"谦虚"。另外七个扩展的价值是"力量""刚毅""承诺""团队精神""新西兰""传统"和"灵感"。

象征符号的作用是非常强大的。正如一名记者评论的那样，"在新西兰有没有人曾经穿过橄榄球靴子，但私下里却没有梦见过身穿黑色运动衫呢？"[布朗（Brown，2003）]。当然，穿上黑色运动衫（字面上）是一个相对简单的事情，但是 Brown 指的是实际上成为一名 All Blacks 队的队员并代表国家在国际橄榄球锦标赛中参赛这一更加伟大的意义。

15.2.4　编码（Encoding）和解码（Decoding）

符号学的核心是信息和代码的思想，信息从一个人传递到另一个人的唯一方法就是通过使用代码来完成。

编码是将任何思想或交流转变成信息的过程。解码是读取信息并理解它所代表的含义的过程。西比奥克（Sebeok，1994：9）曾经说过：

> 编码和解码暗含着一个代码，即一套明确的规则，信息借此从一种表象转换到另一种表象；代码是信息交流双方部分或全部共有的，这或者是事实上如此，或者是假定如此。

一个很明显的例子就是语言。如果我们拿着这本书，那么只有懂英语的人才能理解这本书的含义。根据定义，他们必须能够阅读拉丁文字，因为这是英语这一语言所依据的文字。另外一个例子就是道路或公路交通规章，只有那些能够正确掌握这些道路交通标识的人才允许获得驾驶执照。因此，使用符号学方法的研究人员的一项重要任务就是破解这些标识或象征所暗含的含义。Eco（1984）指出现在有很多不同的代码体系。

15.2.5　语用（Pragmatic）、语义（Semantic）和语构（Syntactic）

符号学研究人员经常会对符号含义的不同层面予以界定，其中有三个层面，分别是语用、语义和语构。

语用层面是指交流发生时所处的文化背景。对符号的语用理解是当时的人期望和假定符号在那个特定环境下所代表的含义。例如，如果笔者对大学的一位同事说"我明天要上课"，那么他可能马上会认为笔者是在谈论在大学里讲授的一门课，因为我所表达的意思是很"明显的"。他不会想到笔者想要表达的是讲授例如网球这样的课程，这种"想当然"就是语用层面的。

语义层面是指符号所代表的明确的含义。这个符号指的是什么？因为文字或符号会有很多不同的含义，因此符号学研究人员不得不弄清楚在给定的环境下，该符号的哪种解释是正确的。

语构层面是指管理符号使用的规则。实际上这是一种逻辑或语法，用来规定文字或符号应当如何使用。例如，有一些公开的规则来规定国旗应当如何展示、道路交通标识该如何放置。

15.2.6　组合分析（Syntagmatic Analysis）

组合分析指的是研究文本的结构以及各部分之间的关系。Chandler（2008）指出：

> 结构主义符号专家致力于明确文本的基本组成部分，即文本的结构。组合关系的研究揭示了文本的结果和解释中潜在的惯例或"组合规则"（例如某种语言的语法规则）。一个文本中使用一种组合结构而不是另外一种会影响该文本的含义。

Chandler 认为有三种基本的组合关系。第一种是顺序关系，就像电影或电视剧的叙事顺序一样。第二种是空间关系，就像海报和照片一样，它们的符号和标识是并列的。第三种是概念关系，如一场争论。他指出，尽管很多文本包含了不止一种组合结构类型，但主要结构可能只有一种（Chandler，2008）。

15.2.7　范式分析（Paradigmatic Analysis）

由于组合分析研究的是文本的"表面结构"，Chandler 认为范式分析致力于识别文本内容所隐含的各种范式。范式是"一组有关联的意符或意指，即使对于某一具体类别的所有事物，相互之间也有着明显的不同"（Chandler，2008）。

举个例子，"黑"和"白"属于同一类，都是颜色，但二者却是完全相反的。范式分析包括研究"文本中属于同一集合的意指之间的对立和差异"（Chandler，2008）。

> 范式分析包括比较对照文本中每个已经出现的意指和在其他相似环境下可能会出现但是文本中未出现的意指，并考虑出现文本所选择的这一意指的意义何在。范式分析可以应用在符号学分析的任何层面，从某个特定词汇、图像或声音的选择到类型、风格或媒介的选择层面。在同一范式中使用某一个意指而不是另外一个是基于众多因素的考虑，如技术限制、代码（如风格）、惯例、内涵、体例、修辞目的，以及个人自身的局限性。范式关系的分析有助于明确文本中具体项目的"价值"。

15.2.8　词义分歧（Polysemy）

文本和符号可以有多重的含义，例如，"红灯"可以指十字路口的一种灯（灯本身代表了"停止"的意思），或者它也可以指城市的一部分（如"红灯"区）。完全相同的词语或符号可能会有不同的含义，在某一特定句子或背景下代表了哪种含义是依据当时的情境来判断的。

当然，尽管原作者或信息的发送者可能想要控制或影响观众理解的方向，但是总是存在这样一种可能，那就是接收者对信息的理解是不同的，尤其是在有很多观众时几乎可以保证会出现这种情况。

巴尔泰斯（Barthes）认为所有的图像都是有歧义的。图像是意指的"浮动的链条"，读者可以选择其中一部分而忽略另一部分（Barthes，1985）。

斯科特（Scott）指出含义并不是静态的，文本和符号的含义是不断变化的。先前固定含义的线性认知过程现在受到后现代文化的挑战，它将含义看作是一个"关联的网络"（Scott，1994）。

15.3　如何使用符号学

定性研究人员使用符号学方法来研究应用于特定领域并有着确定的使用规则的符号和标识。研究人员需要解码符号所传达的含义，进而发掘统治人类行为的规则。

在市场营销中，符号学方法可以用于分析广告和顾客研究中使用的符号和标识问题。人们逐渐意识到，在市场营销领域，对广告的解释是由文化价值观以及语言和风俗习惯的象征意义所形成的。消费者理论认为，消费行为并不仅仅是一种经济活动，它同时还是一种伴有多重含义的文化活动[德赛（Desai，2002）]。

你只需要在城市的街道上走一走或打开电视，你就会明白我们的生活到处充斥着品牌名称、公司标识、视频短片或音乐。在超市，可能会播放着某种音乐以调动我们购物的心情，或者一名售货员试图诱使我们品尝某种食品。广告、产品设计、产品包装、价格以及产品在货架上的具体摆放位置都可以看作是一种符号。这些符号的目的是为最终购买产品的"目标"客户（或广告商想要吸引的"目标"客户）传达一种信息。市场营销研究人员可能会对以下问题感兴趣：这些标识是否给目标客户传达了正确的信息？这些符号的使用传达给目标客户什么印象？这些符号如何使用才能更有效？

当然，还有很多其他问题需要考虑。例如，弗洛克（Floch，1988）运用结构符号学（Structural Semiotics）方法分析了涉及店铺内部布局和建筑风格的店铺设计备选方案问题。阿诺德、科奇内茨和汉德尔曼（Arnold、Kozinets & Handelman，2001）用制度符号学（Institutional Semiotics）方法揭示了沃尔玛广告传单中的多重含义问题。该传单不仅承诺购买许多产品可获得大幅优惠，还描述了一个富有家庭、社会和国家的标准形象。这一世界最大的零售商在传单中展现了一个邻里、小城镇店家的形象，从而使其在消费者中获得了更多的支持（Arnold et al.，2001）。

Hackley（2003）认为，使用符号学方法必须在特定环境下对含义进行解构：即日常的、想当然的事情中有哪些"必须被认为是奇特的、生疏的"。这是因为我们认为自己的文化和主观理解都是理所当然的。Hackley 对符号学分析方法的总结如表 15.1 所示，该表是他运用符号学来分析广告问题的一个例子。他的方法是将广告作为"一系列的符号"来进行解构。

表 15.1　符号学分析方法

要提出的问题	对我来说，X 代表什么含义
	对我来说，X 为什么代表这种含义
	对其他人来说，X 代表什么含义
	对其他人来说，X 为什么代表这种含义
X 可能是：	
物体（视觉符号）	如服饰、发型、化妆风格、人们对物品的使用方式、纸质新闻广告中使用的字体、公司标识/图片化的符号图像、位于不同位置的物体之间的相互关系
姿势（身体符号）	如体型、脸型、表达姿势、面部表情、姿势、眼神、几人身体毗邻、身体和产品毗邻
言语（语言符号）	如习语的使用、地区性的或全国性的口音或方言、隐喻/借代的使用、语言的语调和音量、讲话的速度、画外音的使用、幽默的运用、对于特定词汇或音素的强调

资料来源：Hackley，2003。

因而，符号学方法可以用于研究消费者诠释营销传播的方式。广义来说，符号学能够用于研究消费和反消费行为。正如 Hackley（2003：165）所说，"你所拥有的品牌产品可以透露你的很多信息，例如你的社会地位、你所处的社会群体、你对自己的期望及梦想等"。

Eco（1976）认为还有许多符号学研究应用的领域。研究人员应当关注其他事物之间的文化代码、大众媒体、修辞、视觉传播以及书面语言等。

15.4　符号学方法评价

在工商管理领域，符号学方法是分析和诠释定性数据的一种非常强大的工具，它使得定性研究人员可以使用任何类型的数据，无论这些数据采取哪种形式（包括文本、图像或音乐），事实上符号学方法也鼓励研究人员这样做。它要求研究人员站在日常生活和常识之外的角度去解读符号和标识的含义。

符号学的另一个优点是，它包含了语言学和结构人类学的知识，人们可以比较容易地掌握并应用符号学方法。

符号学最大的缺点主要表现在它仅关注含义的结构（如对立关系），比较消极地对待人类。由于符号学强调在特定社会和文化背景下对符号和标识的含义进行解释的重要性，因此，它有形式主义的倾向，忽视了人类创造含义的主观能动性。

符号学的另一个缺点是，它几乎完全依靠于研究人员的见解，对定性数据进行很好的符号学分析需要很高的创造性。对于某些定性研究人员来说，这个方法可能是适用的，但是对其他人来说就不一定了。

15.5　符号学方法应用范例

15.5.1　运用符号学方法研究职业和组织文化

巴里（Barley，1983）的研究展示了如何运用符号学方法来对职业和组织文化进行理论分析。Barley 用三个月的时间考察了一家殡仪馆。在此期间，他在美国一座东部城市的一个大都会地区进行了观察和多次访谈。他的研究目标是要了解殡葬师是如何理解丧葬事宜的。

他的第一项任务是揭示符号学分析的基本单元，即和殡葬师有关的符号。因此，他先去了解和熟悉殡仪馆的工作，并在几周的访谈之后，从对象、时间和行动三个领域对访谈记录进行分析，这三个领域是殡葬师对其工作流程的分解。在确定了这些领域（总共 56 个）之后，接着通过开展更多访谈来得出每一领域的范畴和子范畴。他的目的是要根据结构和属性分析对每一个领域予以描述。

Barley 发现，殡仪师这一典型案例包含了一系列的事件：搬运遗体、安排家属、遗体防腐和准备、守丧、举办葬礼，最后是埋葬遗体。他分析了殡葬师用于使葬礼显得更加"自然"或"正常"的代码系统。

在 Barley 的文章中，他讨论了三种代码："姿势代码"（使遗体看上去像正在睡觉）、"陈列代码"（使人们参加葬礼时感到舒适，就如同在家中一样）和"移动代码"（使死者遗体的移动显得比较正常）。

Barley 的文章阐明了符号学用于描述特定职业和组织中的人们所采用的意义系统。他发现了在行为和交流的几个领域中代码所隐藏的含义，揭示出它们如何始终保持这种结构化。基于结构分析，这种结构代码的发现代表了"该文化下的成员认为针对形成行为和诠释而制定严格的规则是适合的"（Barley，1983：410）。他认为，符号学提供了一套分析的概念和方法，用以"将文化属性作为含义系统进行分析，这有助于理论创新，如同分析野兽的天性一样"（Barley，1983：411）。

15.5.2　为什么消费者将某些特殊物品视为无价之宝

为什么消费者会将某些特殊物品视为无价之宝？格雷森和舒尔曼（Grayson & Shulman，2000：17）认为特殊物品代表了和个人相关的一些事、人、地方和价值。

> 一位退休的老人非常珍爱他妻子在婚礼上送给他的一本书。一位大学生保留着最近一场音乐会的票根。一位餐厅老板将他挣到的第一张美元钞票镶在相框里。一位大学教授保存了他的学生表示感谢而赠送的一瓶香槟。如果一位律师丢失了她被提升为合作人时为自己所买的那条项链，她将无法接受这一情况的发生。

Grayson 和 Shulman 用符号学方法来理解和支持这些代表性意义的产生过程。他们还运用符号学的索引概念，来扩展对如何将含义嵌入进无可替代的物品的理解。

他们发现，特殊物品建立了一个符号联系，使消费者能够从其个人经历中确认自己当初选择的那一时刻。他们的解释是：

我们的研究表明无可替代的特殊物品是一种目录，因为它们和它们所代表的特殊事件和人之间有一种实际的、特殊的联系。假定 Peirce 的理论和目录属性有关，那么我们可以进一步假设，无可替代物品的目录使得它们为其主人提供了一个实际的或确切的功能。正如在法院中，物证基于其和罪犯之间物理的、实际的联系，从而经常能够证实过去所发生的事情。同样，无可替代的特殊物品作为类似的证据而服务于其主人，它们代表了个人历史中的某个重要时刻（Grayson & Shulman，2000：19）。

他们的研究成果表明，符号学结构应用于研究物权时发挥了作用，并阐明了消费者的真实性价值（Grayson & Shulman，2000）。

15.5.3　企业语言的符号学分析

费罗（Fiol，1989）运用符号学方法分析了 CEO 发给股东们的信件，尝试借此解释组织进行合资经营时不同目标选择之间的区别。她用符号学的概念分析了这些信件的叙事结构。

她这项研究的主要命题假设表现在：

合资企业会弱化其与外部环境的界限，但会强化内部组织单位之间的界限。相反，非合资企业会强化企业与外部环境的界限，而弱化内部组织单位之间的界限。（Fiol，1989：278）

Fiol 指出，发给股东的那些信件不仅仅是关于公司现状的交流，还隐含了一些关于组织以及其与外部环境关系的信念。Fiol 称这些 CEO 发给股东的信件就像是民间故事一样，因为它们讲述了很多故事。

Fiol 对十家化学公司年报上的这些信件进行了符号学分析。这十家公司的生产线、市场和规模非常类似。她的分析结果只是部分地支持了她的命题假设，这反映了环境情境的不稳定性。但是，她发现所有信件都有一个简单的信念模型，隐含在合资企业的所有信件中。Fiol 称 CEO 写给股东的信中都包含着一套反复出现的反映公司基本价值观的结构。所有的这些信件都有着一个类似的目标：向股东传达一种积极的、正面的信号。

15.5.4　中国消费者文化的兴起

赵和贝尔克（Zhao & Belk，2008）认为，中国意识形态从共产主义国家到消费者社会的演变为现今社会下探索消费主义的兴起提供了一个史无前例的情境。

作者对《人民日报》（the *People's Daily*）上刊登的广告开展了一项符号学分析，用以考察意识形态从共产主义向广告中所表现出的消费主义演化的问题。自 1949 年以来，《人民日报》一直是中国政府的官方报纸。此外，作者还阅读了政府关于广告问题的声明和观点，以及中国商业类杂志关于广告的文章。

作者发现，中国的政治和市场之间有一个模糊的边界。例如，他们展现了社会主义的标识、英雄和符号如何出现在广告中用以促进消费。作者的成功在于揭示了广告中所表现出的消费主义如何在中国得以飞速扩张。他们认为中国的骄傲目前表现在中国消费者生活模式的骄傲以及对中国品牌成为世界领导者的希望等方面。

练习和习题

1. 以表 15.1 为指导，用符号学分析方法来解构一个广告的意义。

2. 用同一个广告，按照以下问题来分析：这个广告的目的是什么（语用层面）？广告中使用的语言和符号的含义是什么（语义层面）？符号和标志的使用规则是什么（语构层面）？

3. 用 Google Scholar 或其他文献数据库做一个简单的文献检索，在你选择的领域中是否能够找到一篇使用符号学方法的文章。它们的研究主题是什么？

4. 在下面的网站中搜索目前运用符号学方法的研究人员。他们研究的主题是什么？你是否能够将这些主题与工商管理关联起来？

扩展阅读材料

1. 图书
● 西比奥克（Sebeok，1994）的著作对符号学做了很好的介绍。他提出了六个种类的符号：信号（Signal）、症状（Symptom）、图标（Icon）、索引（Index）、象征（Symbol）和名称（Name）。
● 列维-施特劳斯（Lévi-Strauss）1996 年出版的《野性的思维》（*The Savage Mind*）是一部经典著作，它阐述了符号学如何在结构人类学中应用的情况。
● 对于那些研究信息系统的人来说，霍尔姆奎斯特等（Holmqvist et al.，1996）的论文集对这一领域如何使用符号学方法做了很好的介绍。

2. 文章
● 市场营销领域的《消费者研究杂志》（"Journal of Consumer Research"）在过去的 20 多年里刊登了很多关于符号学的文章。例如，米克（Mick，1986）发表了一篇非常全面的关于符号学及其应用以及符号学对消费者研究的影响方面的文献综述，他认为消费者的世界里到处充斥着符号和标识。

3. 网站资源
以下网站对进一步了解符号学非常有用：
● 丹尼尔·钱德勒（Daniel Chandler）有一个很好的网站叫作"初学者符号学"（Semiotics for Beginners），见 http://www.aber.ac.uk/media/Documents/S4B/sem01.html。
● 马丁·莱德（Martin Ryder）在网上提供了一个很好的符号学资源索引，他将索引分成三类：topics in semiotics, seminar authors 和 active writers，见 http://carbon.cudenver.edu/~mryder/itc_data/semiotics.html。
● 符号学资源中心（The Open Semiotics Resource Center），见 http://www.semioticon.com/。

第 16 章　叙事分析

本章学习目标

通过本章的学习，你将能够实现以下学习目标：

- 明白使用叙事分析方法的目的。
- 掌握不同的叙事分析方法。
- 知晓叙事分析方法的优缺点。
- 在使用叙事分析方法时更加自信。
- 了解如何在工商管理领域使用叙事分析方法。

16.1　导言

和话语分析和符号学分析一样，叙事分析（Narrative Analysis）是定性数据分析中的一种特殊方法。本章将介绍如何构建叙事以及叙事分析的各种方法。

《简明牛津英语字典》将叙事（Narrative）定义为"相互关联的事件之间的一种口头或书面的表达；通常表现为一个故事"（Soanes & Stevenson，2004）。一般来讲，一个叙事要求有情节和一定的连贯性。它有一些固定的顺序，通常是线性的形式，有开头、正文和结尾。叙事通常会对故事提炼主题和主要观点或寓意。叙事是一种重要的方法，通过叙事，人类的经验会变得更加有意义[波尔金霍恩（Polkinghorne，1988）]。

在社会科学中，"叙事"一词经常被用来描述研究人员收集到的实证材料。从这一角度来看，叙事是叙事者的生活经历，是有关他们生活或特殊事件的故事。针对个人的叙事可能是指他们的日记、文章或信件[蔡斯（Chase，2005）]。因此，叙事分析是"考察被调查者的故事，并分析它们是如何将其所使用的语言和文化背景整合起来的，以及是如何说服读者相信这一故事的"[瑞斯曼（Riessman，1993：2）]。

叙事也可能是指一种针对组织的叙事。查尔尼娅维斯卡（Czarniawska，1998）认为，组织叙事是"组织中理解和交流的主要方式"，而且组织叙事的"结构是文档型的"，其内容是需要诠释的。叙事分析能够以文本的方式来理解组织并对其进行分析，"进而由此与组织实践形成一种交互的关系"（Czarniawska，1998：17）。

叙事也可以是研究人员创造的一个故事，这种叙事被看作是对与正在讨论的对象或理论有关的事件在某种层面的一种重构。

在每一个案例中，叙事通常有一定的顺序（Riessman，1993）。叙事是感知世界的一种特殊方式，"叙事"一词强调的是讲述故事的人的观点，它关注于故事的独特性，这正如蔡斯（Chase，2005：656）所描述的：

> 叙事是用回顾的方式来发掘事件的含义——即对过去经验的塑造和排序。叙事是了解自己和他人行为的一种方式，或是将事件或对象组织成一个有意义的整体，随着时间的流逝，彼此能够连串起来并且可以看到行为和事件所产生的结果……和大事记不同，大事记虽然按照时间顺序对事件进行报告，但叙事交流的重点在于叙事者的观点，包括这一件事值得讲述的原因。

麦肯纳（McKenna，2007：146）的观点与此相同。他认为叙事是"拓展个体特性、展现经验，以及将过去的生活赋予意义和含义，并展现对未来的预期"。

叙事分析方法已经成功应用于很多学科领域，包括人类学、信息系统、管理学、市场营销、心理学和社会学等。定性研究的数据收集阶段经常以叙事的方式来编写。在信息系统中，人们关注的焦点在于对语言的理解、沟通以及系统开发人员和组织成员之间的关系的理解。在市场营销中，研究人员着眼于针对消费者的叙事以及消费者所构造的他们自己和世界之间关系的叙事。在管理和组织领域，研究人员考虑的是故事如何在组织视角下代表组织文化的各个层面以及故事的重要性。

16.2   叙事分析方法的类型

叙事分析方法有很多种类型，不过，有些学科会比较偏爱某些类型。很多叙事描述的是一个人的生活历史。叙事是对那些被叙事者认为是重要的事件的记录，其他一些叙事则描述了组织中的重要事件。与此不同的是，前叙事（Ante-Narrative）分析通常并不将"宏大叙事"（Ground Narrative）作为唯一的来源，它更为关注的是多重故事的片段。接下来，我们将介绍其中的一些叙事分析类型以及相互之间的各种区别。

16.2.1   写作和阅读

从工商管理领域开展定性研究的角度来看，在运用叙事分析方面，对写作和阅读加以区分还是很有用的。

叙事的写作意味着你已经决定使用叙事分析作为组织和展示你所收集的数据的方法。撰写一个叙事包括使用一种或几种叙事结构来描述一个故事，其主要任务是核对你收集的各种材料（访谈、田野笔记、文档等），并以一种前后连贯的方式来讲述故事。

由于笔者的很多研究项目都和信息系统开发和实施随时间流逝而发生的变化有关，因此经常需要用到叙事分析方法。笔者经常运用前后连贯的叙事分析作为组织和展示相关资料的方式。实际上，叙事是对来源于访谈、文档等渠道的数据资料进行编辑整理。它用来讲述一个信息系统项目实施期间所发生的事情（什么时间发生了什么）。

阅读一篇叙事意味着你已经决定使用叙事分析来诠释一篇现有的叙事性资料的含义。例如，你可能想分析一篇已经发表的叙事报道或访谈对象所讲述的关于某个人的生活经历。从这个意义上讲，"叙事"主要是指你的部分或全部定性数据资料。

16.2.2 "自上而下"与"自下而上"

叙事分析的一种分类方法是区分"自上而下"和"自下而上"的方法。"自上而下"（Top-Down）的方法是"根据一组文化背景下现有的语法和叙述规则"来分析叙事文本（McNabb，2002：418）。这种方法经常用于教育学领域，工商管理领域的教学案例也经常使用这种方法，因为它往往是按照一种模板来编写，实证主义案例研究也经常使用这种方法。

"自下而上"（Bottom-Up）的方法是"根据文本的组成单元来构建一个结构来分析整体文本"（McNabb，2002：418）。"自上而下"方法使用一个模板进而将定性数据套进这个模板中来，而"自下而上"的方法与此不同，它会产生大量的叙事结构。这种方法更多的是用在人类学和诠释学类型的研究中。

16.2.3 现实主义、建构主义和批判主义

现实主义（Realist）叙事假设叙事和所描述的故事之间存在一对一的对应关系。现实主义叙事通常被描述为现实的常识和描述性情节，有时也撰写成权威性的语气。如果叙事来自一个或多个单独的案例（人或组织），叙事通常会以一个整体的方式被展现出来（而非单独的案例）。

建构主义（Constructivism）叙事认为叙事并不是简单地描述事件，而是通过叙事来对事件进行建构。建构主义（或诠释主义）下的叙事通常被认为是具有主观性的、局部性的现实。与其他方法关注叙事的代表性不同，建构主义叙事方式强调的是叙事的独特性。例如，Riessman（1993）认为叙事分析凸显了人类想象力的重要性，因而它是完全适合于研究主观性和个性问题的。

批判主义（Critism）叙事认为叙事的讲述和发表可以成为一种变革的力量。叙事可以用于解放，还可以用于引出当权者不愿听到的原来保持"沉默"的故事（Chase，2005）。例如，女权主义者的叙事可能会表达出先前沉默的女性群体的声音（Riessman，1993）。

16.2.4 文体

文体（Genres）的概念是指叙事可以写成不同的风格。按照某一文体撰写的叙事有着其特定的特性、内容和结构，文体就是以某种方式讲述故事的惯例。

例如，一篇叙事可以是冒险故事、童话故事、爱情故事、闹剧、悲剧或喜剧。Riessman（1993）说过，叙事文体包括故事（有主角、煽动性情节和最终事件）、习惯性叙事（当事件多次发生时）、假设的叙事（用以描述尚未发生的事件），以及有中心主题的叙事（对与主题相关的过去事件的快速回顾）。

16.2.5 语态

Chase（2005）认为，定性研究人员可以使用三种语态（Voice）或叙事策略的类型。原则上，所有这三种语态均可用于任何研究方法中（如案例研究或人种学研究等）。

第一种叙事策略是研究人员在他/她的作品中提出权威性语态（Authoritative Voice）。以权威性语态进行叙事，研究人员将他们个人的观点从叙事者的角度分离出来，根据研究人员

自己的文化、制度或组织的视角来诠释叙事者的故事。尽管在这种写作风格中，研究人员会遭到谴责，认为他们会将自己的看法凌驾于叙事者之上。Chase（2005）认为并不一定如此，因为研究人员还可以广泛地直接引用叙事者的原话。

第二种叙事策略是研究人员提出一种支持性语态（Supportive Voice）。这种策略是将叙事者的语态放到更重要的位置。尽管这种策略存在着美化叙事者观点的风险，但 Chase（2005）认为它有助于在研究人员和叙事者的语态之间创造一个距离，从而可以反映出反身性和尊重。

第三种策略在于研究人员和叙事者的语态之间存在一种复杂的互动作用。Chase（2005）指出，这种策略在叙事性人种学和自我民族志中应用得非常普遍。在这里，研究人员自己是易受影响的。尽管这种策略有时会因为自我放纵而受到诟病，但是 Chase 认为至少我们能够了解研究人员是如何诠释叙事者的故事的。

16.2.6　后现代叙事和前叙事

博耶（Boje，2001）对许多不同种类的后现代（Post-Modern）叙事分析及其在组织和管理学领域的定性研究的应用，给出了一种很有意思的讨论。他用"前叙事（Ante-Narrative）"一词来描述叙事，这与管理和组织领域的研究中常用的单独语态、第三人称叙事的方式截然不同，这些前叙事是琐碎的、非线性的、不连贯的、集体性的，而且并未提前设定情节。他认为，叙事分析和前叙事分析都可以在组织领域的研究中得到广泛应用（Boje，2001）。

Boje 也指出，"前叙事"一词有两种含义。"Ante"可以解释为"以前"的意思，因此前叙事是在叙事结束前被告知的事情。在组织中，故事经常是琐碎的、非线性的、不连贯的，叙事分析人员将这些前叙事的大众故事转变成一个比较完整的故事，在这样做的同时他们"创建了一个虚拟理性的、非偶然性交织的故事"（Boje，2001：2）。因此，叙事出现在前叙事之后，叙事是将前叙事中零散的故事片段连贯起来。

前叙事的第二种含义是将其在一定程度的赌博层面使用。在这种情况下，前叙事是对事件或经历的一种预测性理解和解释。叙事分析就是为故事加上顺序，并提供伦理层面的内涵和可信的情节。因而，前叙事具有猜测性，它给故事情节加上了一个连贯的主线。

Boje（2001）认为前叙事和"反叙事"（Anti-Narrative）是不同的，但是他认为叙事和前叙事分析在组织研究中可以结合起来使用。

Boje（2001）描述了八种前叙事分析方法，所有这些方法都能够处理"复杂组织中分散和多重故事的情况"。这八种前叙事分析方法如下所示：

（1）解构（Deconstruction）；

（2）宏大叙事（Grand narrative）；

（3）小故事（Microstoria）；

（4）故事网络（Story Network）；

（5）交互性（Intertextuality）；

（6）因果关系（Causality）；

（7）故事情节（Plot）；

（8）主题（Theme）。

在解构中，叙事不是固定的，而是随着内嵌的含义网络而发生变化。解构主要做的就是使叙事具备相应的线性、连续性、语态和情节。

尽管后现代主义者怀疑宏大叙事，但 Boje 指出并不是所有人都想将宏大叙事排除在外。实际上，现代的宏大叙事方法仍然在广泛使用，因此，这些可以和针对小故事的前叙事方法一起用于研究。

小故事是"小人物"的故事，它不需要与组织研究中常用的"大人物"的故事完全吻合。

故事网络分析是在叙事分析中跟踪"小人物"的姓名及其与其他人之间的社会关系（家庭和经济）。组织被看作是一个讲述故事的系统，在这里，故事变成了叙事分析的节点或连接线索。

交互性指的是文本作者与读者之间的交互对话关系。Boje 说交互性是不同叙事之间或叙事内部所存在的所有交互性。

因果关系分析是对非线性的前叙事进行重构，使其能够讲得通，它考察的是故事讲述行为对现实的建构和重构。

情节分析提出了有关故事来源的问题，谁给作者讲述的故事？谁创造的情节？

主题分析讨论的是如何将常见的叙事类型按照主题进行分类，旨在考察分类的层级性并找到被遗漏的主题。

Boje（2001）认为这八种前叙事分析方法是替代传统叙事分析的后现代方法。

银行家和他们的道德故事

惠特尔和米勒（Whittle & Mueller，2011：114）使用前叙事和会话分析来考察在英国公众场合所听到的高级银行经理们对全球性金融危机所使用的话语工具。他们认为，前叙事方法在阐明某些故事为何在多种版本的情形下变得貌似合理。故事之所以很重要，"是因为它们是人们使事件变得有意义的关键方法"。

在这篇文章中，他们揭示了银行家们如何不得不努力实现一个非常困难的均衡：他们既不希望将银行系统一同败坏掉，但他们也不想指责主要的责任人或他们自身。因而，他们试图讲述一个前叙事，一个与目前流行的其他故事有所不同的故事，其中部分叙事表现得很有连贯性和说服力。其他的那些故事通常是政客或媒体所讲述的，倾向于将银行家描述为贪婪、自大和玩忽职守的反面人物。

这篇文章的贡献之一在于它展示了会话分析如何能够被认作一项社会行动，论文的焦点在于阐明故事是如何服务于讲述故事的人或群体的需要的。

16.3　如何使用叙事分析方法

如果你计划在访谈中收集叙事性资料，并将其作为你的主要数据来源，那么你就需要在访谈时积极邀请你的访谈对象来讲述故事。正如 Chase（2005）所指出的，一些访谈对象可能没有进入叙事者的角色，除非你专门要求他们这么做。研究人员的主要任务之一是事先确定在讲述者的社会背景下什么是"有价值的故事"（Chase，2005）。

你可能也需要为访谈提供一个便利的环境，提出一些开放性的问题——"可以打开话题，使访谈对象在与访谈者的互动中以一种他们觉得有意义的方式来组织答案"（Riessman，1993：54）。

如果你计划写一篇有关一个组织的叙事，那么在管理和组织研究中使用的典型形式是将它写成一个案例研究。案例研究通常按照时间先后顺序对事件进行组织（Czarniawska，1998），其基本要求之一就是故事必须有吸引力。

用以分析现有叙事的一个相对简单的模型是 Labov/Cortazzi 模型（McNabb，2002）。这一模型认为每一个叙事都应当包含六个要素，它们分别是摘要、目标、难点、评估、结果和结论。这些要素所产生的问题能够用于审核不同的文档（如访谈记录或报纸）。不过，该模型也能够帮助你基于自己的文档来产生叙事。

能够用于分析故事的另一个模型是伯克（Burke）的戏剧主义（Dramatism）模型（Riessman，1993）。这一模型认为每一叙事中有五个要素，这些因素包括：行动、场景、演员、道具和目标。这五个要素关注于"做了什么（行动）、何时或何地做的（场景）、谁做的（演员）、如何做到的（道具），以及为什么这样做（目标）"（Riessman 引自 Burke，1993：19）。

16.4 叙事分析方法评价

对于工商管理领域的定性研究人员来说，使用叙事分析最有用的地方可能是在对组织叙事的创造或批判方面。叙事分析在使我们参与到与组织中的管理层和与商务人员的互动方面是一种非常有潜力的方法（Czarniawska，1998）。我们中所有的人（包括学者和实业人员）都可能会与故事产生联系，这种方法可以使我们的研究更具实用性。

不过，由于叙事分析的深度，如果你想要对很多人进行访谈的话，叙事分析并不是特别适用。收集人们的生活经历是非常耗时的，而分析这些资料甚至会需要更多的时间。

然而，叙事分析是一项非常强大的工具，它是定性数据分析的一种深层次方法，使我们能够在管理和组织背景下考察个人的经历及其意义。叙事分析能够使我们理解"事件是如何由现实中的客体来构建的"（Riessman，1993：70）。

16.5 叙事和隐喻方法应用范例

16.5.1 战略描述的叙事分析

巴里和埃尔姆斯（Barry & Elmes，1997）将管理战略以一种叙事的方式进行分析，他们认为"战略必须被看作是组织中最重要、最有影响力和最昂贵的故事之一"（Barry & Elmes，1997：430）。他们认为叙事分析适合于捕捉战略描述中的多样性和复杂性。

他们指出叙事分析既可以应用于战略制订，也可以应用于对现有战略的分析。对于前者来说，战略可以看作组织中的一个叙事过程，在这一过程中会提出故事的方向。对于后者来说，正式发布的战略可以被视为一个叙事的制成品。

Barry 和 Elmes（1997：433）认为战略也可以看作是一种小说的形式。使用小说这一表述并不意味着战略是错误的，它指的是战略是创造出来的一种事物。

> 作为小说的作者，战略家面临着同其他小说作家一样的一些基本挑战：如何编写一个有吸引力的、引人入胜的故事，使读者愿意去购买、去阅读。战略家讲述的任何故事仅仅是由一系列存在各种可能的特性、故事脉络和主题编织而成的众多相互矛盾的选择中的一种。

Barry 和 Elmes 讨论了战略家们用于使战略的表述显得既具可信性又具新奇性的各种叙事手法。例如，战略通常使用第三人称，这样可以给人以公正、理性的印象。战略也可以使用一种史诗的形式，将英雄（指公司）描绘成面对大量的敌人或障碍："如果公司的每个人都能齐心协力，那么公司将会取得胜利，实现市场占有率、利润和工作保障等绩效的提升（Barry & Elmes，1997：437）。"

在文章的最后，他们还对未来的"虚拟"组织中战略描述的变化提出了建议（Barry & Elmes，1997）。

16.5.2　对耐克（Nike）和锐步（Reebok）致股东信的叙事分析

兰德勒姆（Landrum，2008）考察了耐克公司和锐步公司在 1990—1999 年期间的致股东信。她这篇文章的目的在于通过公司的致股东信来揭示这两家公司的战略意图随时间的变化情况。

作者使用叙事分析结合文学文体和战略叙事来对其数据资料进行诠释。她首先运用明茨伯格（Mintzberg，1990）关于战略思想的观点，对不同文学文体和战略叙事文体的多种特性进行界定。而后她阅读了这两家企业十年间的致股东信，并将看上去与企业战略意图有关的段落确定出来。

她发现这两家企业更多的是运用浪漫式的文体风格，讽刺是耐克的第二种最常用文体。讽刺文体的采用反映了一种反对固定式的自我印象。相反，锐步看上去运用这种文体的目的在于关注公司与竞争对手的差别上。她的研究还认为耐克在亚洲市场上比锐步更加敏锐。

16.5.3　企业家关于获取资本的故事叙述

马滕斯、詹宁斯和詹宁斯（Martens、Jennings & Jennings，2007）考察了关于企业资本获取能力的故事叙述的影响问题。他们认为故事叙述越来越被认为是企业家能力的重要组成部分，叙事有助于企业获取投资资本。

作者使用了一种混合方法论的研究设计，组合运用了定性研究方法和定量研究方法。定性阶段主要是对三个高科技行业从 1996 年到 2000 年期间 IPO（首次公开招股）公告进行分析，这使得他们可以确定如何在叙事中援引身份构建、故事阐述和情境嵌入等内容。在定性分析阶段出现了三个理论假设。定量研究阶段主要是对这些假设进行验证，样本总体涵盖同期的半导体、生物技术、互联网等预备在纽约证券交易所（NYSE）预备 IPO 上市的企业。他们使用普通最小二乘法（OLS）对数据进行回归分析。

作者发现，有效建构的故事确实有助于企业获取到所需的资金。这篇文章同时也是一篇关于如何有效地将定性研究与定量研究结合起来进行研究的非常好的范例，但它并没有降低定性研究的丰富性和定量研究的稳健性。

16.5.4　关于消费者身份的叙事

消费者如何使用产品来构建自己的身份已经成为市场营销领域研究的一个重要话题。营销学领域的研究表明，人们用消费来保持他们对自己身份的长期感知，并通过与他人的关系来给自己定位。

阿河瓦（Ahuvia，2005）考察了财物和活动在一个连贯的身份叙事构建中的作用，并重点讨论了消费者喜欢的财物和活动问题。消费者经常会说他们喜欢所购买的产品或活动，例如"我爱滑雪板"或"我爱我的新车"，这通常会透漏有关顾客自己以及他们和其他人的关系的一些信息。

Ahuvia 的数据来源于针对十名消费者的深度访谈和跟踪电话访谈。然而，由于篇幅的限制，他的文章只讨论了两名消费者的故事。他指出，选择的这两个案例是所有访谈整体的代表，这两个案例对主要研究发现做出了直接的贡献。在研究中，他问调查对象喜欢什么，进而对他们所喜欢的东西进行讨论。

基于这些访谈资料，Ahuvia 为每个人构建了一个"生活叙事"以概括他们的故事。针对每一个访谈对象，他都讨论了每个人喜欢的东西及由此产生的身份冲突问题。例如，他发现虽然帕姆（Pam）是一位投资银行家，但是实际上她却很热爱作曲。

> 帕姆（Pam）在作曲家 Pam 和商人 Pam 之间存在着一个冲突，一种有风险的抉择。她将作曲家 Pam 看作是内心自我的表现，而商人 Pam 却是她的家人所支持的实际选择。在这一身份冲突中，Pam 所热爱的作曲扮演了一个偏袒的角色，服务于她的艺术个性，并使她远离商人 Pam 这一伪装角色（Ahuvia，2005：174）。

Ahuvia 发现，所喜欢的东西在生活叙事中作为关键事件或关系的纪念品，有助于解决身份冲突问题，并深嵌于广泛的社会关系符号网络之中。他与消费者的访谈揭示出用于创造连贯性自我叙事的三种策略，分别是"区别（Demarcating）""妥协（Compromising）"和"综合（Synthesizing）"的方法。

区别是所热爱的事物服务于区分和强化一个人的身份边界。"Pam 的身份冲突——选择一种作曲家的生活还是追求一种风险较小的商界职业生涯，所有她声称真正喜欢的物品均区分并强化了她所渴望成为的作曲家身份，而拒绝其商人身份"（Ahuvia，2005：181）。

当消费者所有的选择均具有可取之处时，他们便会使用妥协和综合的方法。"在妥协方法中，消费者放弃了每一个身份所能够带来的某些具吸引力的属性，而坚持中立的态度（Ahuvia，2005：181）。"Ahuvia 说，尽管在每天的购物中妥协是非常普遍的，但在真正喜欢的事物面前很少出现这种情况。不过，在身份冲突方面还是有些产品能够为消费者提供一个综合的解决方法。

因此，Ahuvia 的文章表明，尽管消费者购买了成百上千件商品，但只有一部分商品能够在消费者认为自己是谁这方面发挥出特殊作用。文章揭示出存在身份冲突时消费者如何将所喜欢的物品或行动用于构建一个连贯的自我叙事（Ahuvia，2005）。

16.5.5 关于信息系统开发项目的叙事

Davidson（1997）分析了她在一项针对信息系统开发项目的田野调查中所收集的三个历史性叙事。她感兴趣的问题是项目参与人员如何对其知识、设想和期望进行交流以达成对信息系统需求的共识。

她认为在信息系统开发项目中，行动和事件记录的产生和保持"是形成参与者们对信息系统需求解释的重要过程，并会影响到关于这一信息系统项目设计和实施的决策"（Davidson，1997：125）。

在对研究对象的访谈中，她发现他们经常讲一些关于该信息系统项目的重要事件和片段，以及关键人员的确定、相关目标和动机的故事，每个人看上去对这一项目均有其独特的看法。她运用八个类别来系统性地分析这些与项目有关的历史性叙事，分别是：

（1）叙事者的摘要；

（2）叙事者的观点；

（3）方向/背景描述；

（4）行动参与人；

（5）问题现状；

（6）目标/问题的解决方法；

（7）行动和事件；

（8）结果。

她最后的结论是，在研究信息系统的开发与实施方面，叙事分析方法是非常有用的。信息系统的开发"经常有这样的特点——问题难以界定或目标模糊、冲突性的权力斗争、普遍性的组织变动带来的破坏"（Davidson，1997：142）。叙事分析能够强化我们对于这些问题的理解。

练习和习题

1. 运用戴维森（Davidson，1997）的八个类别作为指导，分析工商管理领域已发表的一个案例研究。你能回答所有有关这些要素的问题吗？

2. 在周末报纸中找些故事，用 Davidson（1997）的八个类别作为指导来深入分析其中一个故事。你认为故事中还有没有其他比较重要的方面？

3. 用 Google Scholar 或其他的文献数据库做一个简单的文献检索，看看在你所从事的领域中，能否找到使用叙事分析方法的文章。它们的主题都是什么？

4. 在你自己的研究领域中，你能想到其他一些可以使用叙事分析的主题吗？你能够使用哪种类型的数据资料？

扩展阅读材料

1. 图书

● 笔者认为博耶（Boje，2001）出版的著作对于工商管理领域的定性研究人员来说非常重要。

● 波尔金霍恩（Polkinghorne，1988）和查尔尼娅维斯卡（Czarniawska，1998）出版的著作也很有趣。

2. 网站资源

这里有一些有关定性研究很有用的几个网站：

● 叙事心理学（Narrative Psychology）是叙事分析和相关领域的一个重要的优质资源，见 http://narrativepsych.com。

● 叙事分析研究国际协会（The International Society for the Study of Narrative）每年都赞助叙事分析领域的国际会议，见 http://narrative.georgetown.edu/。

● 叙事探索（Narrative Inquiry）是一个有关叙事理论、实证和方法论的论坛，见 http://www.clarku.edu/faculty/mbamberg/narrative INQ/。

第六篇　成果撰写与发表
（Writing Up and Publishing）

在第六篇中，我们将讨论定性研究成果撰写与发表的相关问题，如图VI.1 所示。第 17 章讨论成果撰写的流程，第18 章讨论成果发表的流程。两章都包含了针对工商管理领域成果撰写与发表的一些实用性建议。

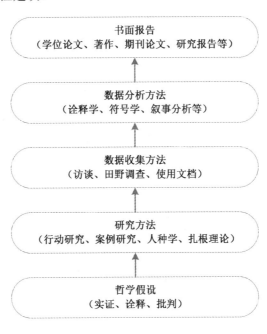

图VI.1　定性研究设计（5）

第六篇　成果撰写与发表
（Writing Up and Publishing）

第 17 章　成果撰写

本章学习目标

通过本章的学习，你将能够实现以下学习目标：

- 明白成果撰写的目的。
- 学会制定写作计划。
- 避免犯常识性错误。
- 找到提升写作技能的方法。

17.1　导言

在定性研究过程中，研究成果撰写与研究本身同等重要（Atkinson，1990；Clifford & Marcus，1986；Van Maanen，1988）。对成果撰写如此重视的原因之一在于，按照定义而言，一名定性研究人员就是一名文字写作人员。正如格里尔斯（Grills，1998b：199）所解释的：

> 在成果撰写时，我们需要确定将要讲述的故事——这一故事如何才能够具有理论上的意义、我们的研究工作中要解决的问题是什么、我们准备展示研究工作中的哪些方面，以及哪些将会被搁置起来。通过这一流程，所实施的研究和经历将通过文本的方式展现出来。

在某种意义上，定性研究人员是一名故事讲述者（Grills，1998b）。成果撰写和将时间花在这上面的重要性是显而易见的。

当你完成所有的实证性研究工作，并结束数据分析之后，你或许会认为你基本上已经完成所有的工作了。然而，这是极端错误的。成果自身并不会自动转化成文字，实际的情况是，一些人用于成果撰写的时间与研究的实证阶段同样长。而且，成果撰写有很多种方法，你也需要做出很多决策。成果撰写阶段需要制定计划、深入思考和投入时间。

在一定程度上，我认为成果撰写实际上是最重要的环节。当然，从事定性研究是一个重要的个人学习经历，研究本身具有很高的价值。你通过这一研究可以学到很多关于其他人以及自己的知识。然而，绝大多数人了解你的工作的唯一方式是通过你所撰写的文章、学位论文或著作。当然，如果你在学术研讨会或其他类似的演讲中展示你的研究，那样我也同意一些人即使没有阅读过你的成果也会对其有所了解，他们是通过听的方式而不是读的方式。即使这样，问题依然存在，那就是只有这些参加研讨会的人知晓你的研究。但是，如果你将你的研究成果撰写成文并予以发表，那么会有几百甚至几千的潜在读者将知晓你的研究发现。这样，与仅仅作为你个人的一个学习过程相比较而言，你的研究将会对该领域的研究文献和知识体系做出贡献。这一贡献发表后，有时就会成为他人继续深化研究的基础。

因而，本章重点讨论成果撰写的流程。我们需要将成果撰写视作是天经地义的，一项优秀的成果撰写工作的重要性无论怎样强调都不为过。下一章我们将讨论成果发表的问题。

17.2 如何撰写

定性研究成果撰写成文有很多种不同的方法，其成果方式也多种多样，如学位论文、专题论文、报告、著作、会议论文、期刊论文、博客、网页、报纸或杂志文章等。此外，还有很多种不同的写作风格和体例。写作风格和体例要参照你所在的领域和机构，这样成果将相对更容易得到认可。

如果你是一名准备撰写学位论文的硕士研究生，我建议你首先要做的事情是查看一下你所在系所的一些往届硕士学位论文。理想的情况是，我会安排一两个老师提供本学科领域被认为是优秀的典范性学位论文。我发现之前的范例通常对学生非常有帮助。在你有一个模板可参照时，你会发现即使是优秀的论文也并不是完美的，学位论文的撰写过程看上去不再是那样让人胆怯到望而却步。

17.2.1 写作计划

无论成果的产出形式是哪种（学位论文、著作或期刊论文），我发现做一个写作计划是很有必要的。我们可以用表 17.1 的模板来制定写作计划，这个模板列举了八条在研究项目开始阶段就需要考虑的问题，我建议你尽早填写这一模板。

表 17.1　一个写作模板

八个问题	问题描述
1. 标题	我正在撰写的学位论文、文章或图书的标题是什么
2. 目标	我正在撰写的文章或图书的目标是什么
3. 作者	这一作品的作者是谁，每位作者期望做出什么贡献
4. 读者	这一作品的目标读者是谁
5. 方法	我计划使用什么方法
6. 发表去向	我将会投稿至哪个期刊、哪个会议，或哪家图书出版社
7. 理论贡献	我预期的理论贡献是什么
8. 实践贡献	我的作品的实用性表现在哪里（如果有的话）

当然，伴随着你的研究项目的进展，你对上述项目每一条的描述都会有所改变，但对其中每一条予以精确描述的工作还是越早完成越好。事实上，我建议你在开展实证性研究之前

就完成一个表 17.1 模板的初稿。这是因为它可以帮助你的头脑始终聚焦于最终的产出（书面报告），并可以使你避免陷入资料收集之中。收集定性数据是非常有趣的，我认为它是从事定性研究工作最愉悦的一个方面。我喜欢与人交谈，了解他们所面临的挑战和困境。然而，你永远不可能收集到足够多的数据资料，总会还有另外的人需要再进行访谈，或者你认为你还需要再多一份文档资料。即使耗费几年的时间用来收集数据资料也是非常可能的，但这样你就几乎无法进行成果撰写了。

事实上，我以前有一名博士研究生就曾陷入过这一泥潭。他对澳大利亚最大的企业之一（同时也是全球 500 强企业之一）开展了人种学研究。在他本可以"结束"他的田野调查工作时，又发现这家企业有了新的比较重要的进展。他就坚持认为自己别无选择，必须回到公司并开展几个新的访谈。我的这位博士研究生的问题在于，这种情况发生了不止一次。大约一年之后，我实在是无法忍受了就简单地宣布了他田野调查工作的结束。我建议他基于当时所收集的"并不完全"的材料立即开始撰写博士学位论文。当然，博士学位论文撰写完成后，他完全可以毫无约束地再回到公司继续收集资料，但当时他被禁止做更多的田野调查工作。作为一名导师，我必须"拿起鞭子"，发挥我的职责。这时他必须停止资料收集工作，开始撰写论文了。

我对结果非常满意，因为他很轻松地拿到了博士学位，并基于博士论文发表了好几篇文章。正如事情所呈现出的那样，在最终博士论文研究所需要的经验数据资料方面，他只收集了一部分就不再继续收集下去了。事实上，在学位论文的篇幅要求下，他已经拥有了足够的数据资料，并可以为多篇期刊论文的撰写和发表提供资料支撑。

因而，拥有一个如表 17.1 所阐述的模板的目的，在于帮助你聚焦于最终目标上。你的最终目标是将你的研究工作撰写成文（如学位论文或会议文章），并予以发表（如果可能的话）。模板中包含的问题就是设法让你不偏离主线。偏离主线是从事定性研究最大的风险之一。

（1）标题。我发现，如果我从研究开始阶段就有一个标题的话，这有助于我聚焦于与标题相关的问题上。当然，我可能会在后来修改标题，但标题可以抓住研究的目标以及本研究的贡献，在这方面它非常有用。

（2）目标。我建议你尝试用一句话来解释文章或著作的目标。如果你不能用一个简洁的方式把研究目标描述出来，通常原因是你对所要研究的内容并不是完全清晰。

（3）作者。如果你是研究工作唯一的作者，比如学位论文，这个问题就不适用了。但是，如果有多个作者，一个非常重要的问题就是一开始就要确定他们要做哪些工作。我见过不少人会争论发表在期刊论文上的作者姓名排序问题，如果在一开始就确定了（至少讨论过），排序问题就不会存在这样的争论了。当然，如果一位作者做了比预期更多的工作，作者姓名排序可能会发生改变，但最好还是在研究工作开始时就尽早讨论这一问题。

（4）读者。我建议将可能成为潜在读者的特定人员的姓名写下来。如果你正在撰写一篇博士学位论文，那么除了你的导师以外，评阅专家也将是未来的审查者。如果你正在撰写一本著作，设想一下这本书的目标市场（如大学生或硕士研究生、学者等）。如果你正在撰写一篇期刊论文，那么考虑一下谁将成为你论文的评阅人。如果你一个人也想不到，那么建议你看一下你所引用的一些文献的作者。我发现在撰写研究成果时将一些特定人员牢记在心是很有帮助的，这是因为我最终是要把这一成果写给他们看。最后完成的工作将会有更大的机会使这些读者感到最终成果是合适的同时也具有意义。

（5）方法。无论你计划选择使用哪种研究方法，如果能够在你所在的研究机构获得较好的支持，这将是非常重要的。这包括有一个优秀的导师，如一个资深的专家，他/她拥有该领域的专业经验和技术专长。这也包括在你开始研究工作之前要经过一定的研究培训，如参加一两门定性研究的课程等。在你所在的研究机构无法获得适当的建议和指导的情况下，运用某种研究方法也并非不可能，但这将是非常困难的。

（6）发表去向。这一问题问的是你考虑将什么作为研究成果最合适的发表去向。如果你考虑将你某阶段的成果撰写成期刊论文、会议论文或图书，那么我建议你从一开始就要考虑好具体的发表去向。比如，如果你考虑撰写成一篇期刊论文，你就应当考虑这个期刊目前的主要相关人员（高级编辑、副编辑、最近的作者等），他们正在从事的研究类型主要是什么，目前发表的研究主要是哪种类型的。这样做的原因在于研究是一项社会性的过程（当然同时也是一个理性的过程）。对于缺乏编辑经验的人而言，我可以告诉你的是，如果你很少查看该期刊通常刊登何种类型的论文，那么你最好还是不要向该期刊投稿。对于具体期刊而言，如果作者对该刊物的研究类型和标准不甚了解的话，编辑会对你投稿的论文感到很失望。如果你对这个刊物仔细查看过，依然无法确定你准备投稿的论文是否与该刊物、会议论文或出版商的要求相吻合，那么你可以向在该刊物（或出版商）方面有一定经验的人请教。

（7）理论贡献。这个问题很重要，原因在于工商管理领域的绝大多数顶级学术期刊均要求学术论文具有较好的理论贡献。正如西格尔考（Siggelkow，2007）所指出的，一个纯描述型的研究很难被认可，不过，如果它有一定的理论贡献就会好一些。当然，如果你正在撰写的论文准备投往学术会议，或一个二级或三级刊物，这一问题可能就不太重要了。但是，我依然建议尝试把拟做出的理论贡献只用一段话描述出来，这是一个很好的做法。这在研究项目开始时是很平常的一项要求，但这一问题至少会帮助你聚焦于如何使你的工作对更广的学科领域做出更大的贡献。理论贡献通常会来源于文献综述，文献综述可以将你的研究项目融入其中。

（8）实践贡献。尝试将你的实践贡献描述成一段话也是一个很好的做法。这取决于你所从事的商科的具体领域，如果你只是准备将你的研究撰写成可发表于顶级学术期刊的论文，这个问题并不一定是必需的。但我依然认为这是一个很有用的做法。当然，这个实用性问题可能会改变你对早期问题的一些回答（如潜在读者）。

我相信还会有很多问题能够帮助你更好地将研究成果撰写成文，不过表 17.1 所列的八个问题简洁地总结了工商管理领域与定性研究最为相关的问题。

17.2.2　写作风格和体例

如同我之前所提到的，将定性研究成果撰写成文有很多不同的写作风格和体例（Harvey & Myers，1995；Myers，1999）。在这里，我们将简单介绍一下。

范·玛南（Van Maanen，1998）讨论了三种可以用于撰写人种学研究成果的写作风格，它们分别是现实主义风格、坦白主义风格和印象主义风格。对于行动研究或案例研究等类型的定性研究而言，这三种风格是直接相关的。

现实主义的写作风格绝大多数是实证主义的写作风格。这一体例通常有着关于文化传统、信仰和实践的极其详细的描述。这一写作风格倾向于"典型形式"，这些文化实践或形式被认为可代表正在描述的文化。现实主义风格同时也关注研究对象的自然属性。在撰写研究成果时，对故事的描述通常完全站在"土著居民"（当事人）的视角，实际上忽视了研究人员的作用。在阅读文章或著作时就好像它是极端客观的、权威的和政治中立的。

使用这一写作风格的经典文学手法（在人种学研究领域）是人种学展示（Ethnographic Present）。这种手法所展示出来的效果即事物就在那里，没有改变。例如，作者会说"每年原著居民会聚集在一起来庆祝春天的到来"，或"软件开发团队使用手机跟海外的用户进行联系"。但这一文学手法是非历史性的，因为它忽略了对这些活动何时开始的描述。作者运用这一手法也没有注意到这些习俗未来某个时点可能会发生改变。文化传统和习俗是可能会随时间而发生变化的。

坦白主义写作风格则恰恰相反。坦白故事采用一种高度个性化和自我专注式的风格，其重点并不完全在于当事人的观点，更多的在于田野调查人员自己的经历和感受。这种写作风格强调的权威性在于研究人员及其在事件发生时他们所起的作用（Van Maanen，1988）。工商管理领域运用坦白主义风格的一个例子是舒尔茨（Schultze）关于知识管理的一项人种学研究（Schultze，2000）。

坦白主义风格的一个缺陷在于坦白故事的质量经常会发生戏剧性的变化。一些作者可以撰写出极具吸引力的坦白故事，而其他人所撰写的却可能是极其枯燥的。坦白故事的作者有时会被指责为"纸上谈兵"、撰写"虚化"的故事，或是"任意性的"。这是因为坦白故事的作者对自己过于关注，从而会使得所研究的文化或组织的作用显得无足轻重。然而，一个好的坦白故事完全可以写得非常有吸引力，特别是当它读起来像一个冒险故事时更是如此。

印象主义风格关注的是经历的回想以及对现场的印象。作者倾向于采用一种小说式的手法来捕捉某一瞬间的场景、展现田野工作时的一个场面。这种风格倾向于基于写作目的而蓄意选择非典型的故事情节，这又一次与现实主义写作风格相违背。印象主义风格的作者避免对故事做过多的诠释或分析，这是因为印象主义的使命是减少全面覆盖式的答案。实际上，印象主义风格的作品会邀请读者来对故事做出自己的评价和感受（Van Maanen，1988）。

印象主义风格的一个缺点在于很少有人能够成功地使用这一方法。它要求研究人员是一名极其优秀的如同小说家一样的作家。不幸的是，并不是所有的人都能够写成这种风格。

Van Maanen 讨论了这三种写作风格，此外还有其他风格，如叙事式、文学式或组合式风格等，接下来我们将依次介绍这几种。

叙事式写作风格倾向于将案例研究或人种学看作是写历史。这两种研究人员和研究对象是历史性的存在，研究人员对事件的时间顺序这一属性比较关注。例如，信息系统领域中大部分研究关注的是信息系统项目和信息系统开发问题。一名研究人员考察某个项目时通常会需要查阅该项目自开始以来所发生的重要事件，如咨询师是何时雇佣的，或系统是何时启用的等事件。叙事风格的优势在于对于读者来说，它通常有助于使其知晓事情的来龙去脉，如一个重要事件是如何引导下一个重要事件的。然而，撰写一篇好的叙事性作品要求作者确保只涉及与事件相关的细节。叙事者必须对包含哪些和不包含哪些做出很好的取舍抉择。叙事风格的一个范例是拉森和麦尔斯（Larsen & Myers，1999）的一篇文章，这篇文章叙述了一家银行业务流程再造项目的故事。

　　文学风格运用虚拟的写作手法来阐述故事。作者运用戏剧式的情节和叙述等将研究发现告诉我们。文学风格的一个优点在于研究成果通常阅读起来很有吸引力。然而，这一风格的缺点在于这种研究报告充满了感情色彩，有可能会扭曲他们所试图描述的现实真相（Van Maanen，1988）。

　　组合式讲述风格发生在研究报告或文章是由研究人员和当事人（"土著"）共同撰写的情况下。这种风格在研究中可能会是非常合适的，尤其是在工商管理领域的国际性或跨文化问题的研究上。这种风格的优点在于，它从研究人员的视角和研究对象的视角（虽然"土著"也可能是一名研究人员）两个角度来讲述故事。然而，这一风格的一个潜在不足之处在于，相对于其他的写作风格而言，研究报告缺乏批判性。有鉴于作者之一来源于研究现场，这种结果是可以预料的。这种风格的另一个潜在不足在于研究人员可能未对选择哪一个当事人作为合作作者做认真的考虑。显而易见的是，如果当事人是一家制造企业的 CEO，他或她的视角将与同一家企业的员工有着很大的不同。

17.3　一些实践性建议

17.3.1　尽可能早地开始写作

　　如果你正在开展一项定性研究工作，你应当尽可能早地开始写作。许多人认为他们希望在确定观点后再开始写作。这种想法是将写作工作放在最后阶段，直到对整个"故事"构思完毕以后才动手写作。

　　不过，正如沃尔科特（Wolcott，1990）所提出的，这是非常错误的。定性研究中的一个问题是你会获得大量的数据，而且你有很多的观点要进行提取，不把它们写下来就得出直接的想法是非常困难甚至是不可能的。

　　Wolcott（1990）提出一个观点，那就是"写作就是思考"。当你开始将事情写下来时，这一过程本身会强迫你澄清正在思考的事项。你写得越多，你就会更多地澄清你自己所考虑的事项。写作确实有助于研究人员思考并解决"故事应当是什么样"的这种问题。写作的过程会使你的想法更加结构化和规范化。

　　当然，在你撰写初稿时你或许并没有正确的格式和结构，但你完全可以在以后经常地修改。关键问题是要将你的想法展现在你面前的纸上或电脑屏幕上，这非常有助于你的思考。因而，每一位定性研究人员的座右铭应当是尽可能早地开始写作。

　　为了帮助你做到这一步，有一个好的做法就是尽量早地草拟一个写作提纲时间表。如果你准备撰写一篇期刊论文或著作中的一章，你可以用主要标题撰写一个论文提纲目录。如果你准备撰写一篇学位论文或一本著作，这一提纲目录表应当包括所有的主要章，并加上标题和子标题（按照你当时的想法）。一旦你这样做了，你就可以发现某些部分其实已经可以开始撰写了。比如，你或许可以撰写文献综述的初稿了。如果你从事的是案例研究，你或许已经可以撰写对整个组织做简介的那一章了。问题的关键就是要尽可能早地开始写作。一旦你已经完成整篇学位论文的一两章，整个研究项目就不再跟刚开始看上去的那么令人畏惧了。

17.3.2　撰写一个好的"故事"

我发现有许多同学错误地认为他们不得不将成果撰写成特定的科学和学术风格，读上去非常枯燥。他们认为使用特定的风格（如用被动式或用第三人称写作）会使研究看上去更客观。不过，这种想法是错误的。在笔者看来，每一位定性研究人员都应当努力撰写一个好的故事。这个故事对读者而言应当是有吸引力的、引人入胜的。故事应当抓住读者的注意力，从而使他们想从头到尾地阅读你的文章或学位论文。

几年前，我与《管理科学》期刊（*Management Science*）的一名高级编辑交流过这个问题。这个期刊是管理科学和运营管理领域的顶级期刊，通常刊登的是定量研究的文章。我们讨论的是"发表游戏规则"问题，他对我指出，《管理科学》期刊发表的所有文章都需要讲述一个好的故事。没有一个好的故事，文章就不会得到发表。然而，在这个期刊上的绝大多数故事是用数字而非文本的方式来讲述的。故事需要拥有足够的吸引力，这样评阅人和编辑才会认可这篇论文对知识体系具有贡献。

17.3.3　数据选择

由于定性研究人员通常会积累大量的数据资料，在文字报告中对资料的取舍就成为一个普遍性的"问题"。人们很容易认为所有的资料都是重要的，尤其当你处于定性研究中期阶段的时候。但是，如果你试图在学位论文或文章中把所有的资料都容纳进来，你将使你的读者沉沦于大量的细节之中。对你的读者而言，作为你最终成果的研究发现将变得很是枯燥乏味，他们只会很快地略过，看到最后时会很高兴，因为他们发现终于看完你的论文了。实际的结果就是他们根本不会去阅读你的成果！因而，花费一定的时间来编辑论文很重要，一定要使论文所阐述的故事长度压缩在编辑或你的导师所要求的字数之内。认为文章越长越好的想法是极端错误的。

另一方面，在很多情况下，你需要对你的研究发现提供一个"深入的"而不是"粗浅的"描述，这也是很重要的。对于研究发现进行比较详细的阐述，可以使读者进行更好的审查。也就是说，这样可以使他们清晰地知道你的结论是如何得出的。

同时，即使对于篇幅较短的会议论文或期刊论文，我也建议你最好直接引用一些访谈记录。报告访谈对象的原话可以在一定程度上提升你的文章的可信性。提供一些这样的原始数据资料可以提升你的研究发现的表面效度。它证明你确实跟这一组织的一些人员进行了谈话。将访谈中的话直接引用过来也会使你所讲述的故事显得更加生动现实。只要你选择得合适，这样的引用就可以使故事更具吸引力。

17.3.4　在一开始就确保细节的准确性

即使你可以在日后经常性地修改你的初稿，有一些事情你还是应当在一开始时就确保正确。如果你在一开始就保证这些内容正确的话，你会为以后节省大量的时间。

第一件事情是名字拼写的准确性，如人们的姓名、地点的名字等。这些名字会在整篇论文中多次使用，需要保持一致。如果你撰写的学位论文有 100 多页，如果全篇检查人们姓名的前后拼写是否一致或是否准确，这将是一件极其痛苦的事情。因而，一定要在一开始就要确保拼写的准确。

另一件事情是来自资料来源处的引用一定要正确。引用应当完全准确，要逐字地检查，确保与参考文献中完全一致，页码也要能够对上（这种情况针对的是来自图书或论文的引用）。同样，如果到最后一刻你才发现没有参考文献的页码，这也是一件很令人沮丧的事情。那时，你将不得不回到图书馆去找原来的图书，甚至会更倒霉，如到外地的档案馆，而这时你可能会发现那本书已经找不到了，因为别人已经借走了。你所需要的只是一个页码而已，但事后再找可能就是一件非常麻烦的事情。有时很简单的一件事情会让你事后耗费大量的时间来解决，而这件事情在一开始时就确保完整和准确却是非常简单的。

17.3.5　文献数据库和参考文献管理软件

我也建议所有人都使用一个文献数据库和参考文献管理软件，如 Endnote 或 ProCite。如果你打算成为一名学术人员，或你正在撰写一篇像学位论文那样的比较长的论文，那么你就绝对需要使用文献数据库软件。

使用这种软件的主要好处在于，你只需要键入一次参考文献。只要你的参考文献的细节在第一次是准确的，那么你就永不需要再次键入。这些软件会根据你所选择投稿的目标期刊对其格式（这些期刊包括 *Academy of Management Journal*、*the Journal of Marketing* 等，或 APA 格式）进行修改。许多参考文献格式均可由软件来提供。

我发现这些软件非常有用，尤其表现在我在不同的论文中多次使用一些相同参考文献的时候。而且，如果你要修改原来投稿的论文，使用这些软件来改变参考文献格式是一件非常简单的事情。你只需要简单点击几下鼠标，整体文献的格式就全部修改完毕了。在过去这个工作需要耗费我几个小时的时间，现在几乎连一分钟都不需要。因而，我强烈建议你在你的学术研究生涯中只要有可能就使用这种软件。幸运的是，许多研究性大学都有这些相关软件的使用许可。

练习和习题

1. 找到一篇你认为写得很好而且有吸引力的定性研究方面的文章或著作。分析是什么使得它成为一篇优秀的论文或著作的？

2. 运用表 17.1 的模板，分析在上一题中你所找到的论文或著作。

3. 现在将表 17.1 运用到你自己的成果中，这可能是一篇短文或一篇会议论文。针对这八个问题，每一个问题用至少一句话来回答。

4. 如果你正在撰写学位论文或一本书，请对整个工作草拟一个写作提纲，包括每一章的子标题。

5. 在你所在的研究机构中，敦促一位教师组织一个针对博士研究生的写作学习班。这个学习班可以开设 2～3 天，其目标是要求参加的每个人在这段时间实际进行写作。当然，在写作的同时，穿插一些关于如何写作的报告会更好，由那些公认为写作得比较好的人员来演讲。

扩展阅读材料

图书

● 在普遍意义上的定性研究写作方面，我积极推荐沃尔科特（Wolcott，1990）的著作《定性研究写作》（*Writing Up Qualitative Research*），这本书也提供了许多实用性的建议。

● 另一本有用的图书是霍利戴（Holliday，2002）出版的《定性研究的开展与写作》（*Doing and Writing Qualitative Research*），这本书在研究人员将研究过程中所收集的大量数据资料转化为文字时可能遇到的实际性问题方面提出了许多针对性的建议和措施。

第 18 章 成果发表

本章学习目标

通过本章的学习，你将能够实现以下学习目标：
- 明白成果发表的目的。
- 了解不同发表去向的区别。
- 避免犯常识性错误。
- 提升成果发表的机率。

18.1 导言

在笔者刚开始作为一名学术研究人员时，在我的第一个学术假期间，林恩·马库斯（Lynne Markus）（在我所从事的信息系统领域的一位高产出的定性研究人员）给过我一些极有价值的忠告。她告诉我，"直到发表了，研究工作方告结束"。从那以后，我在研究工作中一直将这句话作为我的座右铭。

我也建议所有从事定性研究的人员也将这句话作为座右铭。如果你认为一个研究项目直至部分内容得以发表后才告以结束，无论是期刊论文、著作或只是一篇会议论文，那么你就会一直工作下去，直至目标实现为止。你不会放松或休息，直至你已经有一篇论文被成功接受（Accepted）。

将研究成果予以发表有多种原因。最重要的一条是其他人或许会从你的研究工作中学到一些知识，而且（希望如此）将你的研究成果作为他们自己未来研究工作的基础。

让我们想象一下下述的场景。假设你针对博士学位开展了一项研究项目，在你的研究项目进展过程中，你学到了很多东西。做博士研究过程本身就是一个很好的学习经历。你也得出了一些具原创性的发现，这些发现可以为本领域的学者们困扰了一段时间的某个谜题提供某个层面上的一个答案。

但是，如果你没有将你的研究发现予以发表，那么其他人就对此无从得知。就你所从事领域的其他学者而言，这一谜题依然是没有得以解决，这仅仅是因为他们不知道你已经有解决方案了。因而，当世界上其他地区的另一名博士研究生针对同一主题进行文献检索时，因为你的研究发现没有发表，他或她就找不到你的研究发现。于是，这名博士研究生可能就会重新来解决这一谜题。而且，当这位博士生最终解决这一问题并将成果发表后，他或她就是将获得这一新发现荣誉的人，而并不是你。

在自然科学领域，有很多这样的例子——世界上不同地区有多位科学家都宣称自己是首先做出某项重要发现的人，这也阐明了绝大多数科学家是如何重视原创身份这一问题的。科学家确保对这一发现拥有荣誉权最好的办法，就是将这一研究工作用发表的方式使之成为历史性档案，通常是作为学术论文发表在同行评阅的期刊上。

因而，如果你希望你的研究项目并不仅仅是一个自己学习的经历，你就应当尝试将工作的一些内容予以发表。研究成果发表后就可以使其他研究人员也可以学习你的研究发现，这意味着你的研究就成为对本领域知识体系的一个贡献，它同样也可以成为别人进一步研究的基础。当然，看到自己的工作以印刷体方式公开发表也会为你增加额外的个人成就感。

成果发表除了为本领域做出贡献和增加个人成就感这些重要目标以外，还有其他一些理由推动你对研究成果予以发表。今天，在绝大多数的大学里，个人研究和论文发表情况是获得职称晋升和终身教职的重要标准。你的高水平论文发表得越多，你越有机会获得职称晋升和终身教职。当然，发表论文的总数量是一个因素，发表论文的质量是最重要的。

18.2　发表去向

在工商管理领域，研究成果有很多发表去向，包括针对商业实业界的杂志、同行评阅的期刊论文、收集于会议论文集的论文，以及图书或图书中的部分章节。今天，同学术论文一样，很多出版物都可以在网上找到。

这些各种各样的发表去向和出版物均有其优势和不足之处。在一个学术会议上展示论文的一个优势在于你可以得到关于你的研究的反馈，另一个优点在于你可以看到本领域其他研究人员正在做什么。针对商业实业界的杂志上所发表的文章，其优点之一在于你可以将研究工作对行业实践的实用性展现出来，这或许会提升你的咨询实践水平。在某些领域，如人种学或历史学科，研究人员的标志性出版物是著作。很现实地说，著作是唯一可以将作者丰富的资料展示出来的出版物。

然而，对于工商管理领域的学术界来说，最重要的发表去向是同行评阅的学术期刊。虽然所有的出版物均有其利弊，而且也不能被视作是互相排斥的，但在商学院中，相对于其他类型的出版物而言，学术期刊的地位通常被认为是更高一层的。

因而，如果你想在学术界和工商管理学科方面有所发展，知晓如何在同行评阅的学术期刊上发表论文非常重要。在这些学术期刊上发表一篇或多篇论文通常是一个成功的学术生涯的基本前提。事实上，在排名非常靠前的研究性大学中，在相关领域的顶级期刊上发表论文是最基本的要求（如果你想获得职称晋升或终身教职的话）。哪些期刊被定义为顶级取决于你所在的机构和国家，但它很可能是 UT Dallas（得克萨斯大学达拉斯分校）所制定的 24 个刊物，*Financial Times*（《金融时报》）列出的 45 个期刊，或其他一些根据接受率、影响因子、被引频次、专业学科推荐等指标所制定的期刊排名。例如，我居住在新西兰，商学院的同事们除参照上述排名外，通常还参照澳洲商学院理事会（Australian Business Deans' Council）所提供的期刊排名。由于我是信息系统领域的学者，我的许多信息系统领域的同事通常会参照国际信息系统协会（AIS）所提供的顶级信息系统期刊表。最关键的是确认哪些期刊是你所从事领域、你所在研究机构、你所在国家所公认的最重要的，然后你就需要从一开始就以这些刊物为目标。

因而，本章的主要目标是帮助你在出版或发表游戏规则中胜出。我希望你能够成为一名"高产"的定性研究人员、一名所发表论文经常被他人引用的学者。

18.3　同行评阅程序

正如我刚才所说的，工商管理领域的研究人员都希望将其研究成果作为期刊论文发表。这样做的原因是投稿至学术期刊的稿件要经过同行评阅（The Peer Review Process）这一程序，这一程序对于论文的质量提供了一定的保障。商学院的院长们以及职称晋升或终身教职评审委员会的委员们相信学术期刊的同行评阅程序相对于其他方法来说更为严谨。尤其是那些排名前列的学术期刊，同行评阅程序是非常严格的。许多很好的学术论文会被拒绝，只有最好的方可得以发表。因而，了解同行评阅这一程序非常重要。接下来，我们就介绍这一程序的细节。

本质上讲，同行评阅程序是用于所有学术领域的一种质量保障形式。同行评阅的基本观点是一个人的研究工作需要经过另外一个人的审查（即其他有资质、有能力判断该研究质量的研究人员）。如果这一研究发现被其评阅人判定为重要的、充实的，那么稿件将会被接受，并作为对知识体系的一个新贡献而得以发表。但是，如果该研究发现被判定为不重要或不充实，那么这个稿件将会被拒。正如你所看到的，从定义上说，同行评阅程序是一个社会化的流程。同行评阅主要是由他人对你的工作进行评估。

为了更全面地介绍同行评阅程序，我将以《管理信息系统季刊》（MIS Quarterly）这一期刊为例进行阐述。我对这一程序非常熟悉，这是因为我担任该期刊的高级编辑已经有五年了。在这之前，我还担任该期刊的副主编有三年的时间。此外，我还曾作为作者在该刊物上发表了多篇论文。

MIS Quarterly 是信息系统领域的全球顶级期刊，它同时被 UT Dallas（得克萨斯大学达拉斯分校）所列的 24 个顶级期刊表和 Financial Times（《金融时报》）所列的 45 个商科顶级期刊表所收录。2006 年，MIS Quarterly 在信息系统和计算机科学两个学科的影响因子方面位居第一位，ISI Web of Knowledge 所示的影响因子为 4.978。简单地说，影响因子就是在某领域某期刊重要程度的代表，它考察的是所刊登论文在发表后的两年内被其他论文引用次数的平均值，因而，影响因子越高，通常就可以认为在本领域内该期刊的影响就越大。

MIS Quarterly 的同行评阅程序的第一步是由一名高级编辑对稿件进行审查。作者（一名或多名）向刊物投稿时，他们可以推荐一名或多名高级编辑（Senior Editors，SEs）来处理这一稿件，这主要基于他们认为哪名高级编辑在专业经验和研究方向上更为适合。如果一名高级编辑认为稿件与其个人研究方向相符，那么这个稿件就会交由该高级编辑来处理。这名高级编辑就会对稿件进行筛查，判断它是否与期刊的要求相吻合、是否适合在该期刊上发表。许多稿件在这一阶段被拒并退回至作者，其原因是多方面的。比如，该稿件可能与期刊的使命和范围并不吻合。按照定义来说，投稿至 *MIS Quarterly* 的任何文章均需要与信息系统的某些方面相关，但如果稿件几乎与这一主题并不相关，那么稿件就会被拒。另一个原因是稿件与期刊的风格并不相符。*MIS Quarterly* 刊物的所有文章都有特定的格式并要求具备特定的标准。无论是什么原因，如果一个稿件在初审筛查阶段被拒的话，其原因是该高级主编判定该稿件实际上不可能通过同行评阅审查。基于他们在评阅程序和刊物发表论文质量的期望标准等方面的广泛经验，这些高级编辑们可以全权决定接受或拒绝稿件。在我看来，对所有相关人来说（包括作者、评阅人、编辑），如果这些稿件与刊物明显不符，决定尽早将其剔除的话，那么越早被拒越好，但是被拒稿件的作者通常在这个时候并不这么认为。在稿件的初审筛查阶段，会有大量的论文被拒。

同行评阅的第二个阶段，主要是由一名副主编进行筛查。同样，作者也可以推荐一名或多名他们认为在稿件所涉及领域具备专长和相同研究方向的副编辑（Associate Editors，AEs），作者的推荐并不一定能保证遵守，这是因为副编辑可以选择是否同意处理分配给他们的稿件。一些文章同样也可能会在这一阶段被剔除掉，这主要是由副编辑基于自己的经验和想法来决定的。

同行评阅的第三个阶段是将论文外送给评阅人。通常会有三名评阅人来对文章进行评阅，并评估文章是否适合在 *MIS Quarterly* 发表。其中的一位评阅人可能会专长于方向论，另一位评阅人可能会专长于所研究的具体问题，第三位评阅人可能是由作者推荐的。通常这些评阅人中的一名或多名至少曾经在 *MIS Quarterly* 或另一个同级别刊物上发表过论文。评阅人是高级编辑和副编辑根据其专长经验选取的，如基于这些人以前的发表经历。评阅人审查的重点是文章对信息系统领域是否具有原创性的贡献（或潜在的贡献）。与推荐高级编辑和副编辑一样，作者可以为他们自己的稿件推荐潜在的评阅人。当然，作者不应当推荐一名可能存在潜在利益冲突的评阅人。利益冲突包括诸如合作作者、同一研究机构的一名同事，或一名现在或之前的学生等。避免存在利益冲突对于确保评阅程序的公平性至关重要。

同行评阅的第四个阶段主要是副编辑查看所有的三个评阅意见，撰写一份报告，并向高级编辑提出建议。

在第五个阶段，高级编辑决定是否录用。这一决定是最终的，它基于副编辑的报告、三位评阅专家的意见以及高级编辑对论文的个人评价。不幸的是，作为大多数顶级期刊的惯例，基于评阅程序的严谨性，绝大多数的论文会在这个阶段被拒绝。然而，部分论文被认为是还有足够的潜力从而会被授予"修改重投"的决定。这意味着期刊邀请作者基于给出的反馈意见对论文进行修订，在一个晚点的日期重新投稿。根据我的经验，在这一阶段只有极少数的论文会被接受，事实上，在我做高级编辑的几年时间里，不经修改而直接被录用的论文一篇都没有。

当作者对论文修改完毕后，他们会重新投稿至该期刊。同样的评阅程序就会重新从头开始一轮。在第五个阶段，如果高级编辑认为作者对第一轮中所提的批评和意见做出了成功的回答，那么高级编辑会接受该文章并安排发表。相反，该文章可能再次被拒，或邀请作者再次修改。虽然三轮修改周期并不是很常见，但有些期刊还是经常出现这样的情形。

同行评阅程序有一些重要的属性可以确保所发表论文的质量。首先，*MIS Quarterly* 的评阅人通常都是与论文某些方面相关（如主题或方法论方面）的专家。换句话说，他们自己曾在 *MIS Quarterly* 或其他顶级期刊上发表过论文，他们都是本领域的世界顶级专家。

其次，同行评阅程序是双盲的。这意味着作者不知道谁是评阅人，评阅人也不知道作者是谁。采用双盲式评阅方法的出发点是尽量确保论文所经受的是一个客观的评阅。假设评阅人知道作者是谁，那么相对于不知名的作者而言，知名的作者会有更高的胜出机会。如果作者知道评阅人是谁，如文章被拒或需要重大修改，作者可能会对评阅人心怀不满。如果评阅人的地位相对较低，而恰恰论文作者是一名地位较高或比较知名的研究人员，那么评阅人可能会不愿意对论文做出任何负面的评价，尤其是在他们认为这可能会在未来影响到其职业生涯的情况下，这包括自己论文的发表、获得终身教职和职称晋升等，做出负面的评阅意见可能会被认为是影响评阅人自己的职业生涯的。因而，双盲系统的目的就是确保评阅人不会受作者姓名的影响。

最后，高级编辑和副编辑是出于声誉而被授予这一角色的。副编辑根据评阅人的绩效来推荐提名成为副编辑，高级编辑同样是根据副编辑的绩效来提名推荐为高级编辑的。高级编辑根据所推荐提名的人选，并结合这些人选的经验来进行投票。这些经验包括以往为 *MIS Quarterly* 所提供评阅的质量，以及他们的发表经历。

总而言之，*MIS Quarterly* 以及其他学术期刊的同行评阅程序是一个质量控制机制，以确保只有最优秀的论文方可得以发表。当然，并不是所有的期刊都使用同样的质量标准。顶级期刊（如 *Academy of Management Journal*，*Accounting, Organizations and Society*，或 *Journal of Marketing*）和三级、四级期刊所采用的同行评阅程序之间有着很大的不同。但是，无论处于哪个等级，几乎所有的学术期刊关于发表都采有一定形式的同行评阅程序。正是这一系统使得学术期刊与绝大多数的其他出版物区分开来。当然，同行评阅系统并不是完美无缺的，按其定义而言，它也只是一个社会化的系统而已，所有社会化系统存在的问题都可能发生在它身上。编辑和评阅者也都是人，有时他们也会出错。不过，同行评阅系统是目前最好的质量控制机制，这也正是学术期刊论文被工商管理学科认为是最重要的发表去向的原因。

18.4　常见错误和陷阱

根据笔者的经验，在人们尝试将研究工作发表在学术期刊方面有一些常见的错误和陷阱。接下来，我们将深入讨论这些常见的错误和陷阱，并提出关于如何克服的建议。

18.4.1　论文被拒

首先，你应当认识到所有人的论文都有可能被拒，这尤其发生在将你的研究投稿于顶级期刊的情况下。事实上，你向期刊投稿的论文越多，你被拒的次数就会越多。如果你不喜欢论文被拒，那么避免这一问题最好的办法就是根本不去投稿。

作为一名作者、评阅人、编辑，笔者的经历告诉我们，即使是最优秀的、"产出"最高的研究人员也曾有过论文被拒的历史。我的许多论文也曾长年被拒过。但是，一名高产出的研究人员和其他研究人员之间有一个重要的区别，那就是顶级研究人员会很快地对论文进行修改并改投至另外一个刊物。这些研究人员不会花费太多时间来舔伤口或成天抱怨评阅人不公平。

笔者还清楚地记得自己第一次论文被拒的情况。我将一篇自认为是极其优秀的论文投稿至一个信息系统领域的顶级期刊，当我收到评阅意见称我的论文被拒时，我感到极其失望（这还是很委婉的话）。评阅人和编辑看上去并不欣赏我努力做的事情，他们看上去在很多地方都误解了我的研究工作。由于这一经历所带来的幻想破灭，我将这篇论文放到文件柜里，论文被放置在那里几乎整整一年的时间（在 20 世纪 90 年代初期，我还使用文件柜）。

现在回想，当时的我是多么的没经验、不成熟。我犯了几个基本性错误。第一个错误是把论文在文件柜里放了一年。结果是，第二年我重新投往另一个刊物时，只收到小改的反馈意见。为什么我要等一整年才去修改这篇文章呢？第二个错误是认为评阅人不理解我的论文，错误在他们。但事实上，他们对论文产生错误理解的主要原因在于我没有足够好地解释清楚。换句话说，错在我自己身上！这是一个沉痛的教训。我错在没有认识到同行评阅程序是一个社会化的过程。

虽然我依然不喜欢收到拒信，但我现在已经比较习惯了。经过一两天的情绪低落期后，我会以一种尽可能客观的方式去阅读评阅意见和编辑的报告。通常，我会发现对绝大多数的批判意见我是认同的，尤其是在评阅人是称职的、有专业经验的定性研究专家的情况下。实际上，我发现越早将评论意见放到自己面前，我就会越早理解评阅人的看法和意见，也会越早地修改完论文。而且，越早修改完成，我也就可以越早地投往另外一个期刊。

当评阅人无法理解的时候

我的上述评论主要是假设你已经将稿件投到了一个"适合"的期刊，也就是说，这个期刊的编辑和评阅人在定性研究方面有一些专长。但是，如果你发现这个期刊的编辑和评阅人在定性研究方面并不具备相应的知识和专长的情况下，那么你的稿件将会因为错误的原因而被拒绝。你会发现他们的意见是不适合的，对你个人的研究工作形成了不恰当的偏见。在我所从事的信息系统领域，虽然 15～20 年前这种情况还比较常见，但我发现现在已经很少有这种情况出现了。不过，如果你发现你处于这种情形时，我建议你最好是将你的稿件投至本领域中欢迎定性研究并会恰当地评阅的期刊。

18.4.2　论文为什么被拒

当然，如果一开始我们就能避免出现论文被拒的情况是最好不过了。不过，对于绝大多数的研究人员而言，投稿论文被拒如同家常便饭，它是学术生涯中的一种现实情况。因而，我们有必要考虑稿件被拒的常见原因。讨论完这些被拒原因后，我将接着提出一些关于如何避免这些常见问题的建议。

下面的分析是基于笔者本人作为 *MIS Quarterly* 和 *Information Systems Research* 两个刊物的副编辑和高级编辑的经验。在我担任这些刊物的编辑职务时，我只负责处理定性研究方面的稿件。

根据我的经验，虽然有很多被拒的原因，但是我认为这种情况一次又一次发生的主要原因有两个，它们分别是：

（1）缺乏对知识的贡献；

（2）"故事"没有可信性。

接下来我们将依次讨论这两个原因。

（1）缺乏对知识的贡献。论文被拒的首要原因是被认为缺乏对知识的贡献。评阅人如果认为论文重点不突出，他们通常会做出拒绝的评阅意见。重点不突出意味着评阅人对于论文的主要观点不明确，这通常发生在文章有许多观点的情况下。

评阅人也可能会认为文献综述不充分。换句话说，作者针对与主题相关的文献回顾所做的工作还不够充分。最新的文献可能并不是很全，或有些关键的文章被遗漏了。

评阅人也可能会认为稿件不够新，或原创性不足。这可能是稿件没有批判或反驳传统的观点。顶级期刊通常希望发表新颖的或创新性的文章，而不是一些仅仅重述或验证先前已经发表过的知识或理论。实际上，一些商科期刊在投稿通知中就明确说明不接受重复性研究。当然，在特定领域如果有一定突破的话，这样的研究被发表也是很重要的。不过，这些研究也经常发表在其他出版物上。

最后一个被拒的原因尤其难以克服。你可以相对很容易地说服学生你所讲给他们听的是新的知识，但很难说服你的学术同僚们你的研究发现是原创性的。当然，你会更加难以说服期刊的编辑和评阅人你的发现是新的，这种情况尤其发生在顶级层次的期刊上，编辑和评阅人都是世界知名的学者。高产出的国际学者经常会说他们之前听说过这个问题。

（2）"故事"没有可信性。论文被拒的第二个主要原因是故事不具有可信性或貌似真实的。虽然你会认为这一标准只会针对定性研究，但 *Management Science* 期刊的一位高级编辑曾告诉我投稿至这个期刊的所有文章也都需要一个好的故事。你或许知道，*Management Science* 是一个顶级期刊，它通常只发表定量研究的成果，但其特殊性在于，故事是以数字来讲述的。

当评阅人认为故事的深度不够时，他们或许会认为故事不具有可信性。这可能是因为作为证据的数据资料来源范围较窄，或者是因为关于该组织或人员的重要数据资料缺失。同样，出现这种情况的原因也可能是评阅人并不清楚研究人员做过什么，或他/她如何做的。如果论文基于人种学研究，那么评阅人或许会失望地认为论文缺乏"深描"。

18.5 解决方法

针对第一个问题（缺乏知识贡献），一个好的方法是完成以下句子——"本文的目标是……"。每篇期刊论文应当只有一个主要观点。当然，学位论文和著作可以有多个观点，每一章有一个独立的主要观点。但在一篇 20 页的期刊论文中，你没有足够的篇幅来提出多个观点。因而，你准备发表的期刊论文应当有一个主要观点，而且你必须能够简洁地总结出来。如果你觉得这过于困难，会对冗长的几句话而徘徊，这通常意味着你对论文的目标还不是足够明确。如果你对论文的目标不明确，那么我能确保评阅人对你的论文也会有同样的看法。

　　我发现针对这第一个问题的办法是从研究项目一开始就将论文牢记在心里。通常你会觉得论文写作是研究最后的时候才需要考虑的事情，本书的这一章也是位于倒数第二章。但是，现在我通常是在刚一开始就考虑成果的最终发表或出版去向问题。比如，如果我与一位同事讨论一项潜在的研究项目，我会立即考虑最终成果发表在哪个期刊会比较适合，以及哪些学者可能会对这一研究有兴趣。我考虑的是论文未来的评阅人可能是谁，把我自己放在他们的角度进行考虑，他们会对这一论文有兴趣吗？对于我准备在论文中得出的主要观点，评阅人会认为对知识体系具有新贡献吗？如果并不确定的话，就需要向一两位专家请教一下。如果答案是肯定的，那么我会认为这一研究项目值得做下去。但如果答案是否定的，我就不认为这个项目值得去做。这篇论文的观点只是简单重复学者们已经知道的东西，他们会觉得这个研究很无聊，那么我会觉得我用更多的时间去选择另外一个不同的研究项目会更好。如果答案是可能，那么在我做出最终抉择前就需要做进一步深入的考虑和调研。

　　针对第一个问题还有一个办法，那就是要确保你的文献综述是完整的、最新的。不幸的是，这个问题远比看上去困难，事实上这有点儿像"恶作剧"式的问题。为什么这么说呢？如果你的文献综述涉及了一篇顶级期刊最近发表的文章，那么这篇文章很可能是三四年前撰写的。作者对论文的撰写、同行评阅程序所需要的时间，以及期刊发表所需要的等待时间等都会导致这种结果的出现。这时，原作者可能已经转向另一个新的研究问题了。刚发表的论文反映的是四年前他们的想法，但并不是目前他们所从事的新研究。

　　这意味着如果你的研究项目只是基于可以获得的最新的学术文献的话，你已经处于劣势了。该领域的顶级学者们已经在研究新的问题了，但你还只是继续研究昨天被认为是重要的问题。如何解决这一"恶作剧"式的问题？如何才有可能领先于游戏规则，从而确保你的研究是一个新的问题？

　　一个办法是成为期刊和会议的评阅人。如果你成为一名评阅人，那么你就可以在论文发表很早之前就看到文章，你就会知道其他研究人员目前正在做什么。我遇到很多人，他们都说如果成为一名固定的评阅人会占用很多的时间，使自己的研究受到影响。事实确实如此，当你评阅他人的研究时，你并不是在做自己的研究。不过，这里面有一个违反直觉的逻辑存在。如果你评阅其他的学术论文，会促进你更好地撰写自己的论文。你会注意到撰写准备发表的学术论文的常见问题是什么。你也会注意到目前别人正在从事的研究是什么，这会远远早于发表后的文章。因而，我强烈建议所有的学者都应当尝试加入同行评阅程序。由于这一程序本质上具有社会化的属性，成为一名评阅人有助于你理解论文被接受所需要具备的条件。

　　解决这一问题还有一个办法，参加有顶级定性研究人员演讲的学术会议。在这样的会议上，我建议你问问其他研究人员他们正在做什么。在一个具体的学术领域，社会化的网络是社会化流程的一个组成部分。

　　在某种意义上，那些一个学科的学术研究人员（如作者、评阅人、编辑或会议主席等）可以被视作是一个科学的圈子或一个社会性团体的一部分（Kuhn，1996；Whitley，1984）。虽然所有的社会性团体都有其本身的问题，但通常最简单和最好的办法就是加入该团体。因而，成为一名评阅人，参加学术会议并做报告，都是成为这一团体成员的一些重要步骤。它有助于你理解其规则，这些规则会帮助你成为一名成功的研究人员。

针对第二个问题——故事不具有可信性，也有不少重要的事情需要你去做。第一，你要确保已经收集到了大量的重要资料，这对于深度的案例研究或人种学研究尤其重要。第二，将访谈中的原话引用进来也是一个不错的主意。引用访谈中的原话会使你的文章看上去更真实、更可信，这些引用表明你真实地与一些关键人员进行过交谈，你也收集到一些有意义的资料（当然要求你的引用是有意义的）。第三，确保你明确地描述了你的研究方法。比如你开展了一项案例研究，那么你需要注明你对什么人做了多少次的访谈，你还需要注明所有的资料来源，以及你做研究用了多长的时间。所有这些细节均会有助于其他人对你的研究工作进行评估，评价你的研究开展情况。第四，我建议你要明确如何对你的研究进行评估。如果你运用的是一种新的定性研究方法或新的定性数据分析方法，这时就显得尤为重要。如果你所采用的方法在本领域是新的，那么你就会存在风险——你的评阅人不知道如何合适地评价你的研究。但是，如果你能够指出这个方法在另一个相关领域的使用情况，这将会是非常有帮助的，这时评阅人会有一定基础来对你的研究进行评价。

18.6　实用技巧

在本章的最后，针对如何使你的定性研究工作以学术论文方式成功地发表在学术期刊上，笔者将提供一些实用性的技巧。

许多工商管理领域的定性研究人员所面临的一个常见问题是如何在期刊论文所限定的 20 页的篇幅内将研究成果展示出来。绝大多数定性研究方法会产生大量的数据资料，定性研究人员经常会发现难以在 20 页的篇幅内将所有的内容都容纳进来。另一个问题是要求在每篇论文中展示一项研究发现。正如我之前所说的，每篇期刊论文应当只有一个主要观点。通常来说，一项定性研究的博士学位论文（如一项人种学研究）将会有很多观点。

本书曾提过，对于这个问题的解决途径之一是将每篇论文视为整体研究的一个部分。也就是说，你必须设计出一个方法将整体研究工作切成几个可以独立发表的部分。这时，定性研究人员就会面临另一个问题，那就是不可能在任何一篇论文中将"整个故事"讲清楚，或者只能每次讲述故事的一部分。这个策略的一个优势在于，定性研究人员可以基于一项研究项目发表多篇论文。通常来说，从不同的角度对故事进行讲述也是可以的。

采用这一策略的一个代表性例子是旺达·奥利寇斯基（Wanda Orlikowski），她是麻省理工学院（MIT）信息系统领域的定性研究人员。Orlikowski 基于她在纽约大学的博士研究中所做的人种学田野调查工作，成功地发表了多篇论文。

我建议定性研究人员要在提交会议或期刊之前对稿件进行多次修改和完善，这方面可以请同事对论文底稿提出意见。

另一种方法是邀请更加资深的同事（如已经成功发表过的人）作为合作作者。例如，你的导师可能会愿意成为一名合作作者。笔者个人的经验是，因为我的一名合作作者 Heinz Klein 的加入，我学到了很多关于如何使论文在顶级期刊上得以发表的宝贵经验。海因茨（Heinz）是我第一个合作的国际学者，如果没有 Heinz 加入合作作者，我怀疑我几乎不可能将我的研

究成果发表在 *MIS Quarterly* 期刊上，更不用说获得最佳论文奖了。这种合作可能会有远超我们自己可能做出的产出。

我认为这种初级学者与高级学者进行合作并成为合作作者的情况对双方而言都是双赢的。初级学者在论文定位和框架制定方面可以得到指导和建议，高级学者因为其建议也实现了另一个发表的机会。不过，我也强烈建议你与那些跟你大致同级别的其他同事一起合作。

合作作者选择谁（如选导师还是其他学生）有着很大的区别，这个情形有一点儿微妙。在这种情形下，我有以下建议。

第一，合作应当是纯自愿的。我认为导师强迫学生将其加为合作作者的做法是不道德的。如果你作为一名学生开展了这项研究，那么我相信你是这一发现的正当的所有权人（即使导师全程提供了指导）。因而，在选择对研究发现独立发表还是与其他人作为合作作者共同发表方面，你有完全的自主权。然而，即使这样说，从现实角度考虑，我们很少有人能够自己独立地将研究发现发表在比较好的期刊上，尤其是当我们刚刚作为研究人员开始学术研究的情况下。基于这一原因，我经常建议我的学生，如果他们愿意的话我很高兴能够成为其第一篇论文的第二作者。但是，这一决定完全取决于他们自己。

第二，我认为在研究工作刚开始时就需要与你的合作作者进行讨论，并取得发表计划的一致意见，这种做法是很可取的。正如我在之前章节中所提到的，你们应当讨论一下署名权的相关问题，例如，谁是第一作者？目标的发表去向是什么？谁负责撰写论文的各个章节？谁负责论文投稿后的评阅程序事宜？在一开始就对这些事项达到一致对每个人都好，而不是放到最后再说。你可以这样看待，这是避免以后出现纠纷和不愉快的秘方。从一开始就把各项安排明确化是非常好的，日后就不会再有相关事情出现。我个人的经历是，我会遵守最初对我的合作作者的承诺，无论是学生还是同事。只有这样，发表论文才是一个乐趣，而非噩梦。

第三，如果有人答应成为一名合作作者，那么他们应当确实做出贡献！不幸的是，我遇到过一些情形，某人的姓名已出现在一篇论文上，可是他貌似没有做任何工作。我知道一些学者承受着巨大的压力，只有发表论文才能生存下去，要么发表，要么死亡，或者是为了获得职称晋升。但是，我并不接受这样的借口。如果他们事实上不写东西的话，那么他们可能并不适合学术这一行业。我认为无论在什么情况下，没有对研究工作做出任何贡献的人的名字出现在论文上的做法是不道德的。如果某人的姓名以作者身份出现在文章上，那么这个人就会被认为实际做过一些东西。否则，将作者姓名列进来就是错误的。

如果你现在还只是一名新的学术研究人员，另一个比较好的做法就是将你的论文先提交到会议。通常而言，被会议接受要比被一个期刊接受容易得多。这样你就可以针对会议上大家对你所提的意见和反馈，来对稿件进行修改和完善。许多会议允许作者将收录并发表于会议论文集上的文章修改后投到期刊，实际上一些会议会将最优秀的论文直接提交到期刊。而且，许多期刊愿意接受修改后的会议展示论文，期刊编辑对此并不会有反对意见。作为一名定性研究人员，我发现期刊论文的篇幅通常是会议论文的两三倍长。会议论文集收录的论文一般有严格的字数限制。尽管如此，我注意到不同的期刊编辑对这种发表策略的态度是有区别的。因而，我建议你提前向合适的人员请教，确保这一方法是可以接受的。

一旦你结束了项目研究并开始按论文格式撰写研究成果，下一个需要考虑的问题是你计划将稿件投到什么地方。我的一般建议是将你的文章投到一个"合适的"期刊。这里所说的合适，是指研究主题和论文风格与所准备投稿的期刊是相吻合的。而且，你的研究工作应当与已经正常发表的论文在质量标准上有一定的相似性。拿我个人来说，我并不倾向于将我的大多数研究成果都投到我所从事领域的顶级期刊上（如 *MIS Quarterly*）。这是因为我并不认为所有的文章都是与该期刊相吻合的。如果你将文章投到一个实际上并不适合的顶级期刊上，你将面临的一个问题就是你将在评阅程序上耗费相当长的一段时间，最终结果也只能是被拒。如果你继续坚持投到顶级期刊，并连续被拒，那么该研究项目所基于的研究基础就会变得陈旧。如果你一定要坚持这样做，最后你会发现稿件已经完全过时了，它几乎根本无法发表了。另一个极端情况是，你不想将一篇开创性的文章投往一个影响因子较低、很少人知道的刊物。如果文章确实是开创性的，那么你会希望越多人知道它越好。越顶级的期刊会拥有越高的阅读量。而且，在一个顶级期刊上发表的话，你会获得更高的认可。因而，将你的稿件投往一个"合适的"期刊是很重要的。要认真考虑研究主题、风格，以及文章的质量，不要好高骛远，但也不要目标太低。

当你给一个期刊投稿时，通常期刊会邀请你推荐合适的编辑或评阅人。如果你有权选择时，我强烈建议你要充分利用这个机会。即使编辑只选择你推荐人选中的一个人，你所推荐的人选这一现实至少会让编辑对谁可能更有资质审阅你的论文有所感观，因而在推荐时需要慎重对待。如果你一个人也没有推荐，那么你就可能面临一个很现实的问题，那就是你的论文会被一个在该主题或你所使用的定性研究方法方面并不具备相应专长的评阅人予以评估。

最后，如果你的论文最终被拒绝了，记住一定要进行修改、完善，并再次投稿。如果再一次被拒了，做同样的事情：修改、完善，并再次投稿。我本人也承认，几年前的一篇论文我曾投稿、再投稿了共计近 6 次，最终我放弃了，我觉得这篇文章不值得这样做。幸运的是，这个经历是我整个职业生涯中唯一的一次。我希望你们可以坚持下去，并在论文发表生涯中成为胜利者。

练习和习题

1. 运用 Google 学术或其他文献数据库进行一个简单的文献检索，看看能否找到一些对你所从事的研究领域的期刊进行排名的文章。顶级期刊有哪些？为什么它们被列为顶级期刊（考虑所使用的标准）？

2. 从你所从事的领域中选择一个在发表定性研究论文方面颇有声誉的顶级期刊，如 *Academy of Management Review*，*Accounting*，*Organization and Society*，*Journal of Consumer Research*，*MIS Quarterly* 等。在上一年，该期刊发表了多少篇有关定性研究的文章？这些文章中，他们使用了什么研究方法？他们运用的数据分析方法是什么？

3. 在你所在的研究机构或在一个学术会议上，找到一个或多个发表过定性研究文章的学者。问问他们在成功发表方面可以提一些什么建议。

4. 如果你是一名博士研究生或老师，找一位会议的编辑或项目委员会成员询问一下你能否可以帮他们审阅一两篇文章。在你完成审阅后，针对你审阅的质量请他们反馈一下意见。

5. 如果你已经完成了学位论文的写作，看看你是否有可能从每章中提取出一篇论文出来？针对每篇文章撰写一个标题、摘要和提纲。你能想出可能的发表去向吗？

6. 将你的文章提交给一个会议或一个期刊。你或许会考虑邀请一位高级人员（如某位已经成功发表过文章的学者）加入进来作为合作作者。如果你的第一篇文章被拒绝了，那么就再试一次。

扩展阅读材料

图书

● 在定性研究成果的撰写和发表方面，有一本不错的图书是 Wolcott 于 1990 年出版的《定性研究写作》（*Writing Up Qualitative Research*）。

● 关于将研究成果以学术论文形式发表于学术期刊方面的一个更通用的著作，是亨森（Henson）于 1999 年出版的《专业出版物写作：学术和商业成功的关键》（*Writing for Professional Publication: Keys to Academic and Business Success*）。

● 西尔弗曼（Silverman）于 2005 年出版的著作中有一章是关于如何发表论文的介绍。

第七篇 结束语（**Conclusion**）

第七篇是本书的最后一部分。第 19 章总结了本书的主要观点，而词汇表对定性研究中的许多重要概念提供了一个简短的定义。

第19章 定性研究展望

本书的基本主题是定性研究，它与定量研究一样可以为工商管理学科做出贡献。虽然本书只讨论定性研究，但这两种方法在研究中都有其必要性。本书的设计面向的是商科中绝大多数学科的同学。

我曾一直在考虑撰写一部相对比较全面的图书，将多种研究方法和工具涵盖进来。本书中讨论过的那些具体方法和工具都是与工商管理学科的学生们密切相关的。但是，这一相对广泛的做法意味着每一个主题均需要尽可能地予以简化，并没有过多地涉及细节。因而，对于那些未来准备采用某种具体方法或工具的人而言，我强烈建议大家阅读每章末尾所提供的扩展阅读材料。

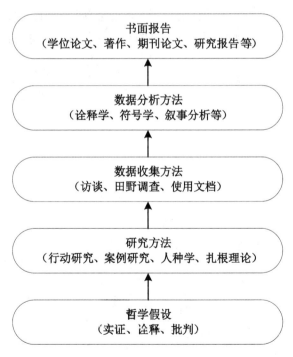

图 19.1 定性研究设计（6）

定性研究项目的框架模型已经在本书中进行了多次展示，如图 19.1 所示。这一模型仅仅关注于定性研究的流程，并非大量的具体问题，如主题和理论框架等。这一模型阐述了定性研究设计的多样性，当然还有许多其他方法也可以用于概括开展定性研究的流程。鉴于定性研究的反复性及其对每位研究人员的灵活性要求，有人认为一个周期循环模型或许会更好。但是，我更喜欢这一线性模型的简洁性。这一模型阐明，一旦你决定遵循定性哲学的路径，其他方面将会基于你的这一决定而自然出现。换句话说，为了保持一致性，你的研究方法与你的数据分析方法需要与你的研究哲学相匹配。例如，如果你为毕业论文而从事了一项为期几个月的诠释性案例研究，你想转用实证主义方法来分析数据将是不现实的，也是不可行的，反之亦然。也就是说，你已经陷进来了，你只能用特定的方法来分析数据、用特定的风格将成果撰写成文。因而，我认为我的这一线性模型抓住了定性研究的这一属性。

本书的一个特色在于，它是基于积极客观、非辩解的基调。我不明白为什么工商管理学科的一些定性研究人员一直在对定性研究方法进行辩解，以前有不少著作倾向于此。所有的定性研究方法或工具均有其局限性和不足之处，定量研究方法和相关工具同样如此。没有一种研究方法是完美的，没有一种研究方法可以抓住针对一个主题的所有我们想知道的东西。本书的关键特色之一是它总结了各种不同定性研究方法和工具的优势和不足。

为了强调工商管理领域许多定性研究卓越的质量，笔者在本书中所选取的范例几乎全部来源于工商管理相关学科的顶级学术期刊，共提供了 50 多个工商管理领域中使用定性研究的优秀研究范例。

作为总结，我希望你在阅读完本书后觉得它对你是有帮助的、有吸引力的。确保你千万不要以一种机械的、照搬的模式来看待书中所提出的那些指导和建议，我更希望你能够将本书作为一个资源，最重要的是确保你通过本书的阅读使你喜欢上你自己所从事的定性研究项目。

词汇表

行动研究（Action Research）：一种定性研究方法，旨在解决实际问题的同时对特定学术领域做出贡献。

归纳演绎（Analytic Induction）：一种致力于拓展现象因果关系的定性数据分析方法。

挪用（Appropriation）：诠释学中的一个概念，我们如果想要准确理解一个文本，就必须基于我们自己的需要去理解文本的含义。

自主化（Autonomization）：诠释学中的一个概念，指的是将文本视为一个自主的、客观的存在。

计算机辅助定性数据分析软件（Computer-Assisted Qualitative Data Analysis Software, CAQDAS）

案例研究（Case Study Research）：一种定性研究方法，旨在探索或解释当前的现实情景，在工商管理领域通常侧重于对一家组织的研究。

编码（Coding）：对文本片段贴上标签或赋之予关键词，以便日后检索。

内容分析（Content Analysis）：定性数据分析的一种系统化方法，它考察文本中的结构和模式的规律性。

关键事件（Critical Incidents）：定性数据分析的一种方法，它侧重于对极其重要的事件的分析。

批判性研究（Critical Research）：假设现实是社会化的构建，侧重于对当前形势的社会化批判。

文化（Culture）：一种价值观、信仰和行为的常见组合，许多文化都被认为是理所当然的。

演绎（Deductive）：研究人员起始于他或她准备验证的一个理论或一些假设。

诊断（Diagnosing）：行动研究的第一个阶段，诊断是要找到并确认首要的问题。

话语分析（Discourse Analysis）：定性数据分析的一种方法，它关注于文本被社会化构建的方法。

距离化（Distanciation）：诠释学中的一个概念，指的是文本与其原作者在空间和时间上的距离。

文档（Documents）：在定性研究中，文档是定性数据资料的一种来源。

经验的（Empirical）：基于现实的证据，如从案例研究或实验中获得的数据。

沉浸（Engagement）：诠释学中的一个概念，它认为文本的含义来源于读者沉浸于文本。

伦理（Ethics）：驾驭和影响行动的道德准则。

人种学（Ethnography）：一种定性研究方法，主要依赖于参与式观察和田野调查，目的是为了提供对处于社会和文化背景下的人的理解。

诠释性研究（Explanatory Research）：一种研究方法，其主要目的是对现象进行验证、解释或比较。

探索性研究（Explanatory Research）：一种定性研究方法，其主要目的是揭示或探索新现象。

田野（Field）：开展人种学研究所处的物理和社会地点。

田野笔记（Field Notes）：对你在田野工作的经历所做的个人记录和评论。

田野工作（Fieldwork）：在定性研究中，这是一种数据采集技术，研究人员在其原来的环境下参与和观察人的活动，与参与式观察相似。

焦点小组（Focus Group）：在定性研究中，这是一种数据收集技术，研究人员对多名人员组成的群体一起进行访谈，用于针对特定主题收集人们的观点。

守门人（Gatekeeper）：有权允许或拒绝约见某人或进入某个地方的人。

普遍性（Generalizability）：研究发现可以用于其他情景的程度。

文体（Genres）：叙事分析中的一个概念，它指的是叙事可以撰写成不同的风格。

扎根理论（Grounded Theory）：一种定性研究方法，它根植于系统化收集和分析的数据，旨在对理论进行拓展。

诠释学循环（Hermeneutic Circle）：指的是将文本作为整体的理解以及对文本组成部分的诠释之间的反复性过程，在这一过程中以预期的解释为指导来进行描述。

诠释学（Hermeneutics）：对诠释主义提供哲学基础，也可用作一种对文本进行分析的定性方法，侧重于对文本含义和人的理解。

历史性（Historicity）：诠释学中的一个概念，它认为人因其个人历史而存在。

假设（Hypothesis）：用于解释现象的一个可验证的命题。

图像符号（Icon）：符号学中的一个概念，指的是一个通过自有的特性来表达其意义的符号。

指引符号（Index）：符号学中的一个概念，指的是指向或暗示其他事物的一个指引性的符号。

归纳法的（Inductive）：在这种方法下，结构或理论来源于数据。

知情同意（Informed Consent）：一项伦理准则，研究对象应当知道他们可以选择是否同意参加到一个研究项目中来。

诠释性研究（Interpretive Research）：假设现实是一个社会化的建构。

访谈（Interviews）：在定性研究中，它是一种数据收集技术，主要是对研究对象或访谈对象进行提问。

备忘录（Memos）：你在研究过程中个人评论的记录。

隐喻分析（Metaphorical Analysis）：一种定性数据分析方法，用于分析文本中隐喻的系统化使用。

叙事分析（Narrative Analysis）：一种定性分析方法，用带情节的故事的方法来进行数据诠释和数据分析。

观察（Observation）：在定性研究中，它是一种数据收集技术，它是指研究人员从外部来对人们进行观察，没有（或只有很少的）互动。

范式分析（Paradigmatic Analysis）：符号学中的一个概念，指的是对文本的表面结构的研究。

参与式观察（Participant Observation）：在定性研究中，它是一种数据收集技术，指的是研究人员在研究对象所处的自然环境下参与并对人们的活动进行观察，与田野工作相似。

同行评阅（Peer Review）：学术领域中研究成果被同行（其他定性研究人员）进行评估的流程。

剽窃（Plagiarism）：有意复制其他人的工作成果，并将其作为自己的成果。

词义分歧（Polysemy）：符号学中的一个概念，指的是文本或符号可以有多重含义。

实证研究（Positivist Research）：社会研究中的自然科学模式，它假设现实是客观决定的。

偏见（Prejudice）：诠释学中的一个概念，它认为先验知识或预判在我们理解时扮演了重要的角色。

定性数据分析（ADA，Qualitative Data Analysis）

定性研究（Qualitative Research）：用于深度研究社会和文化现象，重点关注于文本。

定量研究（Quantitative Research）：用于研究总体的普遍性趋势，重点关注于数字。

研究设计（Research Design）：针对研究项目的一个计划，通常出现在一个开题报告或研究计划书中。

研究方法（Research Method）：调查的策略，一种认识世界的途径。

符号学（Semiotics）：一种定性数据分析方法，重点关注于符号或标识及其含义。

事件序列法（Series of Events）：定性数据分析的一种方法，重点在于考察事件之间的关系，这些事件通常是按照时间顺序进行排列的。

意指（Signified）：符号学中的一个概念，符号和标识代表的是什么。

意符（Signifier）：符号学中的一个概念，可以代表其他事物的符号或标识。

象征符号（Symbol）：符号学中的一个概念，指的是代表其他事物或作为其他事物象征的某些东西。更普遍地说，象征符号是社会和文化研究中的一个重要研究对象。

组合分析（Syntagmatic Analysis）：符号学中的一个概念，指的是对一个文本的结构以及文本中各部分之间关系的分析。

三角交互验证（Triangulation）：指的是对不同数据所进行的比较，无论是定性和定量数据之间，还是不同来源的定性数据之间（如对来源于不同访谈对象的数据进行三角交互验证）。

变量（Variables）：研究人员认为有兴趣的特定因素，通常用于实证性研究和定量研究。

参考文献

1. Academy of Management. (2008). Revised Code of Ethics. Retrieved 31 January 2008 from www.aomonline.org.

2. Adam, A. (2005). Against rules: the ethical turn in information systems. In D. Howcroft & E. Trauth (Eds.), *Handbook of Critical Information Systems Research: Theory and Application* (pp. 123-31). Aldershot: Edward Elgar.

3. Agar, M. (1986). *Speaking of Ethnography*. Beverly Hills, CA: Sage.

4. Ahuvia, A. C. (2005). Beyond the extended self: loved objects and consumers' identity narratives. *Journal of Consumer Research*, 32(1), 171-84.

5. Altheide, D. L. (1996). *Qualitative Media Analysis*. Thousand Oaks, CA: Sage.

6. Alvesson, M., & Deetz, S. (2000). *Doing Critical Management Research*. London: Sage.

7. Alvesson, M., & Willmott, H. (1992). On the idea of emancipation in management and organization studies. *Academy of Management Review*, 17(3), 432-64.

8. Annells, M. P. (1996). Grounded theory method: philosophical perspectives, paradigm of inquiry, and postmodernism. *Qualitative Health Research*, 6(3), 379-93.

9. Argyris, C., & Schön, D. A. (1991). Participatory action research and action science compared: a commentary. In W. F. Whyte (Ed.), *Participatory Action Research* (pp. 85-98). Newbury Park, CA: Sage.

10. Arnold, S. J., & Fischer, E. (1994). Hermeneutics and consumer research. *Journal of Consumer Research*, 21(1), 55-70.

11. Arnold, S. J., Kozinets, R. V., & Handelman, J. M. (2001). Hometown ideology and retailer legitimation: the institutional semiotics of Wal-Mart flyers. *Journal of Retailing*, 77(2), 243-71.

12. Atkinson, P. (1990). *The Ethnographic Imagination: Textual Constructions of Reality*. London: Routledge.

13. Avison, D. E., Baskerville, R., & Myers, M. D. (2001). Controlling action research projects. *Information Technology & People*, 14(1), 28-45.

14. Avison, D. E., & Wood-Harper, T. (1990). *Multiview: An Exploration in Information Systems Development*. Maidenhead: McGraw-Hill.

15. Baburoglu, O. N., & Ravn, I. (1992). Normative action research. *Organization Studies,* 13(1), 19-34.

16. Ball, M. S., & Smith, G. W. H. (1992). *Analyzing Visual Data*. Newbury Park, CA: Sage.

17. Barley, S. R. (1983). Semiotics and the study of occupational and organizational cultures. *Administrative Science Quarterly*, 28(3), 393-413.

18. Barratt, E. (2002). Foucault, Foucauldianism and human resource management. *Personnel Review*, 31(2), 189-204.

19. Barratt, M., Choi, T. Y., & Li, M. (2011). Qualitative case studies in operations management: trends, research outcomes, and future research implications. *Journal of Operations Management*, 29(4), 329-42.

20. Barry, C. A. (1998). Choosing qualitative data analysis software: Atlas/ti and NUD*IST compared. *Sociological Research Online*, 3(3), www.socresonline.org.uk/

21. Barry, D., & Elmes, M. (1997). Strategy retold: toward a narrative view of strategic discourse. *Academy of Management Review*, 22(2), 429-52.

22. Barthes, R. (1981). *Camera Lucida*. New York: Hill & Wang.

23. Barthes, R. (1985). Rhetoric of the image. In R. E. Innis (Ed.), *Semiotics: An Introductory Anthology* (pp. 192-205). Bloomington, IN: Indiana University Press.

24. Baskerville, R., & Myers, M. D. (2004). Special issue on action research in information systems: making IS research relevant to practice - Foreword. *MIS Quarterly*, 28(3), 329-35.

25. Baskerville, R. L., & Wood-Harper, A. T. (1996). A critical perspective on action research as a method for information systems research. *Journal of Information Technology*, 11, 235-46.

26. Benbasat, I., Goldstein, D. K., & Mead, M. (1987). The case research strategy in studies of information systems. *MIS Quarterly*, 11(3), 369-86.

27. Bennis, W. G., & O'Toole, J. (2005). How business schools lost their way. *Harvard Business Review*, 83(5), 96-104.

28. Bentley, R., Hughes, J. A., Randall, D., Rodden, T., Sawyer, P., Shapiro, D., et al. (1992). Ethnographically-informed systems design for air traffic control. Paper presented at the ACM 1992 Conference on Computer-Supported Cooperative Work: Sharing Perspectives, New York.

29. Bernstein, R. J. (1983). *Beyond Objectivism and Relativism*. Pittsburgh, PA: University of Pennsylvania Press.

30. Bjørn, P., & Ngwenyama, O. (2009). Virtual team collaboration: building shared meaning, resolving breakdowns and creating translucence. *Information Systems Journal*, 19(3), 227-53.

31. Bleicher, J. (1980). *Contemporary Hermeneutics: Hermeneutics as Method, Philosophy and Critique*. London: Routledge & Kegan Paul.

32. Bleicher, J. (1982). *The Hermeneutic Imagination*. London: Routledge & Kegan Paul.

33. Bohm, A. (2004). Theoretical coding: text analysis in grounded theory. In U. Flick, E. V. Kardorff, & I. Steinke (Eds.), *A Companion to Qualitative Research* (pp. 270-75). London: Sage.

34. Boje, D. M. (2001). *Narrative Methods for Organizational and Communication Research*. London: Sage.

35. Boland, R. J. (1991). Information system use as hermeneutic process. In H.-E. Nissen, H. K. Klein, & R. A. Hirschheim (Eds.), *Information Systems Research: Contemporary Approaches and Emergent Traditions* (pp. 439-64). Amsterdam: North-Holland.

36. Boland, R. J., & Day, W. F. (1989). The experience of system design: a hermeneutic of organizational action. *Scandinavian Journal of Management*, 5(2), 87-104.

37. Bourdieu, P. (1977). *Outline of a Theory of Practice* (R. Nice, Trans.). Cambridge: Cambridge University Press.

38. Bourdieu, P. (1990). *The Logic of Practice* (R. Nice, Trans.). Stanford, CA: Stanford University Press.

39. Bouty, I. (2000). Interpersonal and interaction influences on informal resource exchanges between R&D researchers across organisational boundaries. *Academy of Management Journal*, 43(1), 50-65.

40. Braa, J., Monteiro, E., & Sahay, S. (2004). Networks of action: sustainable health information systems across developing countries. *MIS Quarterly*, 28(3), 337-62.

41. Brooke, C. (2002). Editorial: Critical research in information systems: issue 1. *Journal of Information Technology*, 17(2), 45-7.

42. Brown, R. (2003, 1 October). God defend the All Black brand. *Unlimited*, 54.

43. Bryman, A. (1989). *Research Methods and Organization Studies*. London: Unwin Hyman.

44. Buchanan, D., Boddy, D., & McCalman, J. (1988). Getting in, getting on, getting out, and getting back. In A. Bryman (Ed.), *Doing Research in Organizations* (pp. 53-67). London: Routledge.

45. Burgess, R. G. (2005). Approaches to field research. In C. Pole (Ed.), *Fieldwork* (Vol. I, pp. 13-32). London: Sage.

46. Burrell, G., & Morgan, G. (1979). *Sociological Paradigms and Organizational Analysis*. London: Heinemann.

47. Buxey, G. (2005). Globalisation and manufacturing strategy in the TCF industry. *International Journal of Operations & Production Management*, 25(2), 100-13.

48. Carnegie, G. D., & Napier, C. J. (2010). Traditional accountants and business professionals: portraying the accounting profession after Enron. *Accounting, Organizations and Society*, 35(3), 360-76.

49. Carr, W., & Kemmis, S. (1986). *Becoming Critical: Education, Knowledge and Action Research*. London: Falmer Press.

50. Cayla, J., & Eckhardt, G. M. (2008). Asian brands and the shaping of a transnational imagined community. *Journal of Consumer Research*, 35(2), 216-30.

51. Chandler, D. (2008). Semiotics for beginners. Retrieved 2 January 2008 from www.aber.ac.uk/media/Documents/S4B/sem01.html.

52. Chase, S. E. (2005). Narrative inquiry: multiple lenses, approaches, voices. In N. K. Denzin & Y. S. Lincoln (Eds.), *The Sage Handbook of Qualitative Research* (3rd edn, pp. 651-79). Thousand

Oaks, CA: Sage.

53. Checkland, P. (1991). From framework through experience to learning: the essential nature of action research. In H.-E. Nissen, H. K. Klein, & R. A. Hirschheim (Eds.), *Information Systems Research: Contemporary Approaches and Emergent Traditions* (pp. 397-403). Amsterdam: North-Holland.

54. Checkland, P., & Holwell, S. (1998). *Information, Systems and Information Systems: Making Sense of the Field*. Chichester: Wiley.

55. Checkland, P., & Scholes, J. (1990). *Soft Systems Methodology in Action*. Chichester: Wiley.

56. Chrzanowska, J. (2002). *Interviewing Groups and Individuals in Qualitative Market Research*. London: Sage.

57. Chua, W. F. (1986). Radical developments in accounting thought. *The Accounting Review*, 61(4), 601-32.

58. Ciborra, C. U., Patriotta, G., & Erlicher, L. (1996). Disassembling frames on the assembly line: the theory and practice of the new division of learning in advanced manufacturing. In W. J. Orlikowski, G. Walsham, M. R. Jones, & J. I. DeGross (Eds.), *Information Technology and Changes in Organizational Work* (pp. 397-418). London: Chapman & Hall.

59. Clark, P. A. (1972). *Action Research and Organizational Change*. London: Harper & Row.

60. Clifford, J., & Marcus, G. E. (1986). *Writing Culture: The Poetics and Politics of Ethnography*. Berkeley, CA: University of California Press.

61. Collis, J., & Hussey, R. (2003). *Business Research: A Practical Guide for Undergraduate and Postgraduate Students* (2nd edn). Basingstoke: Palgrave Macmillan.

62. Connerton, P. (Ed.). (1976). *Critical Sociology, Selected Readings*. Harmondsworth: Penguin Books.

63. Cooper, C. (2002). Critical accounting in Scotland. *Critical Perspectives on Accounting*, 13(4), 451-62.

64. Corley, K. G., & Gioia, D. A. (2004). Identity ambiguity and change in the wake of a corporate spin-off. *Administrative Science Quarterly*, 49, 173-208.

65. Czarniawska, B. (1998). *A Narrative Approach to Organization Studies*. Thousand Oaks, CA: Sage.

66. Danis, W. M., & Parkhe, A. (2002). Hungarian-Western partnerships: a grounded theoretical model of integration processes and outcomes. *Journal of International Business Studies*, 33(3), 423-55.

67. Darnell, R. (1974). *Readings in the History of Anthropology*. New York: Harper & Row.

68. Davidson, E. J. (1997). Examining project history narratives: an analytic approach. In A. S. Lee, J. Liebenau, & J. I. DeGross (Eds.), *Information Systems and Qualitative Research* (pp. 123-48). London: Chapman and Hall.

69. Davie, S. S. K. (2005). The politics of accounting, race and ethnicity: a story of a chiefly-based

preferencing. *Critical Perspectives on Accounting*, 16, 551-77.

70. Davison, J. (2010). [In]visible [in]tangibles: visual portraits of the business elite. *Accounting, Organizations and Society*, 35(2), 165-83.

71. Davison, J., McLean, C., & Warren, S. (2012). Guest editorial: Exploring the visual in organizations and management. *Qualitative Research in Organizations and Management*, 7(1), 5-15.

72. DeMarrais, K. (2004). Qualitative interview studies: learning through experience. In K. DeMarrais, & S. D. Lapan (Eds.), *Foundations for Research: Methods of Inquiry in Education and the Social Sciences* (pp. 51-68). Mahwah, NJ: Lawrence Erlbaum.

73. Denzin, N. K. (2004). Reading film: using films and videos as empirical social science material. In U. Flick, E. v. Kardorff, & I. Steinke (Eds.), *A Companion to Qualitative Research* (pp. 237-42). London: Sage.

74. Denzin, N. K., & Lincoln, Y. S. (Eds.). (2005). *The Sage Handbook of Qualitative Research* (3rd edn). Thousand Oaks, CA: Sage.

75. Desai, P. (2002). *Methods beyond Interviewing in Qualitative Market Research*. London: Sage.

76. Dey, I. (1993). *Qualitative Data Analysis*. London: Routledge.

77. Dey, I. (1999). *Grounding Grounded Theory: Guidelines for Qualitative Inquiry*. San Diego, CA: Academic Press.

78. Diamond, N., Sherry, J. F., Muñiz, A. M., McGrath, M. A., Kozinets, R. V., & Borghini, S. (2009). American Girl and the brand Gestalt: closing the loop on sociocultural branding research. *Journal of Marketing*, 73(3), 118-34.

79. Diesing, P. (1991). *How Does Social Science Work? Reflections on Practice*. Pittsburgh, PA: University of Pittsburgh Press.

80. Donoghue, S. (2010). Projective techniques in consumer research. *Journal of Family Ecology and Consumer Sciences*, 28, 47-53.

81. Doolin, B. (2004). Power and resistance in the implementation of a medical management information system. *Information Systems Journal*, 14(4), 343-62.

82. Dubé, L., & Paré, G. (2003). Rigor in information systems positivist case research: current practices, trends, and recommendations. *MIS Quarterly*, 27(4), 597-636.

83. Dunn, M. B., & Jones, C. (2010). Institutional logics and institutional pluralism: the contestation of care and science logics in medical education, 1967-2005. *Administrative Science Quarterly*, 55(1), 114-49.

84. Dutta, S., Zbaracki, M. J., & Bergen, M. (2003). Pricing process as a capability: a resource-based perspective. *Strategic Management Journal*, 24, 615-30.

85. Eco, U. (1976). *A Theory of Semiotics*. Bloomington, IN: Indiana University Press.

86. Eco, U. (1984). *Semiotics and the Philosophy of Language*. Bloomington, IN: Indiana University Press.

87. Eisenhardt, K. M. (1989). Building theories from case study research. *Academy of Management Review*, 14(4), 532-50.

88. Eisenhardt, K. M., & Graebner, M. E. (2007). Theory building from cases: opportunities and challenges. *Academy of Management Journal*, 50, 25-32.

89. Elden, M., & Chisholm, R. F. (1993). Emerging varieties of action research: introduction to the special issue. *Human Relations*, 46(2), 121-42.

90. Ellen, R. F. (Ed.). (1984). *Ethnographic Research: A Guide to General Conduct*. London: Academic Press.

91. Ereaut, G. (2002). *Analysis and Interpretation in Qualitative Market Research*. London: Sage.

92. Esterberg, K. G. (2002). *Qualitative Methods in Social Research*. Boston, MA: McGraw-Hill.

93. Evans-Pritchard, E. E. (1950). *Witchcraft, Oracles and Magic among the Azande*. Oxford: Clarendon Press.

94. Fetterman, D. M. (1998). *Ethnography* (2nd edn). Thousand Oaks, CA: Sage.

95. Fiol, C. M. (1989). A semiotic analysis of corporate language: organizational B. *Administrative Science Quarterly*, 34(2), 277-303.

96. Firth, R. W. (1983). *We, the Tikopia: A Sociological Study of Kinship in Primitive Polynesia*. Stanford, CA: Stanford University Press.

97. Flint, D. J., Woodruff, R. B., & Gardial, S. F. (2002). Exploring the phenomenon of customers' desired value change in a business-to-business context. *Journal of Marketing*, 66(4), 102-17.

98. Floch, J.-M. (1988). The contribution of structural semiotics to the design of a hypermarket. *International Journal of Research in Marketing*, 4(3), 233-52.

99. Fontana, A., & Frey, J. H. (2000). The interview: from structured questions to negotiated text. In N. K. Denzin & Y. S. Lincoln (Eds.), *Handbook of Qualitative Research* (2nd edn, pp. 645-72). Thousand Oaks, CA: Sage.

100. Fontana, A., & Frey, J. H. (2005). The interview: from neutral stance to political involvement. In N. K. Denzin & Y. S. Lincoln (Eds.), *The Sage Handbook of Qualitative Research* (3rd edn, pp. 695-727). Thousand Oaks, CA: Sage.

101. Forester, J. (1992). Critical ethnography: on field work in an Habermasian way. In M. Alvesson & H. Willmott (Eds.), *Critical Management Studies* (pp. 46-65). London: Sage.

102. Forte, A., Larco, V., & Bruckman, A. (2009). Decentralization in Wikipedia governance [Article]. *Journal of Management Information Systems*, 26(1), 49-72.

103. Foucault, M. (1970). *The Order of Things*. London: Tavistock.

104. Foucault, M. (1972). *The Archaeology of Knowledge*. London: Tavistock.

105. Fournier, S. (1998). Consumers and their brands: developing relationship theory in consumer research. *Journal of Consumer Research*, 24(4), 343-73.

106. Frazer, J. G. (1980). *The Golden Bough*. London: Macmillan (orig. published 1890).

107. Frost, P. J., Moore, L. F., Louis, M. R., Lundberg, C. C., & Martin, J. (Eds.). (1985).

Organizational Culture. Beverly Hills, CA: Sage.

108. Gadamer, H.-G. (1975). *Truth and Method*. New York: Seasbury Press.

109. Gadamer, H.-G. (1976a). The historicity of understanding. In P. Connerton (Ed.), *Critical Sociology, Selected Readings* (pp. 117-33). Harmondsworth: Penguin Books.

110. Gadamer, H.-G. (1976b). *Philosophical Hermeneutics*. Berkeley, CA: University of California Press.

111. Geertz, C. (1973). *The Interpretation of Cultures*. New York: Basic Books.

112. Geertz, C. (1988). *Works and Lives: The Anthropologist as Author*. Cambridge: Polity Press.

113. Gendron, Y., & Spira, L. F. (2009). What went wrong? The downfall of Arthur Andersen and the construction of controllability boundaries surrounding financial auditing. *Contemporary Accounting Research*, 26(4), 987-1027.

114. Giddens, A. (1976). *New Rules of Sociological Method*. London: Hutchinson.

115. Gill, R. (2000). Discourse analysis. In M. W. Bauer & G. Gaskell (Eds.), *Qualitative Researching with Text, Image and Sound: A Practical Handbook* (pp. 172-90). London: Sage.

116. Glaser, B. G. (1978). *Theoretical Sensitivity: Advances in the Methodology of Grounded Theory*. Mill Valley, CA: Sociology Press.

117. Glaser, B. G. (1992). *Emergence vs. Forcing: Basics of Grounded Theory Analysis*. Mill Valley, CA: Sociology Press.

118. Glaser, B. G., & Strauss, A. L. (1967). *The Discovery of Grounded Theory: Strategies for Qualitative Research*. Chicago, IL: Aldine.

119. Gottschalk, L. (2006). The historian and the historical documents. In J. Scott (Ed.), *Documentary Research* (Vol. I, pp. 43-82). London: Sage.

120. Graebner, M. E., & Eisenhardt, K. M. (2004). The seller's side of the story: acquisition as courtship and governance as syndicate in entrepreneurial firms. *Administrative Science Quarterly*, 49, 366-403.

121. Grant, A. M., Dutton, J. E., & Rosso, B. D. (2008). Giving commitment: employee support programs and the prosocial sensemaking process. *Academy of Management Journal*, 51(5), 898-918.

122. Grayson, K., & Shulman, D. (2000). Indexicality and the verification function of irreplaceable possessions: a semiotic analysis. *Journal of Consumer Research*, 27(1), 17-30.

123. Greenwood, D. J., Whyte, W. W., & Harkavy, I. (1993). Participatory action research as a process and as a goal. *Human Relations*, 46(2), 175-92.

124. Grills, S. (1998a). An invitation to the field: fieldwork and the pragmatists' lesson. In S. Grills (Ed.), *Doing Ethnographic Research: Fieldwork Settings* (pp. 3-18). Thousand Oaks, CA: Sage.

125. Grills, S. (Ed.). (1998b). *Doing Ethnographic Research: Fieldwork Settings*. Thousand Oaks, CA: Sage.

126. Guba, E. G., & Lincoln, Y. S. (1994). Competing paradigms in qualitative research. In N. K.

Denzin & Y. S. Lincoln (Eds.), *Handbook of Qualitative Research* (pp. 105-17). Thousand Oaks, CA: Sage.

127. Gubrium, J. F., & Holstein, J. A. (2002). From the individual interview to the interview society. In J. F. Gubrium & J. A. Holstein (Eds.), *Handbook of Interview Research* (pp. 3-32). London: Sage.

128. Habermas, J. (1984). *The Theory of Communicative Action* (Vol. 1). Boston, MA: Beacon Press.

129. Hackley, C. (2003). *Doing Research Projects in Marketing, Management and Consumer Research*. London: Routledge.

130. Hammersley, M., & Atkinson, P. (1983). *Ethnography: Principles in Practice*. London: Routledge.

131. Harland, C. M., Caldwell, N. D., Powell, P., & Zheng, J. (2007). Barriers to supply chain information integration: SMEs adrift of eLands. *Journal of Operations Management*, 25(6), 1234-54.

132. Harper, D. (2004). Photography as social science data. In U. Flick, E. v. Kardorff, & I. Steinke (Eds.), *A Companion to Qualitative Research* (pp. 230-36). London: Sage.

133. Harvey, L. (1997). A discourse on ethnography. In A. S. Lee, J. Liebenau, & J. I. DeGross (Eds.), *Information Systems and Qualitative Research* (pp. 207-24). London: Chapman and Hall.

134. Harvey, L., & Myers, M. D. (1995). Scholarship and practice: the contribution of ethnographic research methods to bridging the gap. *Information Technology & People*, 8(3), 13-27.

135. Henson, K. T. (1999). *Writing for Professional Publication: Keys to Academic and Business Success*. Boston, MA: Allyn and Bacon.

136. Hermanns, H. (2004). Interviewing as an activity. In U. Flick, E. von Kardorff, & I. Steinke (Eds.), *A Companion to Qualitative Research* (pp. 209-13). London: Sage.

137. Hesse-Biber, S. N., & Leavy, P. (2006). *The Practice of Qualitative Research*. Thousand Oaks, CA: Sage.

138. Hill, M. R. (1993). *Archival Strategies and Techniques*. Newbury Park, CA: Sage.

139. Hirschheim, R. (1992). Information systems epistemology: an historical perspective. In R. Galliers (Ed.), *Information Systems Research: Issues, Methods and Practical Guidelines* (pp. 28-60). Oxford: Blackwell Scientific.

140. Holliday, A. (2002). *Doing and Writing Qualitative Research*. London: Sage.

141. Holmqvist, B., Andersen, P. B., Klein, H., & Posner, R. (Eds.). (1996). *Signs of Work: Semiosis and Information Processing in Organisations*. Berlin: Walter de Gruyter.

142. Holstein, J. A., & Gubrium, J. F. (1995). *The Active Interview*. London: Sage.

143. Hughes, E. C. (2005). Introduction: the place of field work in social science. In C. Pole (Ed.), *Fieldwork* (Vol. I, pp. 3-12). London: Sage.

144. Hughes, J. A., Randall, D., & Shapiro, D. (1992). Faltering from ethnography to design. Paper presented at the ACM 1992 Conference on Computer-Supported Cooperative Work: Sharing

Perspectives, New York.

145. Hult, M., & Lennung, S.-A. (1980). Towards a definition of action research: a note and bibliography. *Journal of Management Studies*, 17(2), 241-50.

146. Huxham, C., & Vangen, S. (2000). Leadership in the shaping and implementation of collaboration agendas: how things happen in a (not quite) joined-up world. *Academy of Management Journal*, 43(6), 1159-75.

147. Iversen, J. H., Mathiassen, L., & Nielsen, P. A. (2004). Managing risk in software process improvement: an action research approach. *MIS Quarterly*, 28(3), 395-433.

148. Jackson, B. (1987). *Fieldwork*. Urbana and Chicago: University of Illinois Press.

149. Johnstone, B. (2002). *Discourse Analysis*. Oxford: Blackwell.

150. Kain, D. L. (2004). Owning significance: the critical incident technique in research. In K. DeMarrais & S. D. Lapan (Eds.), *Foundations for Research: Methods of Inquiry in Education and the Social Sciences* (pp. 69-85). Mahwah, NJ: Lawrence Erlbaum.

151. Kajuter, P., & Kulmala, H. I. (2005). Open-book accounting in networks: potential achievements and reasons for failures. *Management Accounting Research*, 16, 179-204.

152. Kanungo, S. (2004). On the emancipatory role of rural information systems. *Information Technology & People*, 17(4), 407-22.

153. Kaplan, B., & Maxwell, J. A. (1994). Qualitative research methods for evaluating computer information systems. In J. G. Anderson, C. E. Aydin, & S. J. Jay (Eds.), *Evaluating Health Care Information Systems: Methods and Applications* (pp. 45-68). Thousand Oaks, CA: Sage.

154. Kaplan, R. S. (1998). Innovation action research: creating new management theory and practice. *Journal of Management Accounting Research*, 10, 89-118.

155. Kendall, J. (1999). Axial coding and the grounded theory controversy. *Western Journal of Nursing Research*, 21(6), 743-57.

156. Kleiber, P. B. (2004). Focus groups: more than a method of qualitative inquiry. In K. DeMarrais & S. D. Lapan (Eds.), *Foundations for Research: Methods of Inquiry in Education and the Social Sciences* (pp. 87-102). Mahwah, NJ: Lawrence Erlbaum.

157. Klein, H. K., & Myers, M. D. (1999). A set of principles for conducting and evaluating interpretive field studies in information systems. *MIS Quarterly*, 23(1), 67-93.

158. Klein, H. K., & Truex III, D. P. (1995). Discourse analysis: a semiotic approach to the investigation of organizational emergence. In P. B. Andersen & B. Holmqvist (Eds.), *The Semiotics of the Workplace*. Berlin: Walter De Gruyter.

159. Kogler, H. H. (1996). *The Power of Dialogue: Critical Hermeneutics after Gadamer and Foucault*. Cambridge, MA: MIT Press.

160. Kohli, R., & Kettinger, W. J. (2004). Informating the clan: controlling physicians' costs and outcomes. *MIS Quarterly*, 28(3), 363-94.

161. Koller, V. (2004). *Metaphor and Gender in Business Media Discourse*. Basingstoke: Palgrave

Macmillan.

162. Kornberger, M., Carter, C., & Ross-Smith, A. (2010). Changing gender domination in a Big Four accounting firm: flexibility, performance and client service in practice. *Accounting, Organizations and Society*, 35(8), 775-91.

163. Kozinets, R. V. (1997). 'I want to believe': a netnography of the X-philes' subculture of consumption. *Advances in Consumer Research*, 24(1), 470-75.

164. Kozinets, R. V. (1998). On netnography: initial reflections on consumer research investigations of cyberculture. *Advances in Consumer Research*, 25(1), 366-71.

165. Kozinets, R. V. (2001). Utopian enterprise: articulating the meanings of *Star Trek*'s culture of consumption. *Journal of Consumer Research*, 28(1), 67-88.

166. Kozinets, R. V., de Valck, K., Wojnicki, A. C., & Wilner, S. J. S. (2010). Networked narratives: understanding word-of-mouth marketing in online communities. *Journal of Marketing*, 74(2), 71-89.

167. Krajewski, L., Wei, J. C., & Tang, L.-L. (2005). Responding to schedule changes in build-to-order supply chains. *Journal of Operations Management*, 23, 452-69.

168. Kreiner, G. E., Hollensbe, E. C., & Sheep, M. L. (2009). Balancing borders and bridges: negotiating the work-home interface via boundary work tactics. *Academy of Management Journal*, 52(4), 704-30.

169. Krippendorff, K. (1980). *Content Analysis: An Introduction to its Methodology*. Beverly Hills, CA: Sage.

170. Kuhn, T. (1996). *The Structure of Scientific Revolutions* (3rd edn). Chicago: University of Chicago Press.

171. Kuper, A. (1973). *Anthropologists and Anthropology*. New York: Pica Press.

172. Kvale, S. (1996). *Interviews: An Introduction to Qualitative Research Interviewing*. Thousand Oaks, CA: Sage.

173. Kvasny, L., & Keil, M. (2006). The challenges of redressing the digital divide: a tale of two US cities. *Information Systems Journal*, 16, 23-53.

174. Kvasny, L., & Richardson, H. (2006). Critical research in information systems: looking forward, looking back. *Information Technology & People*, 19(3), 196-202.

175. Lambert, C., & Pezet, E. (2011). The making of the management accountant - becoming the producer of truthful knowledge. *Accounting, Organizations and Society*, 36(1), 10-30.

176. Landrum, N. E. (2008). A narrative analysis revealing strategic intent and posture. *Qualitative Research in Organizations and Management*, 3(2), 127-45.

177. Larsen, M., & Myers, M. D. (1999). When success turns into failure: a package-driven business process re-engineering project in the financial services industry. *Journal of Strategic Information Systems*, 8(4), 395-417.

178. Lee, A. S. (1989). Case studies as natural experiments. *Human Relations*, 42(2), 117-37.

179. Lee, A. S. (1991). Integrating positivist and interpretive approaches to organizational research. *Organization Science*, 2(4), 342-65.

180. Lee, A. S. (1994). Electronic mail as a medium for rich communication: an empirical investigation using hermeneutic interpretation. *MIS Quarterly*, 18(2), 143-57.

181. Lee, A. S., & Baskerville, R. L. (2003). Generalizing generalizability in information systems research. *Information Systems Research*, 14(3), 221-43.

182. Lee, J. C., & Myers, M. D. (2004). Dominant actors, political agendas, and strategic shifts over time: a critical ethnography of an enterprise systems implementation. *Journal of Strategic Information Systems*, 13(4), 355-74.

183. Lévi-Strauss, C. (1996). *The Savage Mind [La Pensée Sauvage]*. Oxford: Oxford University Press.

184. Levine, H. G., & Rossmore, D. (1993). Diagnosing the human threats to information technology implementation: a missing factor in systems analysis illustrated in a case study. *Journal of Management Information Systems*, 10(2), 55-73.

185. Lewin, K. (1946). Frontiers in group dynamics: II. Channels of group life: social planning and action research. *Human Relations*, 1(2), 143-53.

186. Lewis, I. M. (1985). *Social Anthropology in Perspective*. Cambridge: Cambridge University Press.

187. Liebenau, J., & Backhouse, J. (1990). *Understanding Information: An Introduction*. Basingstoke: Macmillan.

188. Lincoln, Y. S. (2005). Institutional review boards and methodological conservatism. In N. K. Denzin & Y. S. Lincoln (Eds.), *The Sage Handbook of Qualitative Research* (3rd edn, pp. 165-81). Thousand Oaks, CA: Sage.

189. Lincoln, Y. S., & Guba, E. G. (1985). *Naturalistic Inquiry*. Beverly Hills, CA: Sage.

190. Lindgren, R., Henfridsson, O., & Schultze, U. (2004). Design principles for competence management systems: a synthesis of an action research study. *MIS Quarterly*, 28(3), 435-72.

191. Lockström, M., Schadel, J., Harrison, N., Moser, R., & Malhotra, M. K. (2010). Antecedents to supplier integration in the automotive industry: a multiple-case study of foreign subsidiaries in China. *Journal of Operations Management*, 28(3), 240-56.

192. London, T., & Hart, S. L. (2004). Reinventing strategies for emerging markets: beyond the transnational model. *Journal of International Business Studies*, 35, 350-70.

193. Lüscher, L. S., & Lewis, M. W. (2008). Organizational change and managerial sensemaking: working through paradox. *Academy of Management Journal*, 51(2), 221-40.

194. Luthans, F., & Davis, T. R. V. (1982). An idiographic approach to organizational behavior research: the use of single case experimental designs and direct measures. *Academy of Management Review*, 7(3), 380-91.

195. Macey, D. (2000). *The Penguin Dictionary of Critical Theory*. London: Penguin Books.

196. Madison, G. B. (1990). *The Hermeneutics of Postmodernity*. Bloomington and Indianapolis, IN: Indiana University Press.

197. Major, M., & Hopper, T. (2005). Managers divided: implementing ABC in a Portuguese telecommunications company. *Management Accounting Research*, 16, 205-29.

198. Malinowski, B. (1922). *Argonauts of the Western Pacific*. New York: Dutton.

199. Manning, P. (1992). *Erving Goffman and Modern Sociology*. Cambridge: Polity Press.

200. Manning, P. K. (1987). *Semiotics and Fieldwork*. Newbury Park, CA: Sage.

201. Mantere, S., & Vaara, E. (2008). On the problem of participation in strategy: a critical discursive perspective. *Organization Science*, 19(2), 341-58.

202. Markus, M. L. (1983). Power, politics and MIS implementation. *Communications of the ACM*, 26(6), 430-44.

203. Markus, M. L. (1994a). Electronic mail as the medium of managerial choice. *Organization Science*, 5(4), 502-27.

204. Markus, M. L. (1994b). Finding a happy medium: explaining the negative effects of electronic communication on social life at work. *ACM Transactions on Information Systems*, 12(2), 119-49.

205. Marshall, C., & Rossman, G. B. (1989). *Designing Qualitative Research*. Newbury Park, CA: Sage.

206. Martens, M. L., Jennings, J. E., & Jennings, P. D. (2007). Do the stories they tell get them the money they need? The role of entrepreneurial narratives in resource acquisition. *Academy of Management Journal*, 50(5), 1107-32.

207. Mårtensson, P., & Lee, A. S. (2004). Dialogical action research at Omega Corporation. *MIS Quarterly*, 28(3), 507-36.

208. Martin, P. Y., & Turner, B. A. (1986). Grounded theory and organizational research. *The Journal of Applied Behavioral Science*, 22(2), 141-57.

209. Maylor, H., & Blackmon, K. (2005). *Researching Business and Management*. Basingstoke: Palgrave Macmillan.

210. McKenna, S. (2007). Deconstructing a personal 'academic'/'practitioner' narrative through self-reflexivity. *Qualitative Research in Organizations and Management: An International Journal*, 2(2), 144-60.

211. McNabb, D. E. (2002) *Research Methods in Public Administration and Nonprofit Management: Quantitative and Qualitative Approaches*. Armonk, NY: M. E. Sharpe.

212. Mick, D. G. (1986). Consumer research and semiotics: exploring the morphology of signs, symbols, and significance. *Journal of Consumer Research*, 13(2), 196-213.

213. Miles, M. B., & Huberman, A. M. (1994). *Qualitative Data Analysis: An Expanded Sourcebook* (2nd edn). Newbury Park, CA: Sage.

214. Miller, J. M. (2006). Covert participant observation: reconsidering the least used method. In J.

M. Miller & R. Tewksbury (Eds.), *Research Methods: A Qualitative Reader* (pp. 12-19). Upper Saddle River, NJ: Prentice-Hall.

215. Mingers, J. (2001). Combining IS research methods: towards a pluralist methodology. *Information Systems Research*, 12(3), 240-59.

216. Mintzberg, H. (1990). Strategy formation: schools of thought. In J. Frederickson (Ed.), *Perspectives on Strategic Management* (pp. 105-235). Boston, MA: Ballinger.

217. Monteiro, E., & Hanseth, O. (1996). Social shaping of information infrastructure: on being specific about the technology. In W. J. Orlikowski, G. Walsham, M. R. Jones, & J. I. DeGross (Eds.), *Information Technology and Changes in Organizational Work* (pp. 325-43). London: Chapman and Hall.

218. Morey, N. C., & Luthans, F. (1984). An emic perspective and ethnoscience methods for organizational research. *Academy of Management Review*, 9(1), 27-36.

219. Morris, C. (1985). Signs and the act. In R. E. Innis (Ed.), *Semiotics: An Introductory Anthology* (pp. 178-89). Bloomington, IN: Indiana University Press.

220. Mueller-Vollmer, K. (Ed.). (1988). *The Hermeneutic Reader*. New York: Continuum Publishing.

221. Myers, M. D. (1994). A disaster for everyone to see: an interpretive analysis of a failed IS project. *Accounting, Management and Information Technologies*, 4(4), 185-201.

222. Myers, M. D. (1995). Dialectical hermeneutics: a theoretical framework for the implementation of information systems. *Information Systems Journal*, 5(1), 51-70.

223. Myers, M. D. (1997a). Critical ethnography in information systems. In A. S. Lee, J. Liebenau, & J. I. DeGross (Eds.), *Information Systems and Qualitative Research* (pp. 276-300). London: Chapman and Hall.

224. Myers, M. D. (1997b). Interpretive research methods in information systems. In J. Mingers & F. Stowell (Eds.), *Information Systems: An Emerging Discipline* (pp. 239-66). London: McGraw-Hill.

225. Myers, M. D. (1997c). Qualitative research in information systems. *MIS Quarterly*, 21(2), 241-42, www.qual.auckland.ac.nz

226. Myers, M. D. (1999). Investigating information systems with ethnographic research. *Communications of the AIS*, 2(23), 1-20.

227. Myers, M. D. (2004). Hermeneutics in information systems research. In J. Mingers & L. P. Willcocks (Eds.), *Social Theory and Philosophy for Information Systems* (pp. 103-28). Chichester: Wiley.

228. Myers, M. D., & Avison, D. E. (Eds.). (2002). *Qualitative Research in Information Systems: A Reader*. London: Sage.

229. Myers, M. D., & Klein, H. K. (2011). A set of principles for conducting critical research in information systems. *MIS Quarterly*, 35(1), 17-36.

230. Myers, M. D., & Newman, M. (2007). The qualitative interview in IS research: examining the

craft. *Information and Organization*, 17(1), 2-26.

231. Myers, M. D., & Young, L. W. (1997). Hidden agendas, power, and managerial assumptions in information systems development: an ethnographic study. *Information Technology & People*, 10(3), 224-40.

232. Nardulli, P. F. (1978). *The Courtroom Elite: An Organizational Perspective on Criminal Justice*. Cambridge, MA: Ballinger Press.

233. Navis, C., & Glynn, M. A. (2010). How new market categories emerge: temporal dynamics of legitimacy, identity, and entrepreneurship in satellite radio, 1990—2005. *Administrative Science Quarterly*, 55(3), 439-71.

234. Ngwenyama, O. K., & Lee, A. S. (1997). Communication richness in electronic mail: critical social theory and the contextuality of meaning. *MIS Quarterly*, 21(2), 145-67.

235. Noblit, G. W. (2004). Reinscribing critique in educational ethnography: critical and postcritical ethnography. In K. DeMarrais & S. D. Lapan (Eds.), *Foundations for Research: Methods of Inquiry in Education and the Social Sciences* (pp. 181-201). Mahwah, NJ: Lawrence Erlbaum.

236. Nöth, W. (1990). *Handbook of Semiotics*. Bloomington, IN: Indiana University Press.

237. Oates, B. J. (2006). *Researching Information Systems and Computing*. London: Sage.

238. O'Leary, C., Rao, S., & Perry, C. (2004). Improving customer relationship management through database/internet marketing: a theory-building action research project. *European Journal of Marketing*, 38(3/4), 338-54.

239. Orlikowski, W. J. (1991). Integrated information environment or matrix of control? The contradictory implications of information technology. *Accounting, Management and Information Technologies*, 1(1), 9-42.

240. Orlikowski, W. J. (1993). CASE tools as organizational change: investigating incremental and radical changes in systems development. *MIS Quarterly*, 17(3), 309-40.

241. Orlikowski, W. J., & Baroudi, J. J. (1991). Studying information technology in organizations: research approaches and assumptions. *Information Systems Research*, 2(1), 1-28.

242. Otnes, C., Lowrey, T. M., & Shrum, L. J. (1997). Toward an understanding of consumer ambivalence. *Journal of Consumer Research*, 24(1), 80-93.

243. Palmer, R. (1969). *Hermeneutics: Interpretation Theory in Schleiermacher, Dilthey, Heidegger, and Gadamer*. Evanston, IL: Northwestern University Press.

244. Patton, M. Q. (1990). *Qualitative Research and Evaluation Methods*. Newbury Park, CA: Sage.

245. Payne, G., & Payne, J. (2004). *Key Concepts in Social Research*. London: Sage.

246. Perlow, L. A., Okhuysen, G. A., & Repenning, N. P. (2002). The speed trap: exploring the relationship between decision making and temporal context. *Academy of Management Journal*, 45(5), 931-55.

247. Platt, J. (2005). Evidence and proof in documentary research: 1. Some specific problems of documentary research. In C. Pole (Ed.), *Fieldwork* (Vol. II, pp. 215-32). London: Sage.

248. Polkinghorne, D. E. (1988). *Narrative Knowing and the Human Sciences*. New York: SUNY Press.

249. Prasad, P. (1997). Systems of meaning: ethnography as a methodology for the study of information technologies. In A. S. Lee, J. Liebenau, & J. I. DeGross (Eds.), *Information Systems and Qualitative Research* (pp. 101-18). London: Chapman and Hall.

250. Preissle, J., & Grant, L. (2004). Fieldwork traditions: ethnography and participant observation. In K. DeMarrais & S. D. Lapan (Eds.), *Foundations for Research: Methods of Inquiry in Education and the Social Sciences* (pp. 161-80). Mahwah, NJ: Lawrence Erlbaum.

251. Prior, L. (2003). *Using Documents in Social Research*. London: Sage.

252. Punch, K. (2000). *Developing Effective Research Proposals*. London: Sage.

253. Punch, M. (1986). *The Politics and Ethics of Fieldwork*. Beverly Hills, CA: Sage.

254. Quinn, B., & Doherty, A. M. (2000). Power and control in international retail franchising: evidence from theory and practice. *International Marketing Review*, 17(4/5), 354-72.

255. Radcliffe, V. S. (1999). Knowing efficiency: the enactment of efficiency in efficiency auditing. *Accounting, Organisations and Society*, 24, 333-62.

256. Radnitzky, G. (1970). *Contemporary Schools of Metascience*. Goteborg: Scandinavian University Books.

257. Rapoport, R. N. (1970). Three dilemmas in action research. *Human Relations*, 23(4), 499-513.

258. Ricoeur, P. (1974). *The Conflict of Interpretations: Essays in Hermeneutics*. Evanston, IL: Northwestern University Press.

259. Ricoeur, P. (1976). *Interpretation Theory, Discourse and the Surplus of Meaning*. Fort Worth, TX: Texas Christian University Press.

260. Ricoeur, P. (1981). *Hermeneutics and the Human Sciences*. Cambridge: Cambridge University Press.

261. Ricoeur, P. (1991). *From Text to Action: Essays in Hermeneutics, II* (K. Blamey & J. B. Thompson, Trans.). Evanston, IL: Northwestern University Press.

262. Riessman, C. K. (1993). *Narrative Analysis*. Newbury Park, CA: Sage.

263. Ritson, M., & Elliott, R. (1999). The social uses of advertising: an ethnographic study of adolescent advertising audiences. *Journal of Consumer Research*, 26, 260-77.

264. Royer, I., & Zarlowski, P. (1999). Research design. In R.-A. Thiétart (Ed.), *Doing Management Research: A Comprehensive Guide* (pp. 111-31). London: Sage.

265. Rubin, H. J., & Rubin, I. S. (2005). *Qualitative Interviewing: The Art of Hearing Data* (2nd edn). Thousand Oaks, CA: Sage.

266. Ryan, G. W., & Bernard, H. R. (2000). Data management and analysis methods. In N. K. Denzin & Y. S. Lincoln (Eds.), *Handbook of Qualitative Research* (2nd edn). Thousand Oaks, CA: Sage.

267. Rynes, S. L. (2007). Editors' forum on rich research: Editor's foreword. *Academy of

Management Journal, 50, 13.

268. Sanday, P. R. (1979). The ethnographic paradigm(s). *Administrative Science Quarterly*, 24(4), 527-38.

269. Schmitt, R. (2005). Systematic metaphor analysis as a method of qualitative research. *The Qualitative Report*, 10(2), 358-94.

270. Scholes, R. (1982). *Semiotics and Interpretation*. New Haven, CT: Yale University Press.

271. Schultze, U. (2000). A confessional account of an ethnography about knowledge work. *MIS Quarterly*, 24(1), 3-41.

272. Scott, J. (1990). *A Matter of Record: Documentary Sources in Social Research*. Cambridge: Polity Press.

273. Scott, L. M. (1994). The bridge from text to mind: adapting reader-response theory to consumer research. *Journal of Consumer Research*, 21(3), 461-80.

274. Seal, W., Cullen, J., Dunlop, A., Berry, T., & Ahmed, M. (1999). Enacting a European supply chain: a case study on the role of management accounting. *Management Accounting Research*, 10, 303-22.

275. Sebeok, T. A. (1994). *An Introduction to Semiotics*. London: Pinter.

276. Siggelkow, N. (2007). Persuasion with case studies. *Academy of Management Journal*, 50, 20-24.

277. Silva, L., Goel, L., & Mousavidin, E. (2009). Exploring the dynamics of blog communities: the case of MetaFilter. *Information Systems Journal*, 19(1), 55-81.

278. Silverman, D. (2005). *Doing Qualitative Research* (2nd edn). London: Sage.

279. Slagmulder, R. (1997). Using management control systems to achieve alignment between strategic investment decisions and strategy. *Management Accounting Research*, 8(1), 103-39.

280. Soanes, C., & Stevenson, A. (Eds.). (2004). *Concise Oxford English Dictionary* (11th edn). Oxford: Oxford University Press.

281. Spradley, J. P. (1980). *Participant Observation*. Orlando, FL: Harcourt Brace Jovanovich.

282. Straub, D., Gefen, D., & Boudreau, M.-C. (2004). The ISWorld Quantitative, Positivist Research Methods Website. Retrieved xx Month 20xx from http://dstraub.cis.gsu.edu:88/quant/

283. Strauss, A. (Ed.). (1987). *Qualitative Analysis for Social Scientists*. Cambridge: Cambridge University Press.

284. Strauss, A., & Corbin, J. (1990). *Basics of Qualitative Research: Grounded Theory Procedures and Techniques*. Newbury Park, CA: Sage.

285. Strauss, A., & Corbin, J. (1998). *Basics of Qualitative Research: Grounded Theory Procedures and Techniques* (2nd edn). Newbury Park, CA: Sage.

286. Street, C. T., & Meister, D. B. (2004). Small business growth and internal transparency: the role of information systems. *MIS Quarterly*, 28(3), 473-506.

287. Susman, G. I., & Evered, R. D. (1978). An assessment of the scientific merits of action research.

Administrative Science Quarterly, 23(4), 582-603.

288. Szmigin, I., Bengry-Howell, A., Griffin, C., Hackley, C., & Mistral, W. (2011). Social marketing, individual responsibility and the 'culture of intoxication'. *European Journal of Marketing*, 45, 759-79, doi:10.1108/03090561111120028

289. Taylor, C. (1976). Hermeneutics and politics. In P. Connerton (Ed.), *Critical Sociology: Selected Readings* (pp. 153-93). Harmondsworth: Penguin Books.

290. Tertiary Education Commission. (2005). *Performance-Based Research Fund Guidelines* 2006. Wellington, New Zealand.

291. Thomas, J. (1993). *Doing Critical Ethnography*. Newbury Park, CA: Sage.

292. Thompson, C. J. (1997). Interpreting consumers: a hermeneutical framework for deriving marketing insights from the texts of consumers' consumption stories. *Journal of Marketing Research*, 34(4), 438-55.

293. Thompson, J. B. (1981). *Critical Hermeneutics: A Study in the Thought of Paul Ricoeur and Jürgen Habermas*. Cambridge: Cambridge University Press.

294. Trauth, E. M. (1997). Achieving the research goal with qualitative methods: lessons learned along the way. In A. S. Lee, J. Liebenau, & J. I. DeGross (Eds.), *Information Systems and Qualitative Research* (pp. 225-45). London: Chapman and Hall.

295. Truex, D., & Howcroft, D. (2001). Critical analyses of ERP systems: the macro level (1). *The Database for Advances in Information Systems*, 32(4), 13-18.

296. Urquhart, C. (1997). Exploring analyst-client communication: using grounded theory techniques to investigate interaction in informal requirements gathering. In A. S. Lee, J. Liebenau, & J. I. DeGross (Eds.), *Information Systems and Qualitative Research* (pp. 149-81). London: Chapman and Hall.

297. Urquhart, C. (2001). An encounter with grounded theory: tackling the practical and philosophical issues. In E. Trauth (Ed.), *Qualitative Research in IS: Issues and Trends* (pp. 104-40). Hershey, PA: Idea Group Publishing.

298. Urquhart, C. (2012). *Grounded Theory for Qualitative Research: A Practical Guide*. London: Sage.

299. Urquhart, C., Lehmann, H., & Myers, M. D. (2010). Putting the theory back into grounded theory: guidelines for grounded theory studies in information systems. *Information Systems Journal*, 20(4), 357-81.

300. Van Maanen, J. (1988). *Tales of the Field: On Writing Ethnography*. Chicago: University of Chicago Press.

301. Wachterhauser, B. R. (1986). *Hermeneutics and Modern Philosophy*. Albany, NY: SUNY Press.

302. Walsham, G. (1993). *Interpreting Information Systems in Organizations*. Chichester: Wiley.

303. Walsham, G. (1995). Interpretive case studies in IS research: nature and method. *European Journal of Information Systems*, 4(2), 74-81.

304. Walsham, G., & Waema, T. (1994). Information systems strategy and implementation: a case study of a building society. *ACM Transactions on Information Systems*, 12(2), 150-73.

305. Weitzman, E. A., & Miles, M. B. (1995). *Computer Programs for Qualitative Data Analysis.* Thousand Oaks, CA: Sage.

306. Westmarland, L. (2005). Blowing the whistle on police violence: gender, ethnography and ethics. In C. Pole (Ed.), *Fieldwork* (Vol. III, pp. 275-88). London: Sage.

307. Whitley, R. (1984). *The Intellectual and Social Organization of the Sciences.* Oxford: Clarendon Press.

308. Whittle, A., & Mueller, F. (2011). Bankers in the dock: moral storytelling in action. *Human Relations*, 65(1), 111-39.

309. Whyte, W. F. (Ed.). (1991). *Participatory Action Research.* Newbury Park, CA: Sage.

310. Wolcott, H. (1990). *Writing Up Qualitative Research.* Thousand Oaks, CA: Sage.

311. Wolcott, H. F. (2005a). Fieldwork vs. (just) being in the field. In C. Pole (Ed.), *Fieldwork* (Vol. I, pp. 43-58). London: Sage.

312. Wolcott, H. F. (2005b). Fieldwork: the basic arts. In C. Pole (Ed.), *Fieldwork* (Vol. II, pp. 102-29). London: Sage.

313. Wong, P. L.-K., & Ellis, P. (2002). Social ties and partner identification in Sino-Hong Kong international joint ventures. *Journal of International Business Studies*, 33(2), 267-89.

314. Wynn, E. H., Whitley, E. A., Myers, M. D., & De Gross, J. I. (Eds.). (2002). *Global and Organizational Discourse about Information Technology.* Boston, MA: Kluwer Academic.

315. Yates, J., & Orlikowski, W. J. (1992). Genres of organizational communication: a structurational approach to studying communication and media. *The Academy of Management Review*, 17(2), 299-326.

316. Yin, R. K. (2002). *Applications of Case Study Research* (2nd edn). Newbury Park, CA: Sage.

317. Yin, R. K. (2003). *Case Study Research: Design and Methods* (3rd edn). Newbury Park, CA: Sage.

318. Young, M.-L., Kuo, F.-Y., & Myers, M. D. (2012). To share or not to share: a critical research perspective on knowledge management systems. *European Journal of Information Systems* 21(5): 496-511.

319. Zhao, X., & Belk, R. W. (2008). Politicizing consumer culture: advertising's appropriation of political ideology in China's social transition. *Journal of Consumer Research*, 35(2), 231-44.

320. Zuboff, S. (1988). *In the Age of the Smart Machine.* New York. Basic Books.